カサブランカ

Casablanca

改訂版

この映画について

『カサブランカ』の舞台は、ナチス・ドイツが猛威を振るう第二次世界大戦中のフランス領モロッコ（現モロッコ）の都市カサブランカである。1939 年のポーランド侵攻を皮切りにヨーロッパ大陸で繰り返されるドイツ軍による侵略、残虐行為によって家族や故郷を失った難民や政治活動家たちは、リスボンから自由の国アメリカへ亡命するためにカサブランカに集まってきた。だが、リスボンへの通行証を手にすることができたのはほんの一握りの幸運な連中に過ぎなかったのである。

ある日、カサブランカに向かう列車内でドイツ人特使が殺害され、通行証が盗まれるという事件が起きた。当時のフランスはドイツと親独ヴィシー政府によって分割統治され、フランス領モロッコもナチス・ドイツの勢力下にあった。カサブランカの警視総監であるルノー大尉の協力のもとに、特使殺害の犯人を逮捕しようとドイツからシュトラッサー少佐がやってくる。しかし、実際にはレジスタンス運動の指導者であるヴィクター・ラズロをこの地に足止めし、アメリカ行きを阻止することが目的だった。そんなとき、アメリカ人のリチャード・ブレイン、通称リックが経営する「リックのカフェ・アメリカン」にラズロが１人の美しい女性イルザ・ランドを伴って現れる。当然のことながら、リスボンへの通行証を手に入れるためだ。その昔、パリで愛し合ったイルザとの思いがけない再会はリックに苦渋に満ちたつらい過去を思い出させる。どしゃぶりの雨に打たれながらリヨン駅で待つリックに、イルザがホテルに置き手紙を残して姿を消した、あの日のことを。それ以来、リックはパリ時代の甘美な思い出を、２人のお気に入りだった歌「時の過ぎゆくままに」と共に封印してしまったのだった。

ラズロは譲り受けるはずだった通行証がウガーテの逮捕によって絶望的と思えたとき、彼が逮捕される直前にそれをリックに預けたという情報を小耳に挟む。ラズロはリックに大金を掲示するが、愛と嫉妬、そして怒りに心が揺れるリックはきっぱりとその申し出を拒絶した。ナチスのお尋ね者であるラズロがリックのオフィスから出てくると、ドイツ人たちはカフェ中に響き渡る大きな声で「ラインの守り」を歌っていた。ラズロはフランス国歌「ラ・マルセイエーズ」を演奏するようバンドに命ずる。当惑する指揮者にリックは静かにうなずいた。カフェにいた客たちはナチス・ドイツに敢然と立ち向かう決意を固めたかのように、ラズロと共に熱唱する。怒ったシュトラッサー少佐はリックの店を閉鎖した。

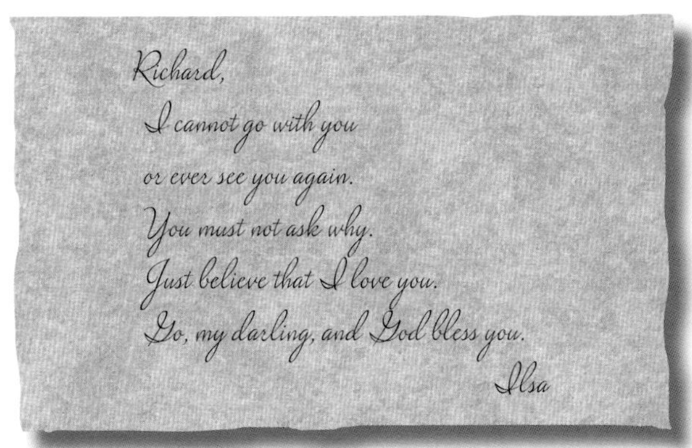
Richard,
I cannot go with you
or ever see you again.
You must not ask why.
Just believe that I love you.
Go, my darling, and God bless you.
Ilsa

ラズロへのゲシュタポの監視が激しさを増す中、イルザはリックに最後の望みをかけて彼を訪ねる。目に涙を溜めて過去の悲しい出来事を、自由のために戦うことの尊さを必死に話した。すべてを理解したリックは密かに2人に通行証を渡す決意を固める。彼はルノーを巧みに騙し、リスボン行きの飛行機が待機する空港まで同行させると、驚くイルザを尻目に、通行証にラズロとイルザの名前を記入させる。異変に気づき飛行機を止めようとするシュトラッサーを、ルノーの目の前でリックは撃った。ナチス・ドイツに協力的な姿勢を見せているものの、心の底では傍若無人に振舞うドイツ軍やヴィシー政府に反感を抱いていたルノーは、その瞬間に、リックに対する友情と政府への責任の狭間でぎりぎりの選択を迫られる。だが、駆けつけてきた警官たちにルノーが叫んだ "Round up the usual suspects."(いつもの容疑者を検挙しろ)というセリフは、リックに対する友情がはるかに勝っていたことを物語っていた(p.240)。自由フランスの駐屯地ブラザヴィルに向かって、深い霧に包まれた空港を後にする彼らの後ろ姿は、2人の固い友情を、そして自由フランスの勝利を約束していた。

狂った世界に生きる主人公たちが自己犠牲を通してそれぞれの崇高な目的に向かって邁進する雄姿を描いたこの映画は、1943年の第16回アカデミー賞で最優秀作品賞に輝いたばかりか、監督マイケル・カーティスに最優秀監督賞を、脚本を担当したジュリアス・J・エプスタイン、フィリップ・G・エプスタインならびにハワード・コッチには最優秀脚本賞をもたらした。

曽根田純子(青山学院大学)

『カサブランカ』の魅力

アメリカ映画協会（AFI）が1988年から開始したAFIアメリカ映画100年シリーズにおいて、『カサブランカ』は1998年アメリカ映画ベスト100の第2位にランクインし、10年後の2007年には1つ順位を落としたものの、堂々の第3位であった。1942年に初めて上映されてから70年以上経った今日でも、その輝きをいささかも失うことなく人気を不動のものにしている理由の1つは、おそらく登場人物たちが口にするセリフのおもしろさにあろう。

戦争という極めて悲惨な出来事を背景に繰り広げられる深刻な人間ドラマを描いた映画は、これまで数多く作られている。この『カサブランカ』もその1つだ。第二次世界大戦中のフランス領モロッコの都市カサブランカを舞台に、ナチス・ドイツの独裁政治に反感を抱く人々や、自由を奪い返すための戦いに身を投じるレジスタンスの指導者ヴィクター・ラズロとその妻イルザ・ランド、酒場を経営するアメリカ人リックの憎いほどの活躍が描かれている。世界大戦というお膳立てがあるにもかか

わらず、戦争につきものの破壊、暴力シーンは非常に控えめで、拳銃の発砲シーンはわずか3回。近年の映画で私たちが目にするような、迫力に満ちた手に汗を握る冒険や衝撃的な場面はどこにも見当たらないが、映画全体から醸し出される何とも言えない、荒波のごとく押し寄せる緊迫感は、登場人物たちのユーモアと皮肉に満ち溢れた言葉と言葉の激突から生まれてくるのかもしれない。

実際、『カサブランカ』ほどに刺激的でしゃれたセリフがいっぱい詰まった映画はあまりない。画面を所狭しと駆け回る登場人物たちの駆け引きのおもしろさが際立っている場面は至るところで見受けられる。例えば、シュトラッサー少佐が初めてリックの店にやって来た場面で、彼はリックに "What is your nationality?"（君の国籍はどこかね?）と問いかける。そこでリックは、自由の象徴であるアメリカとは答えず、"I'm a drunkard."（大酒飲みです）と言い、政治にはまったく関心がないそぶりを見せる（p.80）。そのとき同席していたハインツに "Can you imagine us in London?"（ロンドンの我々を想像できるかね?）と聞かれたリックは、すかさず "When you get there, ask me."（そこに着いたときに聞いてもらおう）と切り返している（p. 82）。シュトラッサーがラズロをルノーのオフィスに呼び出す場面では、"I am under your authority. Is it your order that we

come to your office?”（私はあなたの支配下にあります。あなたのオフィスに出頭するのはあなたの命令ですか？）と尋ねるラズロに、ルノーは “Ah, let us say it is my request. That is a much more pleasant word.”（私の要請としましょう。そのほうがずっと感じのいい言葉ですから）と答え、その場に張りつめた緊張感を和らげていた（p.94）。またシュトラッサーに政治的立場を問われたルノーの “I blow with the wind, and the prevailing wind happens to be from Vichy.”（私は風の吹くまま身をまかす主義で、今のところはたまたまヴィシーから強い風が吹いていますので）という一見人を食ったような言葉の裏には、ナチス・ドイツへの反感とフランス人としての煮えたぎる誇りが横たわっていることをうかがわせよう（p.166）。

『カサブランカ』は脚本が完成していないにもかかわらずクランクインし、書き上げられた場面から撮影して制作された映画であるという話は有名だが、それとは対照的に、書き上げられたセリフは計算されつくし、ストーリーを支える登場人物たちの個性や生き方は明快で、いかなる映画にもまして完成度の高いシナリオに仕上がっている。何とも不思議な映画である。

曽根田純子（青山学院大学）

CAST & STAFF

1899年12月25日ニューヨーク生まれ、1957年1月14日没。1930年に短編の端役で映画デビュー。『化石の森』(36)のギャング役で注目を集め、その後の4年間で28の映画に悪役で登場する。初主演した『ハイ・シエラ』(41)の銀行強盗犯役、『マルタの鷹』(41)の私立探偵役が評価され、一躍ハードボイルド・スターの座につく。『脱出』(44)で共演したローレン・バコールと4度目の結婚をし、『三つ数えろ』(46)、『潜行者』(47)、『キー・ラーゴ』(48)と次々と共演、ヒットを飛ばす。本作と『ケイン号の叛乱』(54)でアカデミー賞主演男優賞ノミネート、『アフリカの女王』(51)で同賞を受賞した。

ハンフリー・ボガート
Humphrey Bogart

1915年8月29日スウェーデン・ストックホルム生まれ、1982年8月29日没。ストックホルムの王立演劇学校卒業後、スウェーデン映画界にデビュー。『間奏曲』(36)がニューヨークのプロデューサーの目に留まり、ハリウッドに進出する。『ジキル博士とハイド氏』(41)、『誰が為に鐘は鳴る』(43)などに出演後、『ガス燈』(44)でアカデミー賞主演女優賞を獲得。ロベルト・ロッセリーニ監督とのスキャンダルによる不遇の時期もあったが、『恋多き女』(56)で再びハリウッドに返り咲く。同年『追想』で2度目のアカデミー賞主演女優賞を、『オリエント急行殺人事件』(74)では助演女優賞を受賞した。

イングリッド・バーグマン
Ingrid Bergman

1905年1月10日イタリア・トリエステ生まれ、1992年3月29日没。1933年に “Morgenrot” でドイツ映画界にデビュー後、渡英。『チップス先生さようなら』(39) での主人公の同僚役をきっかけにハリウッドに進出する。2本のタバコに火をつけて1本をヒロインに渡す名場面で知られる『情熱の航路』(42) に主演、続く本作のラズロ役で不朽の名声を手にする。他に『海賊バラクーダ』(45)、『愛の調べ』(47)、『黙示録の四騎士』(61) などに出演。1950年代からは監督や脚本にも携わった。主な監督作品にTVシリーズ『ヒッチコック劇場』(57 – 62)、『誰が私を殺したのか』『星空』(64) などがある。

ポール・ヘンリード

Paul Henreid

1886年12月24日ハンガリー・ブダペスト生まれ、1962年4月10日没。1912年にハンガリーで俳優・監督デビュー。オーストリアやドイツなどヨーロッパで活躍後、1926年に渡米。ワーナー・ブラザース専属の監督としてハリウッドでのキャリアをスタートし、『海賊ブラッド』(35)、『汚れた顔の天使』(38) など多数のヒット作を生み出す。本作でアカデミー賞監督賞を受賞。その後もビング・クロスビー主演のミュージカル『ホワイト・クリスマス』(54)、ハンフリー・ボガート主演のコメディ『俺たちは天使じゃない』(55) などを手掛け、ジョン・ウェイン主演の『コマンチェロ』(61) が遺作となった。

マイケル・カーティス

Michael Curtiz

この映画の英語について

映画を利用して英語の学習をすることはとても効果的な方法である。映画には時代背景や人間関係といった、しっかりしたコンテクスト（文脈）が整っており、登場人物の話す言葉はどれも深い意味を伴ったものになっているからである。

映画『カサブランカ』は、第二次世界大戦中のドイツ占領下にあるフランス領都市カサブランカが舞台である。カフェを経営するリックとかつての恋人イルザとの偶然の再会、荒廃したヨーロッパからの脱出を図る人々、反ナチス抵抗組織の指導者ラズロ（イルザの夫）の出国計画、といった文脈の中で交わされる言葉は、それぞれの生き様を映し出すものとなっている。登場人物に感情移入したとき、感動を呼ぶ場面で放たれる名セリフは珠玉の輝きを持って胸に響き、味わいのある表現として心に残るのである。さらに重要な点は、映画の中では一見自然に話されている会話も、シナリオ上では入念に準備されたものであり、英文として極めて完成度の高いものとなっていることである。

ここでは、その一端を紹介しよう。リックとイルザが偶然の再会をした日、別れ際にイルザは、“There's still nobody in the world who can play 'As Time Goes By' like Sam.”（「時の過ぎゆくままに」をサムのように弾ける人は、世界中探してもまだ誰ひとりとしていませんわ）と言う。それに対しリックが“He hasn't played it in a long time.”（あの曲は長い間、弾いていなかった）と応える（p.110）。「時の過ぎゆくままに」は、2人が恋人同士として過ごしたパリで黒人のサムがよく弾いていた曲である。イルザにとっては大切な思い出の曲であり、リックにとっては封印したいつらい過去のメロディーとなる。2人のそれぞれの思いが込められたこの会話は味わい深いだけでなく、英語教材としても最適である。イルザの言葉は関係代名詞を含んだ there is 構文となっており、リックの使用した現在完了も失われた時間の流れを見事に映し出している。

もう1つの例として、クライマックスの場面でカサブランカに残ろうとするイルザに向けたリックの言葉を見てみよう。“We'll always have Paris. We didn't have... we'd ... we'd lost it until you came to Casablanca. We got it back last night.”（俺たちにはいつまでもパリの思い出がある。君がカサブランカに来るまではなかった、そう、失ってしまっていた。それを昨夜、俺たちは取り戻したんだ）というセリフ（p.234）は、パリでイルザが約束をすっぽかして突然いなくなってしまった事情がすべてわかり、結局イルザと夫ラズロのために通行証を渡して2人を脱出させる間際のものである。パリでのつらい過去は良き思い出に変わり、2人の愛はその中で永遠であるというメッセージが込められている。シンプルだが極めて感動的なこの表現にも、英語学習の観点から見ると、過去形、過去完了形、そして未来形という重要な文法項目がさりげなく隠れている。このように物語の中で意味を持った英文は、学習用例文としても一級の輝きを持つものなのである。

このほかにも、“I wouldn't have come if I had known that you were here.”（あなたがここにいるってわかっていたら、来たりはしなかったわ）という仮定法過去完了を使ったイルザのセリフ（p.132）、“I wouldn't believe you, no matter what you told me.”（君が何て言おうと、俺は信じないね）という譲歩の副詞節を使ったリックの表現（p.202）など、数多くの重要構文がこの映画の至るところに散りばめられている。映画の中でそれらの英文に触れたとき、そのどれもが文法書に出てくる細切れの英文とは比べものにならないほど濃厚で活き活きとしたものと

なるのである。

最後に、この映画を使った英語学習法について簡単に述べよう。まずは日本語の字幕を通して映画のストーリーを思う存分楽しむことである。登場人物や物語の展開が把握できたら、次にDVDの字幕を英語に設定し、その字幕を目で追いながら英語を聴き取る練習をしよう。難しい場合でも、無理せずにわかる箇所を大切にしながら耳を慣らすことが大切である。次に本書を使って、日本語と対応させながら英文を読み進め、自分の気に入ったシーンやセリフを見つけよう。そしてその英文を役者になった気分でそっくりそのまままねることをお勧めする。発音の上達に役立つのみならず、楽しみながら自然に重要構文が身につき、それが日常生活でのコミュニケーション能力の向上にもつながるはずである。

名セリフをマスターしながら英語学習を進めるうちに、この映画がいかに素晴らしい表現や構文に満ち溢れているかがおわかりになるはずである。本書が英語力向上の一助となることを切に願っている。

羽井佐昭彦（相模女子大学）

リスニング難易度表

スクリーンプレイ編集部が独自に採点したこの映画の「リスニング難易度」評価一覧表です。リスニングのポイントを９つの評価項目に分け、通常北米で使われている会話を基準として、それぞれの項目を５段階で採点。また、その合計点により、映画全体のリスニング難易度を初級･中級･上級･最上級の４段階で評価しました。評価の対象となったポイントについては、コメント欄で簡単に紹介されています。英語を学ぶ際の目安として参考にしてください。なお、映画全体の英語に関する詳しい説明につきましては、「この映画の英語について」をご参照ください。

評価項目	易 → 難	コメント
会話スピード Conversation Speed	Level 3	ときおり速く話す箇所があるが、それ以外はゆっくりである。
発音の明瞭さ Pronunciation Clarity	Level 3	全体的に明瞭である。
アメリカ訛 American Accent	Level 2	リックは標準的なアメリカ英語である。サムには黒人訛りが見られる。
外国訛 Foreign Accent	Level 3	フランスやドイツ、ロシアなど、登場人物の多くに外国語訛りが見られる。
語彙 Vocabulary	Level 3	平均的である。
専門用語 Jargon	Level 3	ときおり戦争に関する語が見られる。
ジョーク Jokes	Level 2	あまり見られないが、皮肉や嫌味がユーモアを表している箇所がある。
スラング Slang & Vulgarity	Level 2	ほとんど見られない。
文法 Grammar	Level 3	特に難しい文法は見られない。

全体的に会話スピードも発音の明瞭さも標準的である。話し言葉は登場人物の生き様を映し出している。一見自然に話されている会話も、シナリオ上では入念に準備された、英文として極めて完成度の高いものである。味わいのある表現として心に残るだけでなく、英語教材としても最適である。

TOTAL SCORE : 24	~16 = 初級	**17~24 = 中級**	25~34 = 上級	35~45 = 最上級

リスニングカアップ!!
一切の字幕なしでDVD鑑賞
実生活でも使える決まり文句
好きな映画スターの『生の声』に親しめる
独特なイントネーションや抑揚が分かる
挿入歌は絶好の発音練習
映画シナリオと併用して
『英語学習』を極めることができます。
◆完全シナリオがあれば、聞き取れなかったセリフが文字で確認できます。◆DVD日本語字幕では不完全な、映画セリフの正確な意味が分かります。◆いろいろな単語のさまざまな意味、使用方法、使用場面が学べます。◆英語構文、熟語、文法、イディオム、同意語など英語学的に学べます。◆シナリオ類を読み物として活用すればリーディングの勉強にもなります。
映画英語解説書と併用して
『発展学習』ができます。
◆外国特有のジョーク、スラング、ユーモア、比喩などが学べます。◆外国の生活、文化、芸術、歴史、民族、思想、政治などが学べます。◆マザーグースなど外国のおとぎ話などネイティブの生活知識が学べます。◆教養学、医学英語、ビジネス英語、経済英語など専門英語も学べます。◆映画シナリオの書き方、映画の作り方など映画知識も学べます。
映画DVDで
英会話学習
★お好きな映画で学習するから、根本的に英語学習が楽しくなります。
★映画で登場する語彙数は標準2,000語以下、約60%が高校必修単語です。
★ストーリーは分かっています、だから「難解」リスニングにはなりません。
★目的別の映画を複数選択すればビジネスなど専門集中学習ができます。
★難易度評価を参考にすれば、能力別の映画で段階的に学習できます。
★映画は口語英語の宝庫です、常に現代英会話の実践的教材になります。
★映画は学校卒業後、社会人になっても生涯学習の英語教材になります。
★最終的には「一切の字幕なしで」映画を楽しめるようになりましょう。
200種類の完全映画シナリオがそろっています。また、さまざまな映画英語の解説書も充実しています。
詳しいご案内は https://www.screenplay.jp/
お好きな映画DVDを購入するか
最寄りのDVDレンタル店へ
どうぞ!

スクリーンプレイ・シリーズについて

『スクリーンプレイ・シリーズ』は、映画のセリフを100%の英語および日本語訳で編集した完全セリフ集です。また、セリフの『英語学』的な説明ならびに『映画』のさまざまな楽しい解説を編集しています。

【スクリーンプレイ・シリーズの特徴】

◆(完全)セリフを完全に文字化しています。あなたが聞き取れなかったセリフを文字で確認することができます。
◆(正確)DVD日本語字幕のような省略意訳でなく、忠実に日本語訳しているので、正確な意味が分かります。
◆(説明)左頁で、セリフやト書きにある単語の意味や語句の英語学的説明があり、英語学習を極めることができます。
◆(解説)右頁に、単語や熟語などの構造・使用方法などの説明から映画シーンのさまざまな解説が編集されています。
◆(読物)『ト書き』を本物映画台本の専門的説明を省き、映画を読み物として楽しめるように執筆しています。
◆(分割)チャプター毎にDVDの時間表示もしているので、学習したい場面を探しやすくしています。
◆(知識)『この映画の英語について』などの冒頭編集ページや数ヶ所の『映画コラム』で楽しく学習できます。
◆(実践)『覚えておきたいセリフベスト10』を対象に、繰り返し何度も発声練習しておけば、実生活でも使えます。
◆(無料)『リスニングシート(無料)』を活用すれば、映画別、段階別にリスニング能力のチェックができます。

『ドット・コード』について

【ドットコードとは?】

● グリッドマーク社が特許を有する「ドットコード音声データ再生技術」のことです。通常の文字印刷に加えて、パターン化された微小な黒い点の集合体(ドットコード)を印刷する一種の「二色刷り」です。
● 目次ならびに本文英文ページの『セリフ』箇所に印刷されています。ルーペなど拡大鏡で見ると確認できます。
● グリッドマーク社ホームページ(http://www.gridmark.co.jp)の「GridOnput」をご覧ください。

【ドットコードはどう使うの?】

● スクリーンプレイが別売している音が出るペン"iPen"と「iPen音声データ」を入手いただくことが必要です。
● ドットコード印刷された本書の部分に"iPen"のペン先を当てると、"iPen"のスキャナーがドットコードを読み取り、内蔵されたmicroSDメモリ内のiPen音声データとリンクして、ペンのスピーカーから『音声』が聞こえるというシステムです。
● さらに詳しい内容は、本書の巻末ページ「iPenの案内」をご覧ください。

【今までと何が違うの?】

● "iPen"と「iPen音声データ」共用で、DVDなしで音声が聞こえ、本書でリスニング学習が可能となります。
● 映画では「チョット早すぎる」という人も、ネイティブのゆっくりとした、クリアな発声で格段に聞き取り易くなります。
(なお、PD=パブリック・ドメインの『映画タイトル』は"iPen"音声も生の映画音声を採用しています)
● "iPen"で学習した後に、最後はお好きな映画を、英語音声と一切の字幕なしで楽しめるようになりましょう。

『ドット・コード』印刷書籍の使用上のご注意

<本書の取り扱いについて>

■ ドット印刷箇所に鉛筆、油性ペンなどで文字や絵を書いたり、シールなどを貼ったり、消しゴムでこすったりしないでください。"iPen"が正常にドットコードを読み込まなくなる恐れがあります。
■ 水などの液体に十分ご注意ください。紙面が濡れたり、汚れたりすると読み込み不良の原因となります。
■ 購入時に正常だった書籍が、ドットコード異常になった場合、返品やお取り替えの対象となりません。

<音声再生について、等>

■ 紙面にペン先を当てる際は、確認音声が終わるまでしっかりと"iPen"に読み込ませてください。読み込み時間が十分でないまたは適切な使用方法でない場合、再生音声が途切れるなど動作不良の原因となります。
■ 本書の印刷以外に"iPen"のペン先を当てても音声は再生されません。
■ スクリーンプレイが発売している「iPen音声データ」以外のデータで"iPen"をご利用になられた場合、"iPen"本体ならびに「iPen音声データ」の故障の原因となります。その際、当社は一切の責任を負いかねますのでご了承ください。
■ 中古または不正に入手された"iPen"ならびに「iPen音声データ」の動作不良について当社は一切の責任を負いかねますのでご了承ください。

本書のご利用にあたって

【目次ページ】

CASABLANCA™

CONTENTS

◆ ALL マーク

これが本書の英語セリフ音声全再生マークです。特殊なドットコードが印刷されています。ですから、マークに "iPen" の先端を当てると、該当映画の本文英語セリフ音声を全て通してお聞きいただけます。

◆ 本書の章分類

本書シリーズの章分類は、従来から原則的に10章に分割して編集しています。章題名の英文と日本文はスクリーンプレイによるものです。

◆ 1 マーク

これが本書のチャプターマークです。全て日本で発売されている標準的DVDに準拠しています。全再生マークと同様に、"iPen" の先端を当てると、該当チャプター分の本文英語セリフ音声をお聞きいただけます。

【本文ページ】

The Arrest

8 INT. RICK'S CAFE - NIGHT - Sam is playing "Baby Face" as some of the patrons stand around his piano. Rick and Renault, followed by the croupier, walk by Sam. Rick pats Sam on the shoulder.

RENAULT : Rick, there's gonna be some excitement here tonight. We're gonna make an arrest in your cafe.

RICK : Again?

RENAULT : Oh, this is no ordinary arrest. A murderer, no less.

Rick glances toward the gambling room.

RENAULT : If you are thinking of warning him, don't put yourself out. He cannot possibly escape.

RICK : I stick my neck out for nobody.

RENAULT : A wise foreign policy.

Rick and Renault begin walking again. They pass by Casselle and Tonelli. Casselle is still haranguing Tonelli.

CASSELLE : Oui, la Corse, la Tunisie, Nice. Qu'est-ce que vous avez fait pour les avoir?

Rick walks up a staircase as Renault continues to follow him.

RENAULT : We could have made this arrest earlier in the evening at the Blue Parrot. But out of my high regard for you, we're staging it here. It will amuse your customers.

Baby Face / stand 立つ / pat 軽く叩く / excitement 興奮 / arrest 逮捕 / ordinary 普通の / no less / warn / put oneself out / stick one's neck out / wise 賢明な / foreign 外交の、外国の / harangue / Corsica / Tunisia / Nice ニース / staircase / regard 尊敬 / stage 上演する / amuse 楽しませる

62

◆ 英文セリフ（太文字）

英文に "iPen" の先端を当てると、該当したセリフ音声が聞こえます。原則として、初めの「:」から次の「:」で行替えになる直前までです。なお、英文セリフ以外には "iPen"に対応しておりません。ご留意ください。

◆ 英文以外のセリフ（通常文字）

フランス語などの英文以外のセリフは、本文内に通常文字で表記されていますが、音声は対応していません。頁右側にて英文訳を記載しております、学習の参考にご活用ください。

◆ iPen マーク

"iPen" での外部音声録音記憶用の「空白」ドット番号です。録音方法その他は、本書巻末ページ「スクリーンプレイ iPenの案内」をご覧ください。

【時間表示について】

本書各章の冒頭に印刷してある時間は、その映画シーンをサーチ（頭出し）するための「目安」です。

表示されている時間は、映画の開始時点を［00:00:00］（ゼロ点）とした上での通過時間を表示しています。但し、ご使用になられるDVD、ブルーレイなどの映画ソフトならびに再生機器の機種により表示が異なる場合があります。この場合、「□□□□」欄にご使用機種の独自のカウンター番号をご記入ください。

CASABLANCA™

CONTENTS

前文・コラム

Letters of Transit

2 *A map of Africa and Arabia is first shown. Then, a globe revolves over the Pacific Ocean and over Asia, and stops on the view of Europe and Northern Africa.*

NARRATOR: (v.o.) **With the coming of the Second World War, many eyes in imprisoned Europe turned hopefully, or desperately, toward the freedom of the Americas. Lisbon became the great embarkation point, but not everybody could get to Lisbon directly, and so a tortuous, roundabout refugee trail sprang up. Paris to Marseilles...**

A line traces the route across a map of France, starting in Paris and continuing on to Marseilles. Superimposed are images of refugees making their way across France.

NARRATOR: (v.o.) **Across the Mediterranean to Oran...**

The line traces a route across the Mediterranean to Oran, Algeria. The transparent globe shows a ship sailing in the background.

NARRATOR: (v.o.) **Then by train, or auto, or foot across the rim of Africa to Casablanca in French Morocco. Here, the fortunate ones, through money...**

The line traces across the border and into Morocco, stopping at Casablanca. Long lines of people from all over Europe are superimposed on the globe.

NARRATOR: (v.o.) **...or influence, or luck might obtain exit visas and scurry to Lisbon... and from Lisbon to the New World.**

globe 地球儀
the Pacific Ocean 太平洋 ⊖
v.o. →p.23
the Second World War 第二次世界大戦 ⊖
imprison 監禁する
hopefully 希望を抱いて
desperately 必死になって
freedom 自由
the Americas 南北アメリカ ⊖
Lisbon リスボン ⊖
embarkation 乗船, 船出
directly 直接
tortuous ねじれた
roundabout 遠回りの, 回りくどい
refugee 避難民, 亡命者
trail 道, 跡
spring up 生じる
Paris パリ ⊖
Marseilles マルセイユ ⊖
trace ～の跡を辿る, なぞるように書く
route ルート
superimpose (文字・画像などを別の画像に)重ね(合わせ)る
make one's way (苦労して)～へ進む
across ～を横断して, ～を越えて
Mediterranean 地中海 ⊖
Oran オラン →p.23
transparent 透明な, 透けて見える
in the background 背景で〔に〕
auto 自動車
rim 縁
Casablanca カサブランカ →p.23
French Morocco フランス領モロッコ ⊖
fortunate 幸運な
border 国境
influence 影響〔力〕
luck 運
obtain 得る
exit visa 出国ビザ
scurry 急いでいく, ちょこちょこ走る
New World 新世界

通行証

DVD　00 : 01 : 13

□□□□□□

最初にアフリカとアラビアの地図が現れる。それから地球儀が太平洋とアジアを越えて回転し、ヨーロッパと北アフリカの上で止まる。

ナレーター：（画面外）第二次世界大戦が勃発するや、閉じ込められたヨーロッパの多くの目は、希望を込めて、あるいは絶望の色をたたえてアメリカ諸国の自由へ向けられた。リスボンは一大搭乗拠点となった。しかし誰もが直接リスボンへ行けたわけではなかった。そこで、曲がりくねった、遠回りの亡命路ができあがったのである。パリからマルセイユへ…

1本の線がパリに始まり、マルセイユへと、フランスの地図の上を横断して進んでいく。フランスを渡っていく難民の映像が重なる。

ナレーター：（画面外）地中海を渡り、オランへ…

その線は地中海を渡り、アルジェリアのオランへと向かう。地球儀が透明になり、背景に航行する船が見える。

ナレーター：（画面外）そこから列車か車か徒歩でアフリカの縁にそってフランス領モロッコのカサブランカへ。ここで、幸運な者は金か…

その線は縁をたどりながら、モロッコに入っていき、カサブランカで止まる。ヨーロッパ中から渡ってきた人々の長い列が地球儀の上に重なる。

ナレーター：（画面外）…力か幸運によって出国ビザを手に入れ、リスボンへ急行し… そしてリスボンから新世界へと向かうことができた。

■ **the Pacific Ocean**
pacificは「穏やかな」という意味。
ex. TPP = Trans-Pacific Partnership Agreement（環太平洋パートナーシップ協定）
cf. the Atlantic Ocean（大西洋）、the Indian Ocean（インド洋）、the Arctic Ocean（北極海）、the Antarctic Ocean（南極海）

■ **the Second World War**
1939年9月、ドイツのポーランド侵攻、イギリス、フランスの対独宣戦で開戦した世界的規模の戦争（-45）。なお、アメリカでは主に World War II という。

■ **the Americas**
Americaという場合にはUnited StatesかNorth AmericaまたはSouth Americaを表す。

■ **Lisbon**
ポルトガルの首都で、同国中西部タホ川河口の貿易港。大西洋航路、南アメリカ、アフリカへの航空路の重要起点。

■ **Paris**
フランス北西部、セーヌ川の西岸にまたがる都市で首都。1940年6月14日、無防備都市宣言をした翌日、ドイツ軍の入城により陥落。

■ **Marseilles**
フランス南東部の地中海に面した港湾都市で、同国最大の貿易港。

■ **Mediterranean**
大西洋の付属海で、北と西はヨーロッパ、南はアフリカ、東はアジアによって囲まれている。

■ **French Morocco**
アフリカ北西部に位置するモロッコは1912年に仏亜条約によってフランス領モロッコとスペイン領モロッコに分割され、両国の保護領となったが、1956年にフランスがフランス領モロッコの独立を認めたのに続き、スペインも保護権を放棄した。今日のモロッコ王国はもとのフランス領モロッコ、スペイン領モロッコおよび国際地帯（Tangier Zone）から成る。

EXT. OLD MOORISH SECTION OF CASABLANCA - DAY - The city of Casablanca is shown. The haze-enveloped sky overlooks the rooftops of the old Moorish buildings.

NARRATOR: (v.o.) **But the others wait in Casablanca and wait and wait and wait...**

The narrow streets of Casablanca are teeming with activity. People carrying baskets on their heads walk towards the market. A man juggles outside a shop.

INT. RADIO STATION - DAY - A POLICE RADIO DISPATCHER pulls a message off a teletype machine and speaks into a microphone.

DISPATCHER: **To all officers: two German couriers carrying important official documents murdered on train from Oran. Murderer and possible accomplices headed for Casablanca. Round up all suspicious characters and search them for stolen document. Important.**

EXT. STREETS - DAY - A GENDARME runs out into the street and blows his whistle three times.

A police car races toward the square as a European, dressed in a three-piece suit and fedora, is seized from behind by an officer. The police car charges into the square, sending Moroccan merchants fleeing for cover. It comes to an abrupt halt, and five soldiers pile out. They rush into the crowd and arrest all the Europeans in sight. Some try to flee, but eventually they are all gathered up and herded into a paddy wagon.

GENDARME: Allez! En wagon! Allez! Toute de suite! Entrez!

EXT. FRONT OF SHOP - DAY - Trying to remain unnoticed, a CIVILIAN leans over the counter of a shop with his back turned toward the street.

EXT. =exterior
Moorish ムーアの, ムーア人の, ムーア風〔様式〕の ⊙
Casablanca カサブランカ ⊙
haze-enveloped 霞に包まれた
haze もや, 霞
envelope ～を包む, 覆い隠す
overlook 見下ろす
rooftops 屋根の上面
v.o. ⊙
narrow 狭い
teem with ～で満ちあふれている
towards （動きが）～の方へ, ～に向かって, ～を目指して
juggle ジャグリングする
INT. =interior
dispatcher 通信指令係
officer 将校
courier 特使 →p.27
official document 公文書
murder 殺害する
Oran オラン ⊙
murderer 人殺し
possible 可能な ⊙
accomplice 共犯者
head （～の方向に）進む
round up 検挙する, 逮捕する
suspicious 疑わしい
character 人, 人物
search 捜す
gendarme （仏）憲兵 ⊙
run out into ～に駆け出す
square 広場, 公園, 街区
dressed in ～を着ている
fedora フェドーラ帽 ⊙
seize ～を捕まえる
charge into ～に突入する
merchant 商人, 業者
flee 逃げる, 避難する
cover 避難所, シェルター
come to an abrupt halt 急に止まる ⊙
pile out ドヤドヤと〔群れになって〕出る
rush into ～に突入する
crowd 群衆, 大勢の人
arrest 逮捕する
in sight 見えて, 目に入って
eventually 最終的に, 結局は
gather up 集める
herd into （群れを成して）～に移動する
paddy wagon 囚人護送車 ⊙
以下の明朝体はフランス語（本欄は英語訳）
Go! In the wagon! Go! Right now! Get in!
remain （依然として）～のままである →p.45
civilian 一般市民, 民間人
lean over 身を乗り出す
back （腰の部分まで含めた）背

屋外—カサブランカの古いムーア人地区—昼—カサブランカの市街が見える。霞に包まれた空が古いムーア人の建物の屋根を見下ろしている。

ナレーター：（画面外）しかし、それ以外の者はカサブランカで待って、待って、待ち続けるのだ…

カサブランカの狭い通りは活気に満ちている。人々は頭にカゴを載せて、市場のほうへ歩く。男が店の外で曲芸をする。

屋内—無線局—昼—無線係がテレタイプから出てきた通信文を引き抜いて、マイクに向かって話す。

無線係：全員に告ぐ！　重要公文書を携帯したドイツの特使２名がオラン発の列車内で殺害された。殺人犯ならびに共犯と覚しき人物はカサブランカに向かった。挙動不審の者はすべて検挙し、盗難書類を所持しているかどうか調べあげよ。重要事項。

屋外—通り—昼—憲兵が通りに出てきて、３回笛を吹く。

パトカーが広場へ疾走してくる。そのとき、三つ揃いのスーツを着て、フェドーラ帽をかぶったヨーロッパ人が背後から警官に捕まえられる。パトカーは避難場所を求めて逃走するモロッコ人の商人を追い立てながら広場へ突進する。パトカーは急停車し、５人の兵士がドヤドヤと出てくる。彼らは群衆の中に駆け込み、目に入るヨーロッパ人は皆逮捕していく。逃げようとする者もいるが結局は皆捕まって、護送車に乗せられる。

憲兵：入れ！　車の中だ！　入るんだ！　急げ！　中へ入れ！

屋外—店頭—昼—1人の市民が気づかれまいとして背中を通りに向けて、店のカウンターに身をかがめている。

■ **Moorish**
Moor（ムーア人）とは、北西アフリカのイスラム教徒への呼称。

■ **Casablanca**
モロッコ北西部の港湾都市。1907年、フランスにより占領され、フランス保護領（1912-56）となる。スペイン語で「白い家」の意。1943年1月、米国第32代大統領 F.D. Roosevelt（1882-1945）と英国首相 W. Churchill（1874-1965）との間でシシリー島侵攻を決定したカサブランカ会議（1943年1月14-24日）が行われた地として有名。

■ **v.o.**
= voice over; voice of unseen speaker that is heard above a shot or scene
画面に現れない人物、解説者、ナレーターの声または劇映画の登場人物の語りの部分。

■ **Oran**
アルジェリア北西部の港湾都市で、地中海に面している。第二次世界大戦中はフランスの対独抵抗運動の中心地だった。

■ **possible**
Is it possible that you can finish this by this evening?（これを今日の夕方までに終えることは可能ですか？）のように possible は「物事が起こり得る、可能性がある」の意。一方、これと類似した意味を持つ probable は、It is probable that he will win the game.（たぶん彼はその試合に勝つだろう）からもわかるとおり「現実にありそうな、起こりそうな」である。また、likely になると It is likely the train will arrive late.（列車は遅れて着きそうだ）といった具合に、「絶対確実とはいえないが予想される」、つまり to be expected to の意。

■ **gendarme**
発音は［ʒɑ́:ndɑəm］。

■ **fedora**
反ったつばのフェルト製の中折れ帽で、フランスの劇作家Victorien Sardou（1831-1908）のFedora（1882）の主人公の名にちなむと言われる。

■ **come to an abrupt halt**
He brought the car to a halt in front of her house.（彼は彼女の家の前で車を止めた）のように bring...to a halt とした場合は「～を止める」。また、Halt! といった具合に、stopの意味で軍隊の号令や、逃げる容疑者などへの呼びかけとしても使われる。→p.24 Halt! Halt!参照。

■ **paddy wagon**
= patrol wagon; police wagon

Two Moroccan POLICEMEN approach him from behind, grab his shoulder, and demand to see his papers.

POLICEMAN 1: May we see your papers?

CIVILIAN : I... don't think I have them on me.

POLICEMAN 1: In that case, we'll have to ask you to come along.

CIVILIAN : Wait. It's possible that I... yes, here they are.

The civilian hands his papers to the second policeman.

POLICEMAN 2: These papers expired three weeks ago. You'll have to come along...

Before the policeman can say another word, the civilian dashes away. The annoyed policemen chase after him in hot pursuit.

POLICEMEN: (v.o.) **Halt! Halt!**

JAN and ANNINA BRANDEL, young and recently married refugees from Bulgaria, watch as the civilian passes. As the civilian rounds a corner, one of the policemen fires at him, hitting him in the back. He staggers for a short moment and falls to the ground in front of a poster of a French leader, reading "Je tiens mes promesses, même celles des autres. Philippe Pétain, Maréchal de France." The policemen search him for the stolen documents. One of the officers wrenches some papers from the dead civilian's clenched hand. One piece of paper reads, "Free France," another has a Lorraine Cross on it.

EXT. FRONT OF THE PALAIS DE JUSTICE - DAY - The sign above the entrance to the Palais de Justice reads: "Liberté Égalité Fraternité". The civilians who have been rounded up are all escorted into the building.

EXT. SIDEWALK CAFE - DAY - A middle-aged ENGLISH COUPLE sits at an outdoor cafe. Becoming aware of the activity at the Palais de Justice across the street, they crane their necks to see.

ENGLISH WOMAN: What on earth's going on there?

ENGLISH MAN: I don't know, my dear.

from behind 背後から
grab つかむ, 捕まえる →p.77
demand 要求する
papers 身分証明書
on me
come along 同行する
here they are さあ、どうぞ
hand 手渡す
expire （期限が）終わる
annoyed 苛立った, 憤慨した
chase after ～の後を追う
in hot pursuit （必死に）捕まえようとして
pursuit 追跡, 追求
halt 止まる
Annina Brandel →p.171
Bulgaria ブルガリア
fire at ～に向かって発砲する
hit ～に命中させる, ～を被弾させる
stagger よろめく, ふらつく
read 書いてある →p.131
以下の明朝体はフランス語（本欄は英語訳）
I keep my promises, even those of other people. Philippe Pétain, Marshal of France.
Philippe Pétain フィリップ・ペタン
wrench ～からねじり取る
clenched 握りしめた
Free France 自由フランス
Lorraine Cross ロレーヌ十字
Palais de Justice （仏）裁判所
Liberty Equality Fraternity
escort ～に付き添う, ～を護衛する, ～を送り届ける
sidewalk 歩道
middle-aged 中年の
become aware of ～に気づく
crane one's neck 首を伸ばす
on earth いったいぜんたい
go on 起こる, 行われる
dear 愛しい人, 愛する人 →p.29

モロッコ人の警官２人が後ろからその男に近づき、肩をつかんで身分証明書を見せるように要求する。

警官1　：身分証明書を拝見できますか？
市民　：い、今は身につけていないと思います。
警官1　：それでしたら、署までご同行願うことになりますが。
市民　：待ってください。もしかしたら持って… ありました、はい、これです。

市民は警官２に自分の身分証明書を手渡す。

警官2　：この身分証明書は３週間前に期限が切れている。一緒に来てもらいましょう。

警官が再び口を開く前に、市民は走り出す。怒った警官は必死に彼の後を追いかける。

警官　：（画面外）止まれ！ 止まるんだ！

ブルガリアから亡命してきた若い新婚夫婦、ヤン・ブランデルとアニーナが、市民が通り過ぎるのを見ている。市民が角を曲がろうとするときに警官の１人が彼に向けて発砲し、背中を撃つ。彼は一瞬よろめいて、「私は自分の約束を守るし、他人がした約束も守る、フランス陸軍元帥フィリップ・ペタン」と書かれたフランスの指導者のポスターの前で地面に倒れる。警官は盗まれた文書を求めて彼の体を探る。警官の１人が死んだ市民が握り締めていた手の中から書類をもぎ取る。そのうちの１枚には「自由フランス」と書かれており、ほかの１枚にはロレーヌ十字が描かれている。

屋外―裁判所の正面―昼―裁判所の入り口の上部には「自由、平等、友愛」という文字が書かれている。検挙された市民たちは全員建物の中に連れていかれる。

屋外―カフェテラス―昼―中年の英国人夫婦が戸外のカフェに腰を下ろしている。彼らは通りの向こうの裁判所前の騒ぎに気づき、首を伸ばして眺める。

英国人女性：あれはいったい何事でしょう？
英国人男性：わしにもわからんね。

■ **papers**
ここでは戸籍証明書、パスポート、資格認定書といった本人の身分などを証明する書類を意味し、I.D.（=identification card）に同じ。

■ **on me**
ここでの on は「～を所持して」の意。He has no money on him.とすれば、「ポケットもしくは財布の中にはお金がない」で、He is poor.という意味ではない。

■ **here they are.**
= This is what you wanted.
人に物を差し出すときの決まり文句で、Here it is.（p.237）とか Here you are.（p.64）ともいう。また、目的の物をはっきり口にして Here is your letter.（さあ手紙ですよ）のように言ってもよい。なお、Here we are.とした場合には、探していたものなどに注意を向けさせ「ここにありますよ」、また目的の場所に到着して「さあここです」といった意味合いで使われる。

■ **Bulgaria**
ヨーロッパ、バルカン半島南東部にある共和国で、Republic of Bulgaria（ブルガリア共和国）が公式な英語表記。

■ **Philippe Pétain**
Henri Philippe Pétain（1856-1951）。フランスの元帥で、第二次世界大戦中のドイツ占領時代における親独派ヴィシー政権（1940-44）の国家元首。

■ **Free France**
第二次世界大戦中、英国のロンドンに設立した General de Gaulle（p.47）を首班とするフランスの臨時政府Free French（p.163）など、多くの地下抵抗運動のスローガンだった。

■ **Lorraine Cross**
ロレーヌ公国のロートリンゲン公ゴドフロワ・ド・ブイヨンが1096年に旗に描き、第1回十字軍の遠征に参加したことに由来する。第二次世界大戦中はGeneral de Gaulle率いる自由フランスのシンボルになり、1940年から43年まで自由フランス空軍の航空機の機体にもつけられていた。

■ **become aware of**
be aware of～で「～に気づいている（状態）」。beを変化を表すbecomeに変えることで「～に気づく」となる。

■ **on earth**
疑問詞とともに用いて疑問の強意語として使われるもので、この言葉自体に特別な意味があるわけではない。同意の表現としてin the world、in Heaven's [God's] name(p.58)、in the name of Heaven、the devil、the hell などがある。

A DARK EUROPEAN, who is sitting at the next table, is more interested in the English couple than the activity at the prefectural office.

dark　褐色の，浅黒い ⊙
prefectural　県〔府〕の〔に関する〕⊙

DARK EUROPEAN: Pardon. Pardon, Monsieur, pardon, Madame, but have you not heard?

ENGLISH MAN: We hear very little, and we understand even less.

Pardon ⊙
Monsieur　（仏）⊙
Madame　（仏）⊙
we understand even less ⊙

DARK EUROPEAN: Two German couriers were found murdered in the desert, the... unoccupied desert. This is the customary roundup of refugees, liberals and, uh, of course, a beautiful young girl for Monsieur Renault, the Prefect of Police.

courier　特使 ⊙
desert　砂漠 →p.59
unoccupied　占領されていない
customary　通例の，いつもの
roundup　狩り，検挙
liberal　自由主義者
of course　もちろん
Prefect of Police ⊙

The civilians are unloaded from the paddy wagon and led into the prefectural office.

unload　降ろす
lead　案内する，先導する ⊙

DARK EUROPEAN: Unfortunately, along with these unhappy refugees, the scum of Europe has gravitated to Casablanca. Some of them have been waiting years for a visa.

unfortunately　残念ながら
along with　～と一緒に，～と共に
scum　浮きかす，人間のくず
gravitate　引き寄せられる
years ⊙

The dark European places his hand on the Englishman's shoulder, stands up, and reaches behind him with his other hand.

place　置く

DARK EUROPEAN: I beg of you, Monsieur, watch yourself. Be on guard. This place is full of vultures, vultures, everywhere. Everywhere!

I beg of you　お願いします →p.165
beg　懇願する
watch oneself　気をつける
be on guard　用心する
be full of　～に満ちている
vulture　強欲な人，ハゲタカ

ENGLISH MAN: Thank you. Thank you very much.

DARK EUROPEAN: Not at all. Au revoir, Monsieur. Au revoir, Madame.

Not at all →p.111
Au revoir　（仏）⊙

ENGLISH WOMAN: Au revoir, Monsieur.

ENGLISH MAN: Au revoir. Amusing little fellow, what?

ENGLISH WOMAN: Yes.

ENGLISH MAN: Waiter!

amusing　おかしい
fellow　男，やつ →p.113

The Englishman feels in his pockets for his wallet, but can't find anything.

wallet　財布 →p.161

隣のテーブルに座っている褐色の肌をしたヨーロッパ人は、庁舎での騒ぎより英国人夫婦のほうに興味を持っている。

褐色の欧州人: 失礼。失礼ですが、ムッシュー、失礼しますよ、マダム、お聞きになってはいないのですか？

英国人男性 ： わしらはほんの少ししか聞いてないし、それも全部はわからないという有様でね。

褐色の欧州人: ドイツの特使２人が殺されて砂漠で発見されたんですよ… 非占領地域の砂漠でね。これは亡命者や自由主義者たちのお決まりの検挙でしてね、それにもちろん、警視総監ムッシュー・ルノーのための若い美人狩りでもあるわけです。

市民たちは護送車から降ろされ、庁舎の中へと先導される。

褐色の欧州人: 残念なことに、不幸な亡命者たちと一緒にヨーロッパのくずどもが、カサブランカに引き寄せられてきてましてね。中には何年もビザを待っている者もいるんですよ。

褐色の肌をしたヨーロッパ人は英国人男性の肩に手を置き、立ち上がると、もう片方の手を彼の後ろに伸ばす。

褐色の欧州人: お願いです、ムッシュー、お気をつけて。ご用心ください。ここはハゲタカでいっぱいです。どこもかしこも、ハゲタカどもでね。どこもかしこもね！

英国人男性 ： ありがとう、どうもありがとう。

褐色の欧州人: どういたしまして。それではまた、ムッシュー。さようなら、マダム。

英国人女性 ： さようなら、ムッシュー。

英国人男性 ： さようなら。おもしろい男じゃないか、なあ？

英国人女性 ： そうね。

英国人男性 ： ウェイター！

英国人男性は札入れを出そうとポケットを探るが、何も見つからない。

■ **dark**
dark skin ⇄ fair skin

■ **prefectural**
地域区分の名称は国により異なる。prefecture（県）は日本などで採用され、state（州）はアメリカやオーストラリアなどで使われている名称。なお、一般的に「州」は独自に法律を制定できるなど、「県」より自治権が強く独立した権限を持っている。

■ **Pardon.**
「失礼ですが」と見知らぬ人に話しかけたり、相手に異議を唱える際に用いられ、Excuse me.（p.41）よりは丁寧な表現。Pardon me. とか I beg your pardon. の形で使われることも多い。また、相手に対する失礼な態度などを詫びるときの I'm sorry. の意や、Would you please say it again?（もう一度おっしゃっていただけますか？）の意味でも用いられる。→p.184 I beg your pardon?参照。

■ **Monsieur**
= Mr.

■ **Madame**
= Mrs.

■ **we understand even less.**
言葉がわからないために話を聞いてもほとんど理解できないのに加え、政治的、社会的な問題に疎いために「聞いた分量のさらに少ない量しかわからない」、つまり「理解の量はさらに劣る」ということ。

■ **courier**
緊急の知らせや重要書類、あるいは外交文書などを携帯する「特使、密使」のこと。ほかに、旅行会社、団体旅行の「世話人、添乗員」などの意がある。近年では、通関手続きを含めて配送してくれる国際宅配便の意として使われることが多い。

■ **Prefect of Police**
フランス語をそのまま英訳したもので、フランスの警視総監のこと。なお、英語では police commissioner がこれに相当し、イギリスでは「（ロンドン警視庁の）警視総監」、アメリカでは「警察本部長」。

■ **lead**
leadは不規則動詞で、過去形・過去分詞ともにledである。

■ **years**
He died years ago.（彼は何年も前に死んだ）のように、複数形で用いて「何年も」とか「長い間」を意味して使われる。

■ **Au revoir**
= good-by; good-bye →p.239参照。

ENGLISH MAN: Oh, how silly of me.

ENGLISH WOMAN: What, dear?

ENGLISH MAN: I've left my wallet in the hotel.

ENGLISH WOMAN: Oh!

ENGLISH MAN: I...

The Englishman is interrupted by the drone of an airplane engine coming from the distance. He and the Englishwoman search the sky for the source of the noise. The refugees outside the Palais de Justice gaze up at the sky hopefully, spotting a low-flying airplane. Jan and Annina also watch the descending plane.

ANNINA : **Perhaps tomorrow we'll be on the plane.**

EXT. AIRPORT - DAY - The plane swoops down past a neon sign on a building near the airport. The sign reads "Rick's Café Américain." It lands, then taxis down the runway. A troop marches out to greet it.

The door to the plane opens, and a tall German, Major STRASSER, steps out after his entourage. He has a thin mustache, and wears a perpetual smile. Herr HEINZE, the German consul, steps up to him.

OFFICIAL : Garde-à-vous!

HEINZE : Garde-à-vous! Heil Hitler!

OFFICERS : Heil Hitler.

HEINZE : **It is very good to see you again, Major Strasser.**

STRASSER: **Thank you, thank you.**

They take a few steps toward Captain RENAULT, Prefect of Police in Casablanca.

HEINZE : **May I present Captain Renault, Police Prefect of Casablanca. Major Strasser.**

RENAULT : **Unoccupied France welcomes you to Casablanca.**

STRASSER: **Thank you, Captain. It's very good to be here.**

RENAULT : **Major Strasser, my aide, Lieutenant Casselle.**

how silly of me
silly 愚か
dear 愛しい人, 愛する人
leave 残す, 置き忘れる
hotel ホテル

interrupt 妨げる, 遮る
drone （低く続く）ブーンという音
distance 遠距離, 離れた場所
source もと, 源
gaze up ～を見上げる
hopefully 希望を持って
spot （見てすぐに）～に気づく
descend 降下する

airport 空港
swoop down すべり降りる, 急降下する, さっと舞い降りる
Rick リック →p.41 Richard
land 着陸する
taxi （航空機が）地上走行する
runway 滑走路
troop 軍隊, 一団
march out （一斉に行進のように）進み出る
greet 挨拶する
Major 陸軍少佐
Strasser シュトラッサー →p.191
entourage 側近, 随行員
mustache 口ひげ
wears a perpetual smile
Herr （独）
consul 領事
以下の明朝体はフランス語（本欄は英語訳）
Attention!
Heil Hitler （独）

Captain 陸軍大尉

welcome 歓迎する

aide 副官
Lieutenant 中尉

英国人男性 ：あれっ、何と馬鹿な。
英国人女性 ：どうしたの、あなた？
英国人男性 ：ホテルに財布を忘れてきてしまったわい。
英国人女性 ：あら！
英国人男性 ：わしは…

英国人男性は遠くから聞こえてくる飛行機のエンジンのブーンという音に遮られる。彼と英国人女性はその騒音の出所を見つけようと空を仰ぐ。裁判所の外にいる難民たちは低空飛行で飛んでくる飛行機を目にして、希望を抱いて空を見上げる。ヤンとアニーナも降下してくる飛行機を見つめる。

アニーナ ：たぶん明日は私たち、あの飛行機に乗れるわね。

屋外—空港—昼—飛行機は空港の近くの建物のネオンサインを通り過ぎて舞い降りてくる。そのネオンサインには「リックのカフェ・アメリカン」とある。飛行機は着陸し、滑走路を滑走する。兵士の一団が出迎えのために進み出てくる。

飛行機のドアが開き、背の高いドイツ人、シュトラッサー少佐が随行員の後から出てくる。彼はうすい口ひげを生やし、絶えず笑みを浮かべている。ドイツ領事のハインツ氏が彼のほうに歩み寄る。

役人 ：気をつけ！
ハインツ ：気をつけ！　ヒトラー万歳！
警官たち ：ヒトラー万歳！
ハインツ ：またお目にかかれて大変光栄です、シュトラッサー少佐。
シュトラッサー：ありがとう、ありがとう。

彼らは、カサブランカの警視総監、ルノー大尉のほうに向かって数歩進む。

ハインツ ：カサブランカの警視総監、ルノー大尉をご紹介させていただきます。シュトラッサー少佐です。
ルノー ：非占領フランスは、あなたのカサブランカへのお越しを歓迎いたします。
シュトラッサー：ありがとう、大尉。ここへ来られて大変嬉しい。

ルノー ：シュトラッサー少佐、私の副官カッセル中尉です。

■ **how silly of me.**
= how silly I am.; it was very foolish of me.
→p.31 be kind of someone参照。

■ **dear**
恋人、夫婦、親子といった親しい間柄で呼びかけとして使われる言葉。

■ **airport**
この空港シーンのロケ地はロサンゼルス郊外の Metropolitan Airport（現Van Nuys Airport）。大手航空会社の定期便の発着はなく、チャーター機や自家用機などの利用を主とした空港で、立地もいいことから映画のロケ地によく採用される。

■ **Major**
陸軍での佐官の階級は上からColonel（大佐）、Lieutenant Colonel（中佐）、Major（少佐）。

■ **mustache**
英語では生える部位によってひげの名称が異なる。mustache（発音は[mʌ́stæʃ]）は唇の上～鼻の下に生えるいわゆる口ひげを指し、頬から顎に生える顎ひげはbeard（発音は[bíərd]）、もみあげはsideburns（発音は[saɪdbɚnz]）、無精ひげはstubble（発音は[stʌ́bl]）と言う。

■ **wears a perpetual smile**
wearの基本的な意味は「自らの意志で一定の期間身につける」。そのため、He always wears a red coat.（彼はいつも赤いコートを着ている）といった衣服はもちろんのこと、He likes to wear his hair long.（彼は髪を長くしておくのが好きだ）、John is wearing a mustache.（ジョンは口ひげを蓄えている）、She is wearing a big diamond.（彼女は大きなダイヤを身につけている）といった装飾品、化粧品、さらには He wore a happy smile.（彼は幸せそうな笑みを浮かべていた）といった具合に人の表情や態度などにも使われる。

■ **Herr**
= Mr.

■ **Heil Hitler!**
heilは「万歳」を意味するドイツ語の挨拶の言葉。このフレーズはあまりにも有名で、ドイツ語からの借用語として英語圏でも認知されている。Adolf Hitler（1889-1945）はオーストリア生まれのドイツの政治家、ナチスの指導者、首相（1933-45）、総統（1934-45）。連合軍に追いつめられ、ベルリンの防空壕で4月30日に自殺。

Captain TONELLI steps in front of Lieutenant CASSELLE and introduces himself.

TONELLI : Captain Tonelli, the Italian service, at your command, Major.
STRASSER: That is kind of you.

Renault pushes past him. Tonelli keeps talking.

TONELLI : Abbiamo grande piacere della Sua presenza, Maggiore. Il nostro comando è sempre pronto a servirla.
CASSELLE : Il vous écoute même pas. Je vous dis qu'il vous écoute même pas. N'est-ce pas?
TONELLI : Ma per carità, non mi disturbate.
CASSELLE : Allons, donc!

Major Strasser and Renault walk along together.

RENAULT : You may find the climate of Casablanca a trifle warm, Major.
STRASSER: Oh, we Germans must get used to all climates, from Russia to the Sahara. But perhaps you were not referring to the weather.
RENAULT : What else, my dear Major?
STRASSER: By the way, the murder of the couriers, what has been done?
RENAULT : Oh, realizing the importance of the case, my men are rounding up twice the usual number of suspects.
HEINZE : We know already who the murderer is.
STRASSER: Good. Is he in custody?
RENAULT : Oh, there's no hurry. Tonight he'll be at Rick's. Everybody comes to Rick's.

STRASSER: I have already heard about this cafe, and also about Mr. Rick himself.

step 前へ出る, 歩み出る
introduce oneself 自己紹介する

Italian service イタリア軍
at a person's command ～の命令で ⊙
be kind of someone ⊙

以下の明朝体は諸外国語(本欄は英語訳)
We take great pleasure in your presence, Major. Our command is always ready to serve you. (伊)

He isn't even listening to you. I'm telling you that he isn't even listening to you. Is he? (仏)
For heaven's sake, stop bothering me. (伊)
Come on! (仏)

the climate of...trifle warm ⊙
a trifle ちょっと →p.143
get used to ～に慣れる ⊙
Russia ロシア
the Sahara サハラ砂漠
refer to 言及する

what else 何かほかに
by the way ところで

realize わかる, 認識する, 理解する
importance 重要性
my men ⊙
twice 2倍
usual いつもの
suspect 容疑者
be in custody 拘留中である
hurry 急ぐこと, 急ぐ必要

トネリ大尉はカッセル中尉の前に進み出て、自己紹介する。

トネリ　：イタリア軍のトネリ大尉です、ご命令に従います、少佐殿。

シュトラッサー：それはご親切に。

ルノー大尉はトネリ大尉を押しのける。トネリは話し続ける。

トネリ　：貴殿をお迎えでき、誠に光栄です、少佐殿。我が司令部はいついかなるときもお役に立つ所存でおります。

カッセル　：少佐は聞いてやしませんよ。そもそも聞いてやしないと言ってるんですよ。でしょ？

トネリ　：お願いです、私の邪魔をしないでください。

カッセル　：いや、まったく！

シュトラッサー少佐とルノー大尉は一緒に歩いていく。

ルノー　：カサブランカの気候は少々暑すぎるかもしれませんね、少佐殿。

シュトラッサー：いや、我がドイツ国民はロシアからサハラ砂漠まで、あらゆる気候に慣れねばならんのです。しかし、君は天候のことを言ったわけではないのだろう。

ルノー　：それ以外に何があるでしょうか、少佐殿。

シュトラッサー：ところで、特使殺害の件だが、どうなったかね？

ルノー　：ええ、事件の重大さを認識いたしまして、私の部下たちはいつもの２倍の容疑者を検挙しているところです。

ハインツ　：殺人犯が誰かはもうわかっております。

シュトラッサー：結構。その男を拘留しているのかな？

ルノー　：いや、急ぐことはありません。今夜、その男はリックの店に来るでしょうな。誰もがリックの店にやってくるのです。

シュトラッサー：私もそのカフェのことならすでに聞き及んでいる、それにリック氏自身のこともな。

■ **at a person's command**
= by a person's command
He has one million yen at his command.（彼は自由に使える金を100万円持っている）のように「思いのままになる」の意でもよく使われる。

■ **be kind of someone**
be 形容詞 of someoneで「その人は～だ」とsomeoneの性質を評価する表現になる。後ろにto不定詞をつけて、具体的にどういった行動がその評価に繋がったのかを説明することもできる。
ex. It was very thoughtful of him to mention my name in his speech.（スピーチで私の名前を出してくれるとは彼はとても思いやりのある人だ）、It was honest of you to admit that.（それを認めたとはあなたは正直だったね）、It was rather careless of her to spill the beans.（うっかり秘密をバラしちゃうとは彼女はむしろ不注意だったね）

■ **the climate of...trifle warm**
climateには「気候」のほかに社会、時代、場所などに支配的な「風潮、風土、趨勢」の意があること、また warm が「暖かい」のほかに「不愉快な、厄介な」を含意することから、シュトラッサーが鋭く指摘したとおり、「地下組織の運動が盛んであるカサブランカの情勢はいささか不愉快だとお思いになるでしょう」の意を暗示したもの。

■ **get used to**
= become used to
I'm not used to cold weather.（私は寒い天候には慣れていない）とか、I can never become used to getting up early in the morning.（どうしても朝の早起きには慣れることができない）のように be used to、もしくは get / become used to で「～には慣れている、慣れる」の意。なお、He used to go to school by bus.（彼は昔はバスで通学したものだ）に見られる used to do... は、過去のかなりの長い期間にわたる常習的な習慣について「～するのが常だった」の意。また His hair used to be black, but it is white now.（彼の髪の毛は以前は黒かったが、今は白くなっている）のように、現在と過去を比較して「かつては～だった」の意を表して用いられることもあるので注意。

■ **my men**
同じ目的・志を持つ仲間、チームメイトなどを指す。ここでは自分の指揮下にいる部下を指している。

ヴィシー政府

ルノー大尉がラストシーンで投げ捨てる水の瓶に貼られた「ヴィシー水」のラベル。フランスの植民地カサブランカの警視総監である彼が、実は「反ヴィシー派」であることを何よりも雄弁に語るシーンである。名水の産地として知られるフランス中部の町ヴィシーは、1940年から44年まで、合法的なフランスの政権、ヴィシー政府の首都でもあった。正式国名はフランス国（État français）、この政権下の親独中立政治体制はヴィシー体制と呼ばれている。

第二次世界大戦勃発後、ドイツは連合軍を圧倒、当時のフランス政府（第三共和政）はパリを放棄し、1940年6月14日にはドイツ軍が無抵抗のパリに入城する。当時の戦時内閣で全権を付与されたのが、先の世界大戦における救国の英雄、ペタン元帥であった。休戦協定によってパリを含む国土面積の約6割がドイツ占領下に置かれ、残りの地域はヴィシーを首都とするフランス政府が統治することになり、同年7月10日ペタンを首班とするフランス国が成立する。名目上その主権はフランス全土と海外領土全域に及び、陸・海軍も保有していた。しかしヴィシー政府は、休戦協定の条件により、枢軸国への物資の提供、海外の植民地のフランス軍にはドイツ軍を抵抗なしに受け入れることを命じた。

このようにヴィシー政権が、正統政府ながらドイツの庇護のもとに存続していることは明白であった。パリ陥落後には、イギリスに亡命したド・ゴールが対独抗戦の続行を掲げる「自由フランス」を樹立していた。しかし、レジスタンス運動は戦況がドイツに不利になるまで本格化せず、国家の崩壊と海外植民地の喪失を恐れ、敗戦を招いた第三共和政に失望したさまざまな勢力がペタンのもとに集結した。ヴィシー政権は国家再建の理念をより明確に打ち出す必要に迫られ、ここで提唱されたのが「国民革命」と呼ばれる思想である。

共和政の原理である「自由・平等・友愛」に代わり「労働・家族・祖国」のスローガンを掲げ、社会主義的な経済政策、道徳面における親カトリシズム、国家への忠誠を重視した教育改革など、個人主義を抑制する非民主的改革は多方面に及んだ。さらに、当時のフランスの負の側面 ― 反ユダヤ主義 ― がこの体制下で露呈した。コラボラシオン（対独協力）という受動的な大義のもと、ドイツ占領地区よりもさらに過酷な反ユダヤ法令が整備された。ユダヤ系フランス人は要職から締め出され、外国籍ユダヤ人は収容所に収監され、アルジェリアのユダヤ人はフランス国籍を剥奪された。ヴィシー政権が収容所へ移送したユダヤ人の数は8万人を超える。

1942年頃から戦争は転換期を迎える。11月に連合軍が北アフリカに上陸、これに対しドイツ軍はフランス南部自由地区に進軍、フランス全土が直接占領下に置かれることになる。レジスタンスは体系化・拡大化し、ヴィシー体制は敗色濃厚なドイツの直接支配のもと、実態を失っていく。1944年6月の連合軍・自由フランス軍のノルマンディー上陸によってフランス解放が始まると、ペタンはあくまで中立を堅持、講和への道を模索する。しかしド・ゴールはこれを拒否、同年8月31日にフランス共和国臨時政府が樹立すると同時に、ヴィシー政府はドイツに亡命し、ペタンの首相辞任をもって完全に崩壊する。

戦後、「呪われた時代」と呼ばれたヴィシー政権を、ただ単純に「ナチス・ドイツの傀儡」と断ずることはできない。フランスが焦土と化すことを防いだという見方もある。いずれにしても、国土の大部分を失うという未曾有の危機の時代に生まれた体制であること、ユダヤ人迫害に対するフランスの関与の実態が近年になって明らかになってきたことを念頭に置く必要があるだろう。

宮本節子（相模女子大学）

Rick's Cafe

4 *EXT. / INT. RICK'S CAFE - EVENING - People dressed in their best clothes, walk toward Rick's Cafe. SAM, the black jazz pianist, can be heard singing "It Had To Be You."*

SAM : (v.o.) **It had to be you**
It had to be you
I've wandered around and finally found
The somebody who could make me be true
Could make me be blue
And even be glad, just to be sad
Thinking of
Some others I've seen
Might never be mean
Might never be cross or try to be boss
But they wouldn't do

INT. RICK'S CAFE - EVENING - The cafe, which extends over a large area, is swarming with people of all nationalities, who are conversing, drinking and having a good time. A four-piece orchestra is accompanying Sam.

SAM : **For, nobody else gave me a thrill, honey**

With all your faults
I love you still
Had to be you, wonderful you
Had to be you

Sam breaks into a new song.

SAM : **'Cause my hair is curly**
'Cause my teeth are pearly...

best clothes 一張羅
It Had To Be You ⊙
wander 歩き回る
finally ついに, とうとう, 最終的には
blue 陰気な, 憂鬱な, しょげた ⊙
glad 嬉しい
sad 悲しい
I've seen ⊙
mean ケチな, 意地悪な
cross 不機嫌な ⊙
boss ボス
wouldn't do ⊙
extend over ～に広がる, ～に及ぶ
swarm with ～でごった返す, ～でいっぱいである
nationality 国籍 ⊙
converse 会話をする, 談話する
have a good time 楽しく過ごす
orchestra オーケストラ, 管弦楽団 →p.187
thrill ぞっとすること, スリル
honey あなた →p.133
with all your faults ⊙
wonderful 素晴らしい
'cause ⊙
curly 巻き毛
teeth 歯 ⊙
pearly 真珠のような

リックのカフェ

DVD 00 : 6 : 31

□□□□□□

屋外／屋内—リックのカフェ—夕方—盛装した人々がリックのカフェのほうへ歩いていく。黒人のジャズピアニストのサムが「イット・ハド・トゥ・ビー・ユー」を歌っているのが聞こえる。

サム　：（画面外）あなたでなければだめだった
あなたでなければだめだった
いろいろさすらい、ついにわかった
私を素直にしてくれる人
私をブルーにしてしまう人
そして私を喜ばせたり、悲しませたりしてしまう人
あなたのことを想うだけで
これまで付き合ったほかの人たちは
決して意地悪じゃなかった
あたりちらしたりもしないし、いばりもしない
でもそんな人たちじゃだめだった

屋内—リックのカフェ—夕方—かなり広々としたカフェはあらゆる国籍の人間で溢れている。彼らは話したり、飲んだりして楽しい時を過ごしている。四重奏のオーケストラがサムの伴奏をしている。

サム　：だってほかの人は誰もスリルをくれなかったわ、ハニー
あなたにはたくさん欠点があったけど
それでもあなたを愛しているの
あなたでなければだめだった、素敵なあなた
あなたでなければだめだった

サムは新しい歌を歌い始める。

サム　：だって私の髪はクルクルだし
だって私の歯はツルツルだし…

■ **It Had To Be You**
1924年のヒット曲で、Gus Kahn 作詞、Isham Jones 作曲。

■ **blue**
本来 blue は神の永遠性や人間の不死の象徴。しかし、この語がsad and without hopeの意を持つに至ったのは、憂鬱病にかかると青い魔物が見えると信じられていたことと、その憂鬱病にはマメ科のコマツナギ属（Indigofera）の植物から採られる藍色を扱う染色業者がかかりやすかったことに由来する。
ex. I'm feeling blue today.（今日は憂鬱だ）

■ **I've seen**
Are you seeing someone?と言えば「付き合っている人がいるの？」の意となり、この表現を夫婦間で使えば「誰かと浮気してるの？」ということ。つまり、男女交際に関して see が用いられる場合には「付き合う」とか「セックスをする」の意。

■ **cross**
= very angry; in a bad mood

■ **wouldn't do**
この do は、This dictionary won't do.（この辞書ではだめだ）のように、will や would とともに用いて「（物、事が人の）役に立つ、用が足りる、間に合う」の意を表す。

■ **nationality**
cf. race（人種）、ethnicity（民族）
ワーナー・ブラザースによると、本作の制作に携わった人の国籍は実に34に上るという。

■ **with all your faults**
fault は「欠点」の意。 with all... の形で「～を所有しているにもかかわらず、～があるけれども」の意を表して使われる。
ex. With all her intelligence, she was not proud.（彼女は相当の知性の持ち主でありながら、おごらなかった）

■ **'cause**
= because

■ **teeth**
tooth（歯）の複数形。

Two men sit at a table. The first man is smoking a cigarette while the second man holds a glass in his hand, staring blankly into space.

MAN : **Waiting, waiting, waiting. I'll never get out of here. I'll die in Casablanca.**

A few tables away, a WOMAN sits at a table conversing with a MOOR. She is trying to sell an exquisite bracelet.

WOMAN : **But can't you make it just a little more? Please?**

MOOR : **Sorry, Madame, but diamonds are a drug on the market. Everybody sells diamonds. We have diamonds everywhere. Two thousand, four hundred.**

The Moor takes a stash of money out of his breast pocket.

WOMAN : **All right.**

Close by, two CONSPIRATORS talk in a low voice.

CONSPIRATOR: **The trucks are ready. The men are waiting. Everything...**

The conspirator abruptly stops speaking when he hears two GERMAN OFFICERS behind him.

GERMAN OFFICER: Ich verstehe es gar nicht. Man soll eine viel stärkere Hand haben in Casablanca.

At another table, a MAN points to a map and talks to a REFUGEE.

MAN : **It's the fishing smack Santiago. It leaves at one tomorrow night, here from the end of La Medina, third boat.**

REFUGEE : **Thank you. Thank you.**

MAN : **And bring fifteen thousand francs in cash. Remember, in cash.**

stare into space 虚空を見つめる, 宙を見つめる
blankly ぼんやりと
get out of ～から出る
die 死ぬ
away 離れて, 離れたところで ➲
Moor ムーア人
exquisite 精緻な, 極上の
bracelet ブレスレット, 腕輪
just a little ほんの少し
diamond ダイヤモンド
drug on the market たなざらし商品 ➲
stash of money 隠してあるお金, へそくり ➲
breast pocket 胸ポケット ➲
conspirator 共謀者
abruptly 突然, 急に ➲
以下の明朝体はドイツ語(本欄は英語訳)
I don't understand it at all. We should have a stronger grip in Casablanca.
grip 支配, 制御
point to 指し示す
smack 一本マストの帆船
Santiago ➲
La Medina ラ・メディナ ➲
franc フラン ➲
cash 現金

２人の男性がテーブルについている。男性はタバコを吸っている。一方、もう１人の男性は手にグラスを持ち、ぼんやりとして宙を見つめている。

男性　：待って、待って、待ち続ける。俺はきっとここから出られないだろう。カサブランカで死んでしまうんだ。

いくつか離れたテーブルで、女性がムーア人と話している。彼女は絶美のブレスレットを売ろうとしている。

女性　：でも、もう少し出していただけません？　お願い。

ムーア人　：お気の毒ですが、奥様、ダイヤモンドは売れないもので。みんながダイヤモンドを売るものですから。どこもかしこもダイヤでいっぱいですよ。2400です。

ムーア人は胸のポケットからしまっておいた金を取り出す。

女性　：いいわ。

すぐ側では、２人の共謀者が低い声で話している。

共謀者　：トラックの用意はできている。人夫も待っている。すべては…

共謀者は背後に２人のドイツ人将校の声を聞き、急に話をやめる。

ドイツ人将校：まったく納得いかないね。カサブランカでの締めつけをもっと強化すべきだ。

ほかのテーブルでは、男が地図を指さしながら亡命者に話しかけている。

男性　：小型漁船のサンティアゴ号です。明日深夜１時に、ここ、ラ・メディナの端から出発します。３番目の船ですからね。

亡命者　：ありがとう。ありがとう。

男性　：それから現金で１万5000フラン持ってきてください。いいですか、現金でですよ。

■ **away**
far away（遠く離れて）やshort distance away（少し離れて）のように漠然とした距離を表すほか、ここでのように数や量を表す言葉と合わせて使うことで、具体的な距離や時間を表すことができる。
ex. The station is a five-minute walk away.（その駅は歩いて5分の距離にある）、Christmas is a month away.（クリスマスは一ヶ月後だ）

■ **drug on the market**
= drug in the market（供給過剰による売れない商品）
drugとは「薬」を意味する一般的な言葉。薬となると、医者の処方箋や詳しい説明がなければ、いくら店の棚の上に置いていても客は怖くて買わないから売れ残ってしまう、といった発想から生まれたイディオムと言われているが、正確な由来は不明。

■ **stash of money**
I know he stashed it in his car.（彼がそれを車に隠したことを知っている）のように動詞stashは「（金品を）隠す」という意味。stash of で「～の隠し場所、しまってある場所」。

■ **breast pocket**
cf. trouser pocket（ズボンのポケット）; hip pocket（尻ポケット）; inside pocket（内ポケット）; side pocket（脇ポケット）

■ **abruptly**
= unexpectedly; all of a sudden; suddenly

■ **Santiago**
スペイン語・ポルトガル語圏で多く見られる聖ヤコブにちなんだ男性名。地名としても広く使われている。
ex. Santiago de Compostela（サンティアゴ・デ・コンポステーラ、巡礼の最終地点として知られるスペイン北西部ガリシア州の州都）

■ **La Medina**
北アフリカの諸都市の現地人居住地域に対する名称で、ナイトクラブや娼家のある城下町の現地人地区を Casbah もしくは Kasbah と呼ぶのと同じ。

■ **franc**
モロッコの旧通貨単位。1960年にディルハム（DH）が再導入され、フランにとって代わる。英語では [fræŋk] と最後の "c" も発音する。

At the bar, SACHA, the jovial looking Russian bartender, serves a drink to an ENGLISHMAN .

SACHA : Na zdorovie piei do dua.
ENGLISH MAN: **Cheerio.**
SACHA : **Chee-**

CARL, a portly waiter wearing a dark suit and carrying a drink tray, approaches a doorway across the room where the doorman, ABDUL, stands.

CARL : **Open up, Abdul.**
ABDUL : **Yes, Herr Professor.**

INT. - RICK'S GAMBLING ROOM - EVENING - Carl walks into the smoke-filled gambling room. People everywhere are concentrating on their games. A woman hands some money to an OVERSEER.

WOMAN : Mille grazie, Signore.

EMIL, the croupier, collects chips from players.

EMIL : **Thank you, Madame. Black for Monsieur.**

Some people are sitting at a table, playing cards.

WOMAN 1 : **Um... Waiter!**
CARL : **Yes, Madame.**
WOMAN 1 : **Will you ask Rick if he'll have a drink with us?**
CARL : **Madame, he never drinks with customers. Never. I have never seen it.**

Carl hurriedly walks around the table setting their drinks in the proper places.

WOMAN 2 : **What makes saloon-keepers so snobbish?**
MAN : **Perhaps if you told him I ran the second largest banking house in Amsterdam.**

bar バー →p.95
Sacha →p.181
jovial (態度などが)陽気な
以下の明朝体はロシア語(本欄は英語訳)
To your health.
Cheerio ⊙
portly 恰幅の良い
professor 教授 ⊙
smoke-filled 煙が充満した
concentrate on ～に集中する
overseer 支配人, 給仕長
以下の明朝体はイタリア語(本欄は英語訳)
A thousand thanks, sir. ⊙
croupier (賭博場の)元締め, 胴元, 補佐役, クルーピエ ⊙
play cards トランプをする ⊙
a drink 1杯, 一飲み ⊙
customer 顧客, 取引先
proper 適切な
make O C →p.197
saloon-keeper 酒場の主人
snobbish 紳士気取り, お高く止まった ⊙
run 経営する
second largest 2番目に大きい
banking house 銀行
Amsterdam アムステルダム ⊙

バーでは陽気な顔つきのロシア人のバーテンダー、サシャが英国人男性に飲み物を出す。

サシャ　：どうぞ。ぐっとやってください。
英国人男性：乾杯。
サシャ　：乾…

黒っぽいスーツを着て、飲み物を載せた盆を運んでいる太ったウェイター、カールが部屋を通って、ドアマンのアブドゥルのいる戸口へと近づく。

カール　：開けておくれ、アブドゥル。
アブドゥル：はい、教授。

屋内—リックの賭博室—夕方—カールはタバコの煙がこもる賭博室へ歩いて入っていく。人々は至るところでゲームに熱中している。女性が支配人に金を渡す。

女性　：ありがとう、セニョール。

クルーピエのエミールがプレーヤーたちからチップを集める。

エミール：ありがとうございます、奥様。黒はムッシューに。

数人がテーブルに座って賭けトランプをしている。

女性1：あの…　ウェイターさん。
カール：はい、マダム。
女性1：リックに私たちと一緒に飲まないか聞いていただけません？
カール：マダム、主人は決してお客様とはいただきません。絶対にね。私は一度も見かけたことがありません。

カールは急いでテーブルの回りを歩きながら、客の飲み物を置くべき場所へ置いていく。

女性2：何で酒場の主人がそんなに気取ってるわけ？
男性　：彼に私がアムステルダムで2番目に大きな銀行を経営していたと伝えてみたら。

■ **Cheerio.**
乾杯のときの言葉で、「乾杯、おめでとう、ご健康を」の意を表して使われる。また、good-by、farewellに代わって別れの挨拶としても用いられている。

■ **professor**
ここではカールの前職もしくはその容貌からつけられた呼び名。

■ **A thousand thanks, sir.**
類似表現に Thanks a million. や Thanks a lot.（本当にどうもありがとう）というものがある。

■ **croupier**
賭博のテーブルで賭け金を払ったり、集めたりするディーラーの補佐役、元締め。発音は［krú:piər］。

■ **play cards**
トランプは和製英語。英語では単にcardsあるいはplaying cardsと呼ぶ。英語のtrump［card］は「切り札」の意味。トランプ1組はa deck of cardsと言う。suit（図柄）はそれぞれspades（スペード）、hearts（ハート）、clubs（クラブ、クローバー）、diamonds（ダイヤ）。絵札（face card）はそれぞれjack（ジャック）、queen（クイーン）、king（キング）である。

■ **a drink**
I'll buy you a drink.（君に1杯おごるよ）とか Let's have another drink.（もう1杯やろうじゃないか）からもわかるとおり、a drink は酒について用いられる。また、drink の自動詞用法では Do you drink a lot?（あなたは結構いけるくちですか？）あるいは He never drinks.（彼は酒は全然たしなみません）といった具合に、飲む量や飲みっぷりを示す副詞を伴って「習慣的に酒を飲む」の意で用いられる。

■ **snobbish**
= snobby
社会的階級が相手より自分の方が優位であるという感情・思考が表面に出ている態度を表す形容詞。いわゆる「上から目線」を意味することも。

■ **Amsterdam**
オランダの首都。アイセル湖西岸、アムステル川の河口にある商工業、文化都市。1940年5月10日、ドイツ空軍により無警告で主要飛行場のすべてを攻撃されたオランダは、主要都市を空襲すると脅され、14日に降伏。

CARL : **Second largest? That wouldn't impress Rick. The leading banker in Amsterdam is now the pastry chef in our kitchen.**

impress 印象づける, 感銘を与える
leading 一番の ⊙
banker 銀行家
pastry chef パティシエ ⊙
pastry 菓子
chef コック, シェフ

WOMAN 1 : **Oh.**
MAN : **We have something to look forward to.**
CARL : **And his father is the bellboy. Good?**

look forward to ～を楽しみに待つ →p.93
bellboy ベルボーイ ⊙

The two women giggle, but the man just shakes his head at the mere thought of it.

giggle クスクスと笑う ⊙
shake one's head 首を横に振る ⊙

EMIL : (v.o.) Au Madame.

以下の明朝体はフランス語(本欄は英語訳)
To Madame.

5 *The overseer hands a form to Richard "RICK" Blaine.*

form 用紙, 伝票
Richard リチャード ⊙

OVERSEER: **Monsieur.**
EMIL : (v.o.) Au Monsieur.

To the gentleman.

Rick is smoking a cigarette and playing chess by himself. He signs the form: "OK Rick."

playing chess ⊙
by oneself 一人で, 独力で
sign 署名する

Abdul opens the door to let in a party of three dignified guests. Rick sees them and nods, and they are directed in. A tuxedoed GERMAN tries to enter behind them but Abdul politely interferes.

ABDUL : **Excuse me.**

let in ～を招き入れる
dignified 堂々とした, 威厳のある, 気品がある
nod 頷く
direct ～を案内する
tuxedoed タキシードを着た
politely 丁寧に, 礼儀正しく
interfere 介入する, 遮る
Excuse me ⊙

The German grins confidently, expecting to be let in immediately. Abdul glances at Rick, but he shakes his head.

ABDUL : **I'm sorry, sir, this is private room.**

grin 歯を見せて笑う ⊙
confidently 自信たっぷりに, 確信を持って
expect to ～することを期待する
immediately ただちに
glance at ～をちらっと見る
private room 特別室

Abdul closes the door.

GERMAN : **Of all the nerve! Who do you think...? I know there is gambling in there. There is no secret. You dare not keep me out of here.**

He tries to push his way back in, but Rick intercedes.

Of all the nerve →p.246
Who do you think... ⊙
gambling 賭博
dare あえて～する, ～する勇気がある →p.143
keep someone out of ～から(人)を締め出す
push one's way 押しのけて進む

カール　：２番目？　それではリックの心は動きませんよ。アムステルダムでナンバーワンの銀行家が、今や当店の厨房で菓子作りのシェフをしているのですから。

女性１　：まあ。

男性　：ちょっとした楽しみができたな。

カール　：そしてその父親はボーイですよ。おもしろいでしょ？

２人の女性はクスクス笑うが、男性はそのことを少し考えただけで頭を横に振る。

エミール　：（画面外）マダムに。

支配人が「リック」ことリチャード・ブレインに伝票を渡す。

支配人　：ムッシュー。

エミール　：（画面外）ムッシューに。

リックはタバコを吸いながら１人でチェスをしている。彼は伝票に「オーケー、リック」とサインをする。

アブドゥルは３人連れの気品のある客を中へ入れるためにドアを開ける。リックが彼らを見て頷くと、彼らは中へ通される。タキシードを着たドイツ人が彼らの後ろから入ろうとするが、アブドゥルは丁寧に遮る。

アブドゥル　：すみません。

ドイツ人はただちに入れてもらえるものと思い、自信たっぷりにニヤリとする。アブドゥルはリックをちらっと見るが、彼は首を横に振る。

アブドゥル　：恐れ入りますが、ここは特別室ですので。

アブドゥルはドアを閉める。

ドイツ人　：何だと、よくもまあ！　何様のつもりだ。そこでギャンブルをしていることはわかってるんだぞ！　秘密でも何でもないことだ。私を締め出せるものなら締め出してみろ。

彼は再び押し入ろうとするが、リックが仲裁に入る。

■ **leading**
= chief; superior; principal; ruling

■ **pastry chef**
パティシエ（pâtissier）はフランス語。

■ **bellboy**
= bellman; bellhop
ホテルやレストランの玄関で客の出迎え、荷物の世話をする係、ポーターとも。

■ **giggle**
特に若い女性や子供たちのクスクス笑い。噂話などをしていて隠れて笑う時にも。→p.51 chuckle参照。

■ **shake one's head**
⇄ nod one's head（首を縦に振る）
英語圏でも首を横に振れば拒否を、縦に振れば承認を表すジェスチャーとなる。

■ **Richard**
RickはRichardの愛称。なお、RobertがRobからHob、Dob、NobそしてBobへと韻を踏んで変形していくように、Dick、Hickになることもある。また、Ericの愛称でもある。

■ **playing chess**
チェスはハンフリー・ボガートが熱中していたボードゲームだった。当時は手紙を介してプレイを進めるcorrespondence chessというやり方が流行っていて、このシーンでリックが並べている棋譜は、撮影当時ボガート自身が友人と対戦中だったゲームのもの。

■ **Excuse me.**
この表現の用途は広く、人ごみで他人に触れたりなど何かエチケットに反したときは言うまでもなく、同席している人に対して中座のときに使われたり、Excuse me, is this the way to the station?（すみませんが、駅へはこの道でよろしいでしょうか？）のように見知らぬ人に話しかけるとき、言いにくいことを口にするとき、相手の言葉を繰り返してもらうとき、さらには Excuse me, but I think you're wrong.（失礼ですが、あなたは間違ってると思います）といった具合に、人の発言に口を挟んだり、反対の意見を述べるときにも使われる。

■ **grin**
ex. grin [from] ear to ear（〔耳から耳へ伸びるように口を大きく開けて〕笑う、満面の笑みを浮かべる）

■ **Who do you think...?**
言いかけた文は Who do you think you are? だと思われる。

RICK : Yes? What's the trouble?

ABDUL : Ah, this gentleman...

GERMAN : I have been in every gambling room between Honolulu and Berlin, and if you think I'm going to be kept out of a saloon like this, you're very much mistaken.

The German hands his calling card to Rick. CLAUDE UGARTE, a thin, nervous man, pushes his way in.

UGARTE : Excuse me, please.

RICK : Hello, Ugarte.

UGARTE : Hello, Rick.

Ugarte whisks right past. Rick looks the German straight in the eye as he tears up his card and hands it back to him.

RICK : Your cash is good at the bar.

GERMAN : What? Do you know who I am?

RICK : I do. You're lucky the bar's open to you.

GERMAN : This is outrageous. I shall report it to "The Angriff."

The German wheels around and tosses the ripped card over his shoulder.

UGARTE : Heh. You know, Rick, watching you just now with the Deutsche Bank, one would think you'd been doing this all your life.

RICK : Well, what makes you think I haven't?

UGARTE : Oh, n-n-nothing. But when you first came to Casablanca, I thought...

RICK : You thought what?

UGARTE : Hmph. What right do I have to think? Huh?

As Rick walks away, Ugarte follows him to his table and gestures toward the empty seat.

UGARTE : May I?

Honolulu ホノルル ⊙
Berlin ベルリン ⊙

calling card 名刺 ⊙
thin 細い, 薄い, 痩せた ⊙
nervous 緊張した, 神経質な

whisk 素早くさっと動く
look straight 真正面から見る
tear up ビリビリ破く ⊙

be open to ⊙

outrageous 言語道断な
shall (未来のことを表して)～するでしょう, ～することになっている →p.139
report 報告する
The Angriff ⊙
wheel around 振り返る, くるっと向きを変える ⊙
toss ～を軽く放り投げる
rip 引き裂く, 破る
over his shoulder 肩越しに, 振り向きざまに
one would think ⊙

what makes you think... ⊙

hmph フン, フフン ⊙
right 権利

May I ⊙

リック　：何だ？　どうかしたのかね？
アブドゥル：あの、このお方が…
ドイツ人　：私はホノルルからベルリンまで、あらゆる賭博場を出入りしてきたんだ。だから、こんな酒場から私を締め出せると思っているなら、大間違いだぞ。

ドイツ人はリックに名刺を渡す。痩せた神経質そうな男、クロード・ウガーテが割って入る。

ウガーテ　：ちょっと失礼しますよ。
リック　：やあ、ウガーテ。
ウガーテ　：やあ、リック。

ウガーテはさっと通り過ぎる。リックはそのドイツ人を正視して、彼の名刺を破ると、それを彼に戻す。

リック　：バーでならお金を使っていただいて結構ですよ。
ドイツ人　：何？　私を誰だかわかっているのか？
リック　：わかっています。あなたはバーに入れるだけでも運がいい。
ドイツ人　：無礼な。アングリフ新聞に報告してやる。

ドイツ人は踵を返し、破いた名刺を肩ごしに放り投げる。

ウガーテ　：へー。ねえ、リック、今のドイツ人の銀行家とのやり取りを見ていると、まるで君がこれまでずっとこんなことをしてきたみたいに思えるね。
リック　：ほう、どうしてそうでないと思うのかね？
ウガーテ　：いや、べ、べ、別に。でも、君が初めてカサブランカへ来たとき、僕は思ったんだ…
リック　：何て思ったんだ？
ウガーテ　：ふうん。僕に思う権利なんかないか？　え？

リックが歩き去ると、ウガーテは後について彼のテーブルまで行き、空いた椅子を手で指し示す。

ウガーテ　：いいかい？

■ **Honolulu**
ハワイ諸島オアフ島南部の港市で、ハワイ州の州都。

■ **Berlin**
ドイツの首都。第二次世界大戦後、東ドイツの首都東ベルリンと西ドイツの一部西ベルリンに分かれていたが、1990年のドイツ統一により統合。

■ **calling card**
= business card
日本では自己紹介のタイミングでまず最初に渡すものとされているが、海外では、別れ際に連絡先交換の意味で渡すことが多い。

■ **thin**
「細い」の対義語は、fat（太い）。「薄い」の対義語はthick（厚い）、dense（濃い）など。

■ **tear up**
tearの発音は［tέə］。一方、「涙」を意味するときの発音は［tíər］。

■ **be open to**
This garden is open to the public.（この庭は一般に公開されている）のように、「～に解放されている、利用できる」の意。

■ **The Angriff**
= Der Angriff（独）
英語で The Attack を意味する国家社会主義ドイツ労働者党（1919-45）が1927年から発行していた新聞。

■ **wheel around**
ここでのようにwheel（車輪）が付いていないもの（人）であっても比喩的に使える。

■ **one would think**
一人称 I を使わず一般的な「人」を表すoneやyouを使うことで、婉曲的なニュアンスになっている。

■ **what makes you think...?**
= why do you think...?
相手の考えの理由を尋ねる一般的な表現。直訳すると「何があなたを～だと思わせたのか」。

■ **hmph**
疑い、軽蔑、不満、不快などを表す鼻にかけた音で、humph とも綴る。

■ **May I?**
= May I sit here?
何の許可を求めているのか全部を言わずとも意図が伝わる場合、しばしばこのようにMay I?だけで使われる。

Rick does not respond. Ugarte remains standing. Rick moves a chess piece.

UGARTE : **Too bad about those two German couriers, wasn't it?**

RICK : **They got a lucky break. Yesterday they were just two German clerks; today they're... the Honored Dead.**

UGARTE : **You are a very cynical person, Rick, if... if... if you forgive me for saying so.**

Ugarte takes it upon himself to have a seat.

RICK : **I forgive you.**

A WAITER walks up to the table and sets a drink in front of Ugarte.

UGARTE : **Uh, thank you. Will you have a drink with me, please?**

RICK : **No.**

UGARTE : **Oh, I forgot, you never drink with any...** (to waiter) **I... I'll have another, please.**

WAITER : **Yes, Monsieur.**

UGARTE : **You despise me, don't you?**

RICK : **Well, if I gave you any thought, I probably would.**

UGARTE : **But why? Oh, you object to the kind of business I do, huh? B...but think of all those poor refugees who must rot in this place if I didn't help them. Well, that's not so bad. Through ways of my own I provide them with exit visas.**

RICK : **For a price, Ugarte. For a price.**

UGARTE : **But think of all the poor devils who can't meet Renault's price. Well, I get it for them for half. Is that so... parasitic?**

Ugarte takes a cigarette out of his pocket.

respond 答える, 反応する
remain (依然として)～のままである ⊙
chess piece チェスの駒 ⊙
Too bad ⊙
lucky break ⊙
clerk 事務員
honored 名誉ある
dead 死人, 死者
cynical 皮肉な
forgive 許す
take it upon oneself to ～することを自分の責任とする, ～することを人の許可なしに始める ⊙
walk up 歩み寄る, 歩いて上る
despise 軽蔑する →p.47
if I gave you any thought ⊙
probably たぶん
object 異議を唱える
poor 哀れな, かわいそうな
rot 腐る
provide 与える, 提供する
price 価格 ⊙
poor devil かわいそうなやつ →p.49
for half 半分の
parasitic 寄生虫的な, うまい汁を吸う

リックの反応はない。ウガーテは立ったままだ。リックはチェスの駒を1つ動かす。

ウガーテ ：例の2人のドイツの特使は気の毒だったね。

リック ：やつらは幸運をつかんだのさ。昨日はただのドイツの事務官だったが、今日は… 名誉ある死者ってわけだ。

ウガーテ ：君はたいそうな皮肉屋だね、リック、もし、もし、もしそう言っても許してもらえるならだが。

ウガーテは勝手に席につく。

リック ：許してやろう。

ウェイターがテーブルまで歩いてくると、ウガーテの前に飲み物を置く。

ウガーテ ：あ、ありがとう。一緒に飲まないか？

リック ：いや。

ウガーテ ：そうか、忘れてた。君は絶対に飲まない…（ウェイターに）も、もう1杯頼むよ。

ウェイター ：はい、ムッシュー。

ウガーテ ：君は僕のことを軽蔑してるんだね？

リック ：まあ、お前のことを考えるとしたら、たぶんそうするだろう。

ウガーテ ：でも、なぜ？ そうか、僕の商売が気に食わないんだろう？ で、でも、もし僕が助けてやらなきゃここでのたれ死ぬしかない、気の毒な亡命者たちのことを考えてみてくれよ。なあ、そんなに悪いことじゃないだろう。僕は僕なりのやり方で、彼らに出国ビザをあてがってやっているんだから。

リック ：高額でね、ウガーテ。高額でだ。

ウガーテ ：しかし、ルノーの言い値が払えないかわいそうな連中のことを考えてみてくれよ。いいかい、僕は彼らに半値で用意してやっている。それがそんなに… 寄生虫的だってのかい？

ウガーテはポケットからタバコを取り出す。

■ **remain**
状態を表すbe動詞と同様の使い方・働きをするが、「引き続き、相変わらず」というニュアンスを付加する。
ex. He remained calm even after hearing the news.（そのニュースを聞いてもなお彼は落ち着いていた）、It remains unknown.（それは依然不明のままだ）

■ **chess piece**
2人対戦のボードゲームで各プレイヤーは6種16個のそれぞれ異なった動きをする駒を使う。それぞれの駒の名前は以下の通り：king（キング）、queen（クイーン）、bishop（ビショップ*司教、司祭の意）、knight(ナイト）、rook（ルーク*戦車を意味するペルシャ語が語源。天守閣を模しているのでcastleやtowerと呼ばれることも）、pawn（ポーン*歩兵を意味するラテン語が語源とされている）。

■ **Too bad**
= It's too bad; I'm sorry to hear that; It's a pity, but nothing can be done about it
Too bad you've got to work late tonight.（今夜残業だなんて残念だな）からもわかるとおり、「～は気の毒だ、残念だ」の意。なお、強勢は too にある。

■ **lucky break**
= big break（幸運）
breakとは「運」とか「機会」のことで、特に「幸運、好機」を意味する。そこで「彼女はついに幸運をつかんだ」をこの語を使って表現すれば She finally got a break. となる。反対に「不運」の場合は a bad break。

■ **take it upon oneself to**
ex. She took it upon herself to support her parents.（彼女は両親の扶養を引き受けることにした）

■ **if I gave you any thought**
give a thought to = think carefully about
ex. Ask me again tomorrow. I'll have to give it some thought.（明日もう一度聞いてくれ。それについて少し考えてみないといけないので）

■ **price**
この語は個々の商品の値段をいう。類似した語に cost、charge、expense などがあるが、costはある物を手に入れたり、ある事をするために要する費用であり、chargeはサービス行為の料金や手数料。また expense となると業務を執行する上で生ずる経費、費用、あるいは物事のために支払う金額のこと。

RICK : I don't mind a parasite. I object to a cut-rate one.

UGARTE : Well, Rick, after tonight I'll be through with the whole business, and I'm leaving, finally, this Casablanca.

RICK : Who did you bribe for your visa? Renault or yourself?

UGARTE : Myself. Found myself much more reasonable. Look, Rick.

Ugarte pulls some papers out of his jacket.

UGARTE : Know what this is? Something that even you have never seen: Letters of Transit signed by General de Gaulle. Cannot be rescinded, not even questioned.

Rick tries to get a look at the papers, but Ugarte stops him.

UGARTE : One moment. Tonight I'll be selling those for more money than even I have ever dreamed of, and then, addio Casablanca. You know, Rick, I have many a friend in Casablanca, but somehow, just because you despise me, you are the only one I trust. Will you keep these for me, please?

RICK : For how long?

UGARTE : Oh, perhaps an hour. Perhaps a little longer.

RICK : I don't want them here overnight.

UGARTE : Mmm. Don't be afraid of that. Please keep them for me.

Rick takes the papers.

UGARTE : Thank you. I knew I could trust you. (to waiter) Waiter, I'll be expecting some people. If, uh, anybody asks for me, I'll be right here.

WAITER : Yes, Monsieur.

I don't mind ➲
mind 気にする
parasite 寄生虫
cut-rate 値引きした
be through with ➲
bribe 賄賂を贈る, 買収する ➲
find someone(something) ～ →p.197
reasonable 手頃な, 道理に合った
letter 公式文書
transit 通過
General de Gaulle ド・ゴール将軍 ➲
rescind 無効にする ➲
question 疑う, 質問する
One moment →p.165
dream of 夢を見る
addio （伊） ➲
many a ➲
somehow どうにか
despise 軽蔑する ➲
trust 信頼する
how long どれぐらい
overnight 夜通し
be afraid of ～を恐れる, 心配する

リック　：寄生虫なんて構わないさ。俺が気に食わないのは割引値段のやつさ。

ウガーテ　：でもまあ、リック、その商売も今夜限りで足を洗うってわけさ。とうとう僕もこのカサブランカを出ていくんだ。

リック　：ビザを手に入れるためにどっちに賄賂を贈ったんだ？　ルノーか、それとも自分にか？

ウガーテ　：自分にさ。そのほうがずっと安上がりだったからね。いいかな、リック。

ウガーテは上着から書類を引っ張り出す。

ウガーテ　：これが何だかわかるかい？　君ですらこれまでお目にかかったことがないシロモノさ。ド・ゴール将軍がサインした通行証だ。無効にすることはもちろん、疑うことすらできないやつだ。

リックは書類を見ようとするが、ウガーテは彼を止める。

ウガーテ　：ちょっと待った。今夜、この僕でさえ今まで夢に見たこともない金額でこれを売る、そしたら、さらばカサブランカさ。ねえ、リック、カサブランカに友達は大勢いるが、しかし、どういうわけか、君が僕のことを軽蔑しているからこそ、君だけは信用できる。これを預かってくれないか、頼むよ。

リック　：どれくらいの間だ？

ウガーテ　：そうだな、たぶん1時間。ひょっとしたらもう少し長いかもな。

リック　：一晩中ここに置くのはごめんだな。

ウガーテ　：いや、その心配はないよ。頼むから預かってくれ。

リックは書類を手にする。

ウガーテ　：ありがとう。思ったとおり君は頼りになる。（ウェイターに）ウェイター、人が尋ねてくることになっている。もし、その、誰かが僕のことを尋ねたら、ここにいるから。

ウェイター　：かしこまりました、ムッシュー。

■ **I don't mind**
これ単独で「どちらでもいいよ」、「私は構わないよ」という意味の定型句として使える。似た表現にI don't care.があるが、こちらは「どうでもいい」というぶっきらぼうな回答になってしまうので注意。

■ **be through with**
この表現は Are you through with this book?（もうこの本は読み終えましたか?）や、I'm through with living in this dirty house.（こんな汚い家に住むのはもううんざりだ）、また I'm through with you.（あなたとはもう終わりよ）といったように「～をやり終える、縁を切る、いやになる」などの意味合いで使われる。

■ **bribe**
ここでは動詞として使われているが、「賄賂、袖の下」という受け渡される物品を指す名詞としても使える。一方、似た単語のbriberyは「賄賂の授受」、つまり行為や罪を指す。

■ **General de Gaulle**
Charles André Joseph Pierre-Marie de Gaulle (1890-1970)。フランスの将軍、政治家。1940年首都パリ陥落後、ロンドンへ亡命し、対独レジスタンスを指導。亡命政府「自由フランス」を結成。第二次世界大戦後は、第5共和政初代大統領を務める（1959-69）。彼の栄誉を讃え、彼の名を冠した施設などが数多くある。→p.32コラム「ヴィシー政府」、p.60コラム「Letters of Transitの謎」、p.158コラム「対独レジスタンス運動」参照。
ex. Charles de Gaulle Airport（シャルル・ド・ゴール国際空港*フランス最大の国際空港、IATA空港コード「CDG」は彼の名の頭文字）

■ **rescind**
発音は[risínd]。

■ **addio**
= good-by; good-bye →p.239参照。

■ **many a**
= many; a lot of; plenty of
「many a ＋ 単数可算名詞」で、I've been to Kyoto many a time.（私は京都へ何度も行ったことがある）のように、「幾多の、数々の」を意味するやや堅い言い方。単なるmanyより意味が強い。また、many and many a timeのようにmanyを繰り返すことによりさらに意味を強調することができる。

■ **despise**
= look down on; scorn
発音は[dispáiz]。

UGARTE : Rick, I hope you are more impressed with me now. If you'll forgive me, I'll share my good luck with your roulette wheel.

RICK : Just a moment.

Rick stands as Ugarte starts to leave.

RICK : Hey, I heard a rumor those two German couriers were carrying Letters of Transit.

UGARTE : Huh? Oh, huh. I've heard that rumor, too. Poor devils.

RICK : Yes, you're right, Ugarte. I am a little more impressed with you.

Ugarte has a worried look on his face as he turns to watch Rick exit the room.

6 *INT. RICK'S CAFE - NIGHT - Sam and the BAND start playing and singing, "Knock on Wood." The lights dim.*

SAM&BAND: Say, who's got trouble?
We got trouble
How much trouble?
Too much trouble
Well, now, don't you frown,
just knuckle down and knock on wood

The patrons of Rick's Cafe join the band and knock on their tables three times.

SAM&BAND: Who's unhappy?
We're unhappy
How unhappy?
Too unhappy
Uh-oh, that won't do
When you are blue, just knock on wood

Everyone is too busy listening to Sam and participating in his song to notice Rick slipping Ugarte's Letters of Transit into the back of Sam's piano. He inconspicuously walks away.

---

be impressed with ～に感動する
share 共有する
roulette ルーレット賭博 ⊙
wheel (ルーレットの)ホイール →p.177
rumor 噂
poor devil かわいそうなやつ ⊙
look 表情
Knock on Wood ⊙
dim (照明や明かりを)薄暗くする, 落とす
frown しかめ面をする ⊙
knuckle down 精を出す
patron ひいき客, 後援者
unhappy 不幸
too...to～ …すぎて～できない ⊙
participate 参加する ⊙
notice ～に気づく
slip into ～に素早く〔スッと、こっそり、そっと〕入れる, ～に紛れ込む
Sam's piano →p.225
inconspicuously 目立たないように ⊙

ウガーテ　：リック、これで君も少しは僕のことを見直してくれただろう。お許しを願って、この幸運を君のルーレットと分かち合ってくることにするよ。

リック　：ちょっと待った。

ウガーテが去ろうとするとリックは立ち上がる。

リック　：なあ、例の２人のドイツの特使は通行証を持っていたという噂だったな。

ウガーテ　：えっ？　ああ、そう、その噂は僕も聞いた。かわいそうなやつらだ。

リック　：なるほど、お前の言ったとおりだ、ウガーテ。少しはお前を見直したよ。

ウガーテは、部屋から出ていくリックの姿を見ようとして振り返るが、その顔には心配そうな表情が浮かぶ。

屋内—リックのカフェ—夜—サムと楽団が「ノック・オン・ウッド」を演奏し、歌い始める。明かりが薄暗くなる。

サムと楽団：ねえ、誰が困ってるって？
私たちが困っている
どれくらい困っている？
ものすごく困っている
さ、ほら、しかめっ面はやめて、
ただ拳を握って、木を叩こう

リックのカフェのひいき客たちが楽団に加わり、テーブルを３回叩く。

サムと楽団：誰が不幸だって？
私たちが不幸
どれくらい不幸？
ものすごく不幸
おやおや、それじゃだめだ
落ち込んだときは、ただ木を叩こう

誰もがサムの歌に聞き入り、彼の歌に参加しているので、リックがウガーテの通行証をサムのピアノの後ろに滑り込ませたことに気づいた者はいない。彼は目立たないように歩き去る。

■ roulette
回転盤に1から36、0、00、000などの数字が割りつけられたポケット（球の落ちる場所）があり、数字の背景には赤、黒の色がついている。この回転盤を高速で回転させ、そこに小さな球を投げ入れて、その止まる位置を予想して金銭を賭ける遊び。

■ poor devil
devilは元々は「悪魔」や「悪魔のような人」「意地悪な人」を指すが、ここでのように必ずしもネガティブなニュアンスを含むとは限らない。
ex. You lucky devil!（運がいいやつめ！）、Speak of the devil（噂をすれば影*「悪魔の話をすれば悪魔が本当にやってくる」という意味の諺から生まれた慣用句だが、噂の相手に対して悪意があるわけではない）

■ Knock on Wood
本作のために作られたオリジナル曲で、Jack Scholl 作詞、M. K. Jerome 作曲。knock on wood とは不吉を避けるために身近な木製品に手を触れることで、touch wood ともいう。この木を叩くという習慣は、困ったとき、悲しいとき、あるいは旅に出るときなどに樹木を叩いて樹木に宿る精ドリュアス（Dryad）の助けを借りるというギリシャ神話に起因したもの。なお、側に木製品がない場合には、自分の頭に触れたり、Allow me. と言って、隣の人の頭に手を触れる格好をすることがある。

■ frown
発音は [fráun]。

■ too...to～
ex. Here is too hot to concentrate.（ここは暑すぎて集中できない）、He is too wise to fall victim to a scam.（詐欺に引っかかるには彼は賢すぎる）

■ participate (in)
= take part (in)
participateは「（当事者として）参加する」。類語のattendは「出席する」で単にその場にいるという意味も含む。joinは「新たに加わる」とそれぞれニュアンスの違いがある。
ex. He will participate in a strike.（彼はストライキに参加するだろう）、He attended the meeting.（彼はその会議に出席した）、He joined the club.（彼はクラブに加わった）

■ inconspicuously
= unnoticeably; secretively

SAM&BAND: Who's unlucky?
We're unlucky
How unlucky?
Too unlucky
But your luck will change,
if you'll arrange to knock on wood

unlucky　不運
arrange　手はずをする

The members of the band knock their closed fists on their heads three times, chuckling to themselves.

closed fist　握り拳
chuckle　クスクス笑う
to oneself　自分自身に, 自分だけに
nothin'

SAM&BAND: Who's got nothin'?
We got nothin'
How much nothin'?
Too much nothin'
Say, nothin's not an awful lot,
but knock on wood

an awful lot　非常に多く

The owner of the Blue Parrot nightclub, FERRARI, a large man in a white suit and hat walks in and sits down at a table. He is greeted by some of his friends.

parrot　オウム
large man　大柄の男
white suit

SAM&BAND: Huh-huh. Now who's happy?
We're happy
Just how happy?
Very happy
That's the way we're gonna stay,
so knock on wood

gonna

All the members of the audience knock on wood three times.

SAM&BAND: Now who's lucky?
We're all lucky
Just how lucky?
Very lucky
Well, smile up then,
and once again let's knock on wood

smile up　微笑む
once again　もう一度

7 *The lights come back on as Sam finishes his number to enthusiastic applause. Ferrari rises from his seat and approaches Rick.*

come back on
enthusiastic　熱狂的な, 熱烈な
applause　拍手, 称賛
rise　立ち上がる

サムと楽団：誰が不運だって？
私たちが不運
どれくらい不運？
ものすごく不運
だがあんたたちの運も変わるよ
もし何とかして木を叩けば

楽団の団員たちは握った拳で自分たちの頭を3回叩き、クスクス笑う。

サムと楽団：誰が何もないって？
私たちが何もない
どれくらい何もない？
あまりにも何もない
まあ、何もないのもそれほどひどくはないもんさ
でも木を叩こう

ナイトクラブ「ブルー・パロット」のオーナーで、白いスーツに帽子をかぶった大柄の男、フェラーリが歩いて入ってきて、テーブルにつく。数人の友人が彼に挨拶する。

サムと楽団：おやおや。ところで、幸せなのは誰だって？
私たちが幸せ
どれくらい幸せだい？
すごく幸せ
それでこそやっていける
だから木を叩こう

聴衆の誰もが木を3回叩く。

サムと楽団：では、幸運なのは誰だって？
私たちみんなが幸運
どれくらい幸運だい？
すごく幸運
おや、それじゃニッコリ笑って、
そしてもう一度木を叩こう

サムが熱狂的な拍手喝采のうちに歌を終えると照明が明るくなる。フェラーリは席を立ち、リックに近づく。

■ **chuckle**
p.41のgiggleが女性や子供特有の笑いとされているのに対し、性別や年齢を問わず使える語。あまり声を出さない、悪意のない笑い方。chuckle to oneselfで「含み笑いをする」の意。

■ **to oneself**
ex. He talks to himself.（彼は独り言を言う）、Why don't you read to yourself?（黙読したらどうだ？）

■ **nothin'**
= nothing

■ **an awful lot**
awfulはexcessively、extremely、greatly、immensely、very muchと同意。

■ **large man**
客観的に（物理的に）「大きい」という意味を表すのがlarge（対義語はsmall）。一方、bigは主観的、つまり感情的な要素とも言える価値や存在感の大きさを表すときにも使われる（その場合の対義語はlittle）。そのため、He is a big man.という文は単にlargeと同様に「体格が大きい」と言っているだけの場合もあるが、文脈によっては、「彼は大物だ」を意図していることがある。

■ **white suit**
フェラーリ役のシドニー・グリーンストリートは"As leader of all illegal activities in Casablanca, I am an influential and respected man." (p.152)というセリフのように、モロッコに同化した人物像を表すべく、もっと民族衣装的なものを身に付けたいと主張したが、プロデューサーのウォリスに却下され、今となってはフェラーリを象徴するようなこの白のスーツと帽子姿に落ち着いたという。

■ **gonna**
= going to
発音通りに綴られたもので、「be going to + 動詞」の短縮形。また I'm going to Tokyo. というように「I'm going to + 場所」という場合、I'm gonna Tokyo. とはできないので注意。

■ **come back on**
come backは「（元に）戻る」、onは照明などが「点く」。

■ **applause**
発音は［əplɔ́:z］。なお動詞はapplaud［əplɔ́:d］→p.188参照。

■ **rise**
= get to one's feet

FERRARI : Hello, Rick.

RICK : Hello, Ferrari. How's business at the Blue Parrot?

FERRARI : Fine, but I'd like to buy your cafe.

RICK : It's not for sale.

FERRARI : Haven't heard my offer.

RICK : It's not for sale at any price.

FERRARI : What do you want for Sam?

RICK : I don't buy or sell human beings.

FERRARI : Too bad. That's Casablanca's leading commodity. Refugees alone we could make a fortune, if you'd work with me through the black market.

RICK : Suppose you run your business and let me run mine.

FERRARI : Suppose we ask Sam? Maybe he'd like to make a change?

RICK : Suppose we do.

They begin walking towards the piano, where Sam is sitting.

FERRARI : My dear Rick, when will you realize that in this world today, isolationism is no longer a practical policy?

RICK : Sam? Ferrari wants you to work for him at the Blue Parrot.

SAM : Oh, I like it fine here.

RICK : He'll double what I pay you.

SAM : Yeah. But, I ain't got time to spend the money I make here.

RICK : (to Ferrari) **Sorry.**

Ferrari shrugs at Rick, then waves good-by. At the bar, Sacha is trying to make a move on YVONNE, a beautiful woman who is drowning her sorrows in drink.

SACHA : Boss's private stock. Because, Yvonne, I love you.

'd like to ⊙
for sale 売り物の
offer 申し出, つけ値
buy or sell ⊙
human being 人間
commodity 商品
fortune 財産, 大金
black market 闇市場 ⊙
suppose ～したらどうだろう ⊙
run 運営〔経営・管理〕する
mine ⊙
make a change 変化をもたらす, 変更を加える
isolationism 孤立主義
no longer もはや
practical 実用的
policy 政策, 方針
double 2倍にする
pay 支払う
ain't ⊙
spend 費やす
shrug 肩をすくめる
good-by さようなら →p.239
make a move on 言い寄る, 口説く
Yvonne →p.57
sorrow 悲しみ, 悲哀, 後悔
private 個人的な ⊙
stock 蓄え

フェラーリ：やあ、リック。
リック：やあ、フェラーリ。ブルー・パロットの景気はどうだ？
フェラーリ：好調だ、だが君のカフェを買いたいもんだな。
リック：売り物じゃない。
フェラーリ：まだわしの言い値を聞いとらんだろ。
リック：どんな値でも売らないさ。
フェラーリ：サムをいくらで手放すかね？
リック：俺は人間の売り買いはしない。
フェラーリ：そいつは残念だ。あれはカサブランカでは一番の商品なのに。もし闇市で君がわしと組んでくれたら、亡命者を相手にするだけでも一財産築けるのだが。
リック：君は君の商売をやり、俺には俺の商売をやらせろ、どうだね？
フェラーリ：サムに聞いてみるってのはどうだ？　ひょっとしたら店を変わりたいかもしれないぞ。
リック：じゃあ、そうしてみるか。

彼らはサムが座っているピアノのほうに歩き始める。

フェラーリ：リック君、このご時世では、孤立主義ってものはもはや実用的な政策じゃないってことが、君にはいつになったらわかるのかね？
リック：サム？　フェラーリがお前にブルー・パロットで働いてもらいたいそうだ。
サム：いや、ここが気に入ってますだ。
リック：給料は今の倍出してくれるぞ。
サム：ええ。ですがここで稼いでる金も使う暇がねえですから。
リック：（フェラーリに）残念だったな。

フェラーリはリックに向かって肩をすくめ、それから手を振ってさよならの挨拶をする。バーでは、サシャが酒で悲しみを紛らわしている美しい女性イヴォンヌにモーションをかけようとしている。

サシャ：ボスの個人用のボトルだよ。というのも、イヴォンヌ、僕が君のことを愛してるからさ。

■ 'd like to
= would like to

■ buy or sell
「私は本を売買する」をbuyとsellを使って表現すると I buy and sell books. といった具合に、通例 buy が sell より先にくる。同じように語順が固定したものに black and white（白黒）、here and there（あちこち）、now and then（時折）などがある。

■ black market
正規のルートを通さず統制品などを売る市場のことで、normal market（普通市場）の対極を成す。また、この両者の中間にあるのが gray market（灰色市場）で、こちらは正規の販売店では扱わない商品を低価格で取り引きする。

■ suppose
Suppose we wait until next week.（来週まで待ったらどうだろう）といった具合に可能性、計画、提案、考えなどを示して「〜と仮定してみよう」とか「〜したらよいと思うがどうだろう」の意味で用いられる。なお、この場合は Let's wait until next week. より控えめな言い方である。また、Suppose you tell me exactly what happened.（実際に何が起こったのか話してみてはどうかね）のように、主語が you のときは Why don't you tell me exactly what happened? の意味合いのほかに、Suppose you clean the table. Right now.（テーブルを片づけたまえ。今すぐにだ）といった命令の意を表すことがある。

■ mine
= my business

■ ain't
= have not
am not、are not、is not、has not、do not、does not の短縮形でもある。しかし、いずれも俗用法と考えられており、標準語とは認められない。ただし、一人称単数疑問形の Ain't I? だけは低俗な口語と考えられながら、実際には教養のある人々でも使うことがある。くだけた会話の中で気安さを示したり、ふざけたりして意識的に使われる。しかし、フォーマルな文章や会話ではまったく受け入れ難い表現。

■ private
⇄ public（公的な）
類語のpersonalの対義語はsocial（社会的な）である。
ex. private school（私立校）、personal liability（個人的負債）

YVONNE : Oh, shut up.

Yvonne downs her drink.

SACHA : All right, all right. For you, I shut up. Because Yvonne, I love you.

Sacha winks at Yvonne, then tenses as Rick walks over to the bar.

SACHA : Uh-oh. Oh! Monsieur Rick! Monsieur Rick! Some Germans, bu...bu...bu...boom, gave this check. Is it all right?

Rick tears up the check and drops it on the floor. Yvonne walks over to Rick, staring at him sadly. Sacha hands him another check and Rick signs it.

YVONNE : Where were you last night?
RICK : That's so long ago. I don't remember.
YVONNE : Will I see you tonight?
RICK : I never make plans that far ahead.

Yvonne slides her glass over to Sacha.

YVONNE : Give me another.
RICK : Sacha, she's had enough.
YVONNE : Don't listen to him, Sacha. Fill it up!

SACHA : Yvonne, I love you, but he pays me.

YVONNE : Rick, I'm sick and tired of having you...

RICK : Sacha, call a cab.
SACHA : Yes, Boss.

Rick moves to Yvonne and takes hold of her arm.

RICK : Come on, we're gonna get your coat.
YVONNE : Take your hands off me!

---

shut up 黙る

down ～をグイッと飲み干す，ゴクゴク飲む ⊙

tense 緊張する ⊙

boom ⊙

check 小切手

drop 落とす

remember 覚えている

far ahead はるか先

slide ～を滑らかに動かす，～を滑走させる，～をこっそりと動かす

fill up 満杯にする

I'm sick and tired of ⊙

cab タクシー ⊙

take hold of someone's arm (人)の腕をつかむ ⊙

take one's hands off ～から手を離す

イヴォンヌ　：ちょっと、黙ってよ。

イヴォンヌは酒を一気に飲み干す。

サシャ　：わかった、わかったよ。君のためとあらば黙りましょ。なぜなら、イヴォンヌ、僕は君を愛してるから。

サシャはイヴォンヌにウィンクする。それからリックがバーのほうに歩いてくると緊張する。

サシャ　：おっと。ねえ、ムッシュー・リック！　ムッシュー・リック！　ドイツ人がドーンと威勢よく、この小切手をくれたんですが。大丈夫でしょうか？

リックはその小切手を破くと、床に捨てる。イヴォンヌはリックのほうへ歩いていき、悲しげに彼を見つめる。サシャがリックに別の小切手を渡すと、リックはそれにサインをする。

イヴォンヌ　：昨日の夜はどこにいたの？
リック　：そんな昔のことなんて、思い出せんね。
イヴォンヌ　：今晩会える？
リック　：そんな先の計画は立てないことにしてるのさ。

イヴォンヌはグラスをサシャのほうに滑らせる。

イヴォンヌ　：もう1杯ちょうだい。
リック　：サシャ、もう充分だ。
イヴォンヌ　：彼の言うことなんか聞かないで、サシャ。1杯注いでよ！
サシャ　：イヴォンヌ、君のこと愛しているけど、僕はこの人に雇われているんでね。
イヴォンヌ　：リック、あたしはもう嫌気がさすわ、あんたみたいに…
リック　：サシャ、タクシーを呼べ。
サシャ　：はい、ボス。

リックはイヴォンヌに近づき、彼女の腕をつかむ。

リック　：さあ、君のコートを取りに行こう。
イヴォンヌ　：手を離してよ！

■ **down**
= drink it all quickly
ex. Down the hatch! (乾杯！*「ハッチを下ろしてお酒を流し込むように飲もう」の意)

■ **tense**
これの名詞形がtension、「緊張感」や「張り詰めた感じ」「ピンと張った状態」などストレスのかかっている状態を表す。「首肩の張り」など体の状態を描写するときにも使われる。high　tensionは「緊張が高まっている状態」を指す。日本語として浸透している「テンション」とは使い方が異なるので注意。

■ **boom**
「(遠くの砲声、遠雷、太鼓などのうなるような)ドーンという音、にわか景気、繁栄」を意味するところから、ここでは「非常に羽振りよく、尊大な態度で」のニュアンスで使われたもの。

■ **I'm sick and tired of**
I'm sick and tired of your jokes.(君の冗談にはうんざりだ)からもわかるとおり、「be sick and tired of + 名詞・動名詞」の形で「～には飽き飽きして、うんざりして」の意味を表して使われる。なお、この表現は be sick of (～にうんざりする)を強調したもので、Oには一般的に何度も繰り返される行為が入ることが多い。be tired of は「～に飽きる」の意。I'm sick to death of your jokes. のように be sick and tired of に代わって be sick to death of が用いられることもある。

■ **cab**
「折りたたみ式の幌馬車」を意味するcabrioletが省略されたもの。元のcabrioletは、フランス語が語源で、日本では開閉式の屋根がついた車のボディタイプ(いわゆる「オープンカー」)を指す言葉として使われている。ちなみに明確な区別はないものの日本には「オープンカー」を指す言葉が他にもいくつかある：cabriolet/convertible(カブリオレ/コンバーチブル*主に前者はフランス車やドイツ車に、後者は英語圏で使われる。コンバーチブルの正しい発音は[kənvə́ːrtəbl])、roadster/spider(ロードスター/スパイダー*基本的には屋根のないタイプのオープンカー)

■ **take hold of someone's arm**
注意を引く、行動を制止するなどの目的で行う動作、hold単独よりも「掴んで、その後も掴んだままでいる」という動きに焦点を当てた表現。

RICK : You're going home. You've had a little too much to drink.

You've had a...to drink ⊖

Rick pulls Yvonne to the coat room. In her anger, Yvonne pushes a chair over.

Yvonne ⊖
coat room クローク ⊖

EXT. RICK'S CAFE - NIGHT - Sacha hails a cab outside Rick's.

hail a cab タクシーを呼びとめる〔拾う〕

SACHA : Hey! Taxi!

Rick firmly shows Yvonne out of the cafe.

firmly きっぱりと, 毅然と
show someone out （人）を～から送り出す ⊖

YVONNE : Who do you think you are, pushing me around? What a fool I was to fall for a man like you.

push around 邪険に扱う
fool 馬鹿
fall for 惚れる, 夢中になる

RICK : Go with her, Sacha, and be sure she gets home.

be sure 必ず～する

SACHA : Yes, Boss.
RICK : And come right back.

right すぐに ⊖

SACHA : Yes, Boss.

Sacha escorts Yvonne toward the taxi, while Rick turns and walks back in the other direction. He notices Renault sitting at a table off to the side of the outdoor cafe and approaches him.

RENAULT : Hello, Rick.
RICK : Hello, Louis.
RENAULT : How extravagant you are, throwing away women like that. Someday they may be scarce. You know, I think now I shall pay a call on Yvonne. Maybe get her on the rebound, huh?

extravagant ぜいたくな, 無茶な
throw away 捨てる ⊖
pay a call on を訪問する
on the rebound 反動で

RICK : Well, when it comes to women, you're a true democrat.

when it comes to ⊖
you're a true democrat ⊖

Rick sits with Renault. Captain Tonelli and Lieutenant Casselle walk by.

walk by 通りかかる

リック　：だめだ。家に帰るんだ。君は少し飲みすぎた。

リックはイヴォンヌをクロークへ引っ張っていく。イヴォンヌは怒って椅子を押し倒す。

屋外—リックのカフェ—夜—サシャはリックの店の外でタクシーを呼ぶ。

サシャ　：おい、タクシー！

リックは断固とした態度でイヴォンヌをカフェの外へ連れ出す。

イヴォンヌ：いったい自分を何様だと思ってるのよ、人を邪険に扱ったりして。あんたみたいな男を好きになるなんて、あたしもなんて馬鹿だったんだろう！

リック　：彼女と一緒に行ってくれ、サシャ、ちゃんと家に送り届けるんだぞ。

サシャ　：はい、ボス。

リック　：そしたらすぐに戻ってこい。

サシャ　：はい、ボス。

サシャはイヴォンヌに付き添ってタクシーのほうへ向かう。一方、リックは向きを変え、別の方向へ歩いて戻る。彼は戸外のカフェの片側のテーブルにルノーが座っているのに気づき、彼に近づいていく。

ルノー　：やあ、リック。

リック　：やあ、ルイ。

ルノー　：あんなふうに女を捨ててしまうなんて、なんてぜいたくなやつだ。そのうち女が少なくなるかもしれないというのに。なあ、今からイヴォンヌを訪ねてみるかな。反動で彼女をものにできるかもしれないだろう、え？

リック　：いやはや、こと女のことになると、君はまったくの民主主義者だな。

リックはルノーに同席する。トネリ大尉とカッセル中尉が通りかかる。

■ You've had a...to drink.
You are drunk. の穏やかな言い方。

■ Yvonne
ここではフランス人女性として登場しているが、英語圏をはじめ欧米では広く使われるポピュラーな女性名。イヴォンヌを演じたMadeleine Lebeauは、本作出演前、実際にナチス支配下の母国フランスからリスボンを経由してアメリカへ逃げてきた経緯がある。その当時の夫は本作でクルーピエのエミールを演じているMarcel Dalio で彼はユダヤ人である。Dalioとは本作公開直後に離婚している。Lebeauは本作にクレジットされている出演者のうち最後の存命者だったが、2016年5月に亡くなった。

■ coat room
= checkroom; coat check;（主に英）cloakroom
cloakも意味はcoatとほぼ同じで「外套」である。

■ show someone out
ex. You can just show yourself out, can't you?（きみは自分で出ていけるよね？ *映画『ラブ・アクチュアリー』（2003）より）

■ right
= right away; right off; immediately

■ throw away
⇄ pick up
日本の諺に「捨てる神あれば拾う神あり」というのがあるが、これは八百万の神を信じる日本ならではの表現とも言える。英語で同じ意味に該当する表現は、When one door shuts [closes] [is shut] another opens.（直訳：1つの扉が閉まると別の扉が開く）、One man's trash is another man's treasure.（直訳：ある人にとってのゴミは別の人にとっては宝物）、Every cloud has a silver lining.（直訳：どの雲にも銀の裏地がある＝どれほど絶望的な状況でも希望はある）

■ when it comes to
When it comes to English, he is the best in the class.（英語となると彼はクラスで一番だ）のように、「when it comes to ＋ 名詞・動名詞」で「～に関して言えば、～のこととなると」の意。

■ you're a true democrat
democrat（民主主義者）が人間の自由と平等を尊重するという根幹的思想であることから、「君は女なら誰でもいいんだな」ということを暗示した表現。

CASSELLE : Et moi, je vous dis que l'attitude de l'Italie est immonde. Qu'est-ce que vous auriez fait sans l'armée allemande?

Casselle stops to salute Renault. Tonelli raises his hand in the fascist salute. Renault casually returns their salutes.

RENAULT : **If he gets a word in, it'll be a major Italian victory.**

A propeller plane takes off on the nearby runway.

RENAULT : **The plane to Lisbon. You would like to be on it?**

RICK : **Why? What's in Lisbon?**

RENAULT : **The clipper to America. I've often speculated on why you don't return to America. Did you abscond with the church funds? Did you run off with a senator's wife? I like to think that you killed a man. It's the romantic in me.**

RICK : **It's a combination of all three.**

RENAULT : **Then what in Heaven's name brought you to Casablanca?**

RICK : **My health. I came to Casablanca for the waters.**

RENAULT : **The waters? What waters? We are in the desert.**

RICK : **I was misinformed.**

RENAULT : **Hmm.**

The croupier, Emil, runs out of the cafe and over to Rick.

EMIL : **Excuse me, Monsieur Rick, but a gentleman inside has won twenty thousand francs, and the cashier would like some money.**

RENAULT : **Hmm.**

RICK : **Well, I'll get it from the safe.**

以下の明朝体はフランス語(本欄は英語訳)
And I am telling you that the attitude of Italy is immoral. What would you have done without the German army?

stop to 〜するために立ち止まる, 立ち止まって〜する ⊙
fascist salute ファシスト式敬礼 ⊙
casually 略式に, 非公式に
get a word in ⊙

propeller プロペラ
nearby すぐ近くの, 近隣の, 隣接する ⊙

clipper 快速飛行艇, 快速船 ⊙
speculate 推測する
return 戻る
abscond with 〜を持ち逃げする
church 教会
fund 基金
senator 上院議員 ⊙
It's the romantic in me ⊙
combination 組合せ

in Heaven's name いったいぜんたい

waters ⊙

desert 砂漠 ⊙
misinform 間違えて伝える

win 勝つ
cashier 現金出納係

safe 金庫

カッセル　：私としては、イタリアの態度は下劣だと思います。ドイツ軍がいなければ、いったい何ができたって言うんですか？

カッセルが立ち止まってルノーに敬礼する。トネリはファシスト式敬礼をする。ルノーは何気なく彼らの挨拶に応える。

ルノー　：あいつに一言でも口を挟めたら、イタリア側の大勝利さ。

プロペラ機が近くの滑走路から離陸する。

ルノー　：リスボン行きの飛行機だ。乗りたいだろう？

リック　：どうして？　リスボンに何がある？

ルノー　：アメリカ行きの大型旅客機さ。僕は何で君がアメリカへ帰らないのか、よくいろいろと推測してみるんだよ。教会の金を持ち逃げしたか？　上院議員の奥さんと駆け落ちしたのかな？　僕としては君が人殺しをしたと思いたいな。僕はロマンティックに考えたいもんでね。

リック　：それら３つが全部組み合わさっているのさ。

ルノー　：ではいったいぜんたい、何でカサブランカへ来たのかね？

リック　：健康のためさ。水のためにカサブランカに来たわけさ。

ルノー　：水だって？　どの水だね？　ここは砂漠だぞ。

リック　：間違って教えられた。

ルノー　：なるほど。

クルーピエのエミールがカフェから駆け出してリックのところに来る。

エミール　：申し訳ありませんが、ムッシュー・リック、中の紳士が２万フランお勝ちになりましたので、会計係が少しお金をいただきたいと。

ルノー　：ふん。

リック　：それでは、金庫から出してこよう。

■ **stop to**
stop　～ingと動名詞を使うと「～することをやめる」という意味になる。
ex. I didn't think he could ever stop smoking.（彼が禁煙できるとは思わなかった）

■ **fascist salute**
古代ローマ軍の敬礼を元にした、右腕を斜め上に突き出す敬礼。ローマ式敬礼、ナチス式敬礼とも呼ばれる。

■ **get a word in**
= get a word in edgewise; get a word in edgeways; to find a chance to say something when others are talking
この表現は、He talked so much that she couldn't get a word in edgewise.（彼がしゃべり続けていたので、彼女には口を挟むすきがなかった）のように、反対者や競争相手を制して、「うまく会話に割り込む、横合いから話に口を出す」こと。

■ **nearby**
時間的な「近さ」も表せるnearとは違い、通常nearbyは距離的な「近さ」のみを表す。
ex. My father is getting near[× neaby] retiring age.（父は定年に近づいています）。My house is near [nearby]（私の家は近くにあります）

■ **clipper**
蒸気船出現前の時代に東洋貿易に用いられた快速帆船から、「快速飛行艇、大型旅客機」の意味に発展した。

■ **senator**
米国上院議員の定数は各州から2人ずつ、計100人で、任期は6年。定数の3分の1が2年ごとに改選される。なお、上院議員の資格としては9年間アメリカ合衆国の市民であること、選出される州の住民であること、それに最低30歳であることが必要。

■ **It's the romantic in me.**
I like to romanticize ほどの意。

■ **waters**
欧州には古くからspaなどで沐浴したり、その鉱泉水を飲むことで病気を治療するテルマリズム（水治療）があり、ここでのwatersは治療のためのミネラルウォーターのことである。

■ **desert**
発音は［dézərt］。「デザート」を意味するdessertは［dizə́ːrt］で、綴りも発音も異なる。

Rick rises from his chair and puts his arm around the croupier's shoulders. Renault follows them into the bar.

EMIL	**: I am so upset, Monsieur Rick. You know, I can't understand...**	upset 気を動転させる，動揺させる
RICK	**: Oh, forget it, Emil. Things like that happen all the time.**	forget it ⊖
EMIL	**: Now, I'm awfully sorry...**	awfully 大変，とても

Letters of Transitの謎

本章に登場したP.46のウガーテのセリフ：Know what this is? Something that even you have never seen: Letters of Transit signed by General de Gaulle. Cannot be rescinded, not even questioned. をめぐる興味深い論争をご紹介しよう（このコラムを読む前にできればもう一度注意深くこのセリフを聞いてみてください）。実はこのセリフは長らく疑惑の目で見られてきた。それは、「本当にウガーテはde Gaulleと言っているのか。本当はWeygandと言っているのではないか。」というものだ。General de Gaulleについてはp.47の語句解説欄でご紹介した通り。ではWeygandとは誰か。Maxime Weygandはヴィシー政権下で国防相を務めた人物である。片や亡命政府の代表、片や国際的に承認されている正統政府の大臣。つまり、本作でウガーテが言う通り「通行証」がCannot be rescinded, not even questionedというほどの効力を発揮するとすればde GaulleではなくWeygandの名前であるのが自然だというのだ。さらに困惑させるのは、アメリカでつけられた英字幕ではここにある通りde Gaulleとなっていたが、フランスでつけられた仏語字幕ではWeygandとなっていたことである。鍵を握るウガーテ役

リックは椅子から立ち上がり、クルーピエの肩に腕をかける。ルノーは彼らの後についてバーへ入っていく。

エミール　：本当に驚いてしまって、ムッシュー・リック。まったく、わけがわからなくて…
リック　：なあに、いいさ、エミール。この手の間違いはしょっちゅう起きるものさ。
エミール　：いやもう、本当に申し訳ありません…

■ **forget it**
= let everything stay as it is; there is no need for an apology, thanks, etc.
That's all right, forget it.（なあに、気にしないで）のように、相手の謝辞、謝罪などに対して「気にしないでください、どういたしまして」の意を表して使われる。また、「やなこった」といった具合に相手の要求に対する拒否とか、こちらの言ったことを相手が理解してないときなどに「もういい」といった意味合いでも用いられる。なお、Forget about it. と同意だが、aboutのないほうがより直接的でぶっきらぼうな言い方。

のPeter Lorreは気息音の混じる特徴的な声で知られており、ここでもささやくように発話しているため、真偽のほどは長くネイティブの間ですら論争となっている。中には、口元を見ればde Gaulleの「d」と動いているという者もいれば、一方でde Gaulleの発音に不可欠な「l」の音が聞こえないのでWeygandが正しいとする者もいる。また、フランス名なので、フランス語ネイティブがつけた字幕が正しいという意見も一理ある。だがLorreはハンガリー人であり、ウガーテはイタリア人という設定だ。さて、あなたはどちらに聞こえるだろうか。ぜひ耳を澄ませて聞いてみてほしい。*本書ではアメリカ字幕のde Gaulleを採用しています。

ちなみにこのLetters of Transitにまつわるお話をもう1つ。ご承知の通り、どれほど事実に忠実な映画にでも、純然たるノンフィクションでない限り、plot deviceと呼ばれる映画をスムーズに進行するための「小道具」や「設定」というものは存在する。『カサブランカ』も例外ではない。実はこのLetters of Transitこそが本作の最大のplot deviceである。登場人物全ての行動の動機とも言えるこの通行証、実際のヴィシー政府が発行していたという事実はなく、原案となった*Everybody Comes to Rick's*の作者の1人であるジョアン・アリソンの創造物に他ならない。

小寺　巴（スクリーンプレイ）

The Arrest

8 *INT. RICK'S CAFE - NIGHT - Sam is playing "Baby Face" as some of the patrons stand around his piano. Rick and Renault, followed by the croupier, walk by Sam. Rick pats Sam on the shoulder.*

RENAULT : Rick, there's gonna be some excitement here tonight. We're gonna make an arrest in your cafe.

RICK : Again?

RENAULT : Oh, this is no ordinary arrest. A murderer, no less.

Rick glances toward the gambling room.

RENAULT : If you are thinking of warning him, don't put yourself out. He cannot possibly escape.

RICK : I stick my neck out for nobody.

RENAULT : A wise foreign policy.

Rick and Renault begin walking again. They pass by Casselle and Tonelli. Casselle is still haranguing Tonelli.

CASSELLE : Oui, la Corse, la Tunisie, Nice. Qu'est-ce que vous avez fait pour les avoir?

Rick walks up a staircase as Renault continues to follow him.

RENAULT : We could have made this arrest earlier in the evening at the Blue Parrot. But out of my high regard for you, we're staging it here. It will amuse your customers.

Baby Face ベイビー・フェイス ⊖
stand 立つ
pat 軽く叩く
excitement 興奮
arrest 逮捕
ordinary 普通の
no less ～にほかならない
warn 警告する →p.89
put oneself out 骨を折る，面倒を見る
stick one's neck out 困難を自ら招く，危険に身をさらす ⊖
wise 賢明な
foreign 外交の，外国の
harangue 熱弁をふるう，大演説をする，仰々しく〔延々と・しつこく〕説教をする ⊖
以下の明朝体はフランス語（本欄は英語訳）
Yes, Corsica, Tunisia, Nice. What have you done to get them?
Corsica ⊖
Tunisia ⊖
Nice ニース ⊖
staircase 階段 →p.187
regard 尊敬 ⊖
stage 上演する
amuse 楽しませる

逮捕

DVD　00 : 26 : 19

□□□□□□

屋内—リックのカフェ—夜—ひいきの客たちがピアノの回りに立つ中で、サムが「ベイビー・フェイス」を弾いている。リックとルノーはクルーピエを従えて、サムの側を歩いて通り過ぎる。リックはサムの肩を軽く叩く。

ルノー　：リック、今夜ここでちょっとした騒ぎが起きる。君のカフェで捕物をするのさ。

リック　：またか？

ルノー　：いや、今度のはいつもの逮捕とはわけが違う。ほかならぬ殺人犯だ。

リックは賭博室のほうをちらっと見る。

ルノー　：もしもそいつに警告しようと思ってるなら、おせっかいはやめるんだな。どうしたってやつは逃げられっこない。

リック　：俺は誰のためにも自分自身を危険にさらしたりはしない。

ルノー　：賢明な外交政策だ。

リックとルノーは再び歩き始める。彼らはカッセルとトネリの側を通り過ぎる。カッセルはまだトネリに熱弁をふるっている。

カッセル　：そう、コルシカ島にしろ、チュニジアにしろ、ニースにしたって、それらを手に入れるために君たちが何をしたと思ってるんです？

階段を上がっていくリックにルノーが続く。

ルノー　：この捕物は今晩もっと早くブルー・パロットで行うこともできたんだがね。しかし僕の君に対するこの上ない敬意を表して、ここでやることにしたんだ。君の客たちが楽しめるだろ。

■ **Baby Face**
1926年のヒット曲で、Benny Davis 作詞、Harry Akst 作曲。

■ **stick one's neck out**
= to do something dangerous or risky
ボクシングに由来する表現で、ボクサーが相手のパンチを食らわないように首と顎を引いて戦う様子から生まれたもの。そこで、neck に代わって chin が使われることもある。
ex. He is always sticking his neck out by doing something he shouldn't.（彼はしてはいけないことをしていつも危険に身をさらしている）

■ **harangue**
発音は［həræŋ］。

■ **Corsica**
フランス南東部、地中海にある島で、ウォータールーの戦いに敗れてセントヘレナ島で流刑死したナポレオン1世（1769-1821）の生地として有名。

■ **Tunisia**
アフリカ北部、地中海に臨むフランスの保護領で、1956年にフランスから独立してチュニジア共和国となる。南部の都市マトマタは洞窟住居で知られ、『スター・ウォーズ』シリーズに登場する惑星タトゥイーンのルーク・スカイウォーカーの家のロケ地として有名。ルークの家として使われた洞窟住居は現在もホテルとして営業しており、宿泊が可能。

■ **Nice**
フランス南東部、地中海に臨む港湾都市で、コートダジュールを代表する観光、保養地の1つ。

■ **regard**
複数形で「よろしくお願いします」に相当する挨拶の言葉としてビジネスメールの結びなどで使われる。
ex. Please send [give] my regards to him.（どうか彼によろしくお伝えください）、…I look forward to hearing from you. Regards, Ilsa Lund（…ご連絡お待ちしております。敬具、イルザ・ランド）

Rick chuckles.

RICK : Our entertainment's enough.

INT. RICK'S OFFICE - NIGHT - Rick turns on a dim light and walks into the room where the safe is located. His shadow is seen opening the safe.

RENAULT : Rick, we'll have an important guest here tonight.

: Major Strasser, of the Third Reich, no less. We want him to be here when we make the arrest. A little demonstration of the efficiency of my administration.

RICK : I see. And what's Strasser doing here? He certainly didn't come all the way to Casablanca to witness a demonstration of your efficiency.

RENAULT : Perhaps not.

Rick hands some money to Emil, who is waiting outside the door.

RICK : Here you are.

EMIL : It shall not happen again.

RICK : That's all right.

Emil turns to leave. Renault steps into the office and Rick closes the door behind them.

RICK : Louis, you got something on your mind. Why don't you spill it?

RENAULT : How observant you are. As a matter of fact, I wanted to give you a word of advice.

RICK : Yeah?

Rick locks up the safe. He gestures to a bottle of liquor on a table.

RICK : Have brandy?

---

entertainment 楽しみ, 余興

be located 位置している ⊙

be to 〜する予定である →p.189

the Third Reich 第三帝国 ⊙

demonstration デモ, 実演

efficiency 効率, 能力

administration 陣営, 政権, 管理, 統治

certainly 確かに

all the way はるばる

witness 目撃する

Here you are どうぞ

on one's mind 気にかかって ⊙

spill 白状する, 口を割る ⊙

observant 観察力の鋭い, 注意深い

as a matter of fact 実際は, 実のところ →p.135

a word of advice 忠告の言葉 ⊙

liquor 酒, リカー ⊙

リックはくすっと笑う。

リック　：俺のところの余興は間に合ってるがね。

屋内—リックのオフィス—夜—リックは薄明かりをつけて、金庫が置かれている部屋の中に歩いて入っていく。金庫を開ける彼の影が見える。

ルノー　：リック、今夜ここに大切なお客を迎えることになっている。
：ほかならぬ第三帝国のシュトラッサー少佐だ。その方がここにいるときに逮捕劇をやりたいのさ。僕の統治能力のちょっとした実演ってわけだ。

リック　：なるほど。で、シュトラッサーはここで何をしているんだ？　もちろん、君の統治能力の実演を見物するために、はるばるカサブランカまで来たわけではないだろう。

ルノー　：おそらく違うな。

リックはドアの外で待っているエミールに金を手渡す。

リック　：さあ。

エミール　：二度とこんなことが起きないようにします、ムッシュー。

リック　：いいんだ。

エミールは立ち去る。ルノーはオフィスに入り、リックは彼らの後ろでドアを閉める。

リック　：ルイ、何か気がかりなことがあるようだな。吐き出したらどうだ？

ルノー　：何とも観察の鋭い男だな、君は。実を言うと、君に一言忠告したかったんだ。

リック　：へえ？

リックは金庫に鍵をかける。彼はテーブルの上の酒のボトルを指さす。

リック　：ブランデーを飲むか？

■ **be located**
= be placed; be situated

■ **the Third Reich**
ヒトラー統治下のドイツ（1933-44）のこと。ちなみに、第一帝国は神聖ローマ帝国（962-1806）、第二帝国は普仏戦争に勝利を収めてドイツ統一を達成したOtto von Bismarck（1815-98）によって建てられたドイツ帝国（1871-1918）。

■ **on one's mind**
= in one's thoughts
例えば、What's on your mind? はWhat are you thinking about? と言い換えられる。また、He has nothing but Nancy on his mind.（彼はナンシーのことばかり考えている）のように、have / got something on one's mind（～のことを考えている、気にかかっている）の形でも頻繁に用いられる。

■ **spill**
元は「（主に液体を容器から）こぼす」という意味。ここでのように口語では「（情報や秘密を）漏らす、バラす」という意味で使われる。spill the beans（うっかり秘密を漏らす）やspill one's gut（洗いざらい話す）といった慣用句も。過去形・過去分詞はspilledとspiltのどちらも使われる。
ex. Half a bottle of wine spilled onto the floor and left a very noticeable stain on the carpet.（ワインがボトル半分も床にこぼれ、かなり目立つシミがカーペットに残った）

■ **a word of advice**
抽象名詞は物質名詞と同様、常に単数扱いである。またその多くは数えることができないが、I gave her a piece of advice.（私は彼女に1つ忠告した）のようにadvice、news、informationなど、a piece of をつけて数えられるものもある。

■ **liquor**
発音は［líkər］。酒類全般を指すこともあるが特にウイスキーなどの蒸留酒を指す。蒸留酒に果実やハーブ、甘味を加えて作る混成酒がliqueur（リキュール［likə́:r］）。

RENAULT : Thank you. Rick, there are many exit visas sold in this cafe, but we know that you've never sold one. That is the reason we permit you to remain open.

permit 許可する
remain ～のままである, 存続する
pour 注ぐ

Rick pours Renault a glass.

RICK : Oh, I thought it was because I let you win at roulette.

let ～させる

RENAULT : That is another reason. There is a man arrived in Casablanca on his way to America. He will offer a fortune to anyone who'll furnish him with an exit visa.

on one's way to ～へ行く途中
offer 申し出る
furnish 供給する, 与える

RICK : Well, what's his name?

RENAULT : Victor Laszlo.

Rick has an astonished look on his face.

astonished 驚いた, びっくりした

RICK : Victor Laszlo?

RENAULT : Rick, that is the first time I have ever seen you so impressed.

RICK : Well, he succeeded in impressing half the world.

succeed in ～に成功する
half 半分 ➲

Rick takes a few paces away from Renault.

pace 一歩

RENAULT : It's my duty to see that he doesn't impress the other half. Rick, Laszlo must never reach America. He stays in Casablanca.

duty 職務, 義務 ➲
see that ～に気をつける, 留意する, 取り計らう ➲

RICK : It will be interesting to see how he manages.

RENAULT : Manages what?

RICK : His escape.

RENAULT : Oh, but I've just told you...

manage どうにかして～する, やってのける
escape 逃亡, 脱出

Rick sits on his desk. Renault sits on a leather couch.

leather 革

RICK : Stop it! He escaped from a concentration camp. The Nazis have been chasing him all over Europe.

RENAULT : This is the end of the chase.

concentration camp 強制収容所 ➲
Nazis ナチス ➲
end 終わり
chase 追跡, チェイス

ルノー　：ありがとう。リック、このカフェでは、たくさんの出国ビザが売られているが、君自身が１つも売っていないのはわかっている。それが理由で我々は君に店を開かせてやっているわけだ。

リックはルノーのグラスに酒を注ぐ。

リック　：おや、俺はてっきり、ルーレットで君を勝たせてやってるからだと思ってたよ。

ルノー　：それもあるがね。アメリカへの途中でカサブランカに降りたった男がいる。彼は出国ビザを提供してくれる人物なら誰にでも大金を差し出すそうだ。

リック　：ほう、そいつの名前は？

ルノー　：ヴィクター・ラズロ。

リックは顔に驚きの表情を浮かべる。

リック　：ヴィクター・ラズロだって？

ルノー　：リック、君がそんなに心を動かしたのを見たのは初めてだな。

リック　：なあに、彼は世界の半分を感動させた人物だぜ。

リックはルノーから数歩離れる。

ルノー　：その男があとの半分を感動させないように気を配るのが、私の仕事だ。リック、ラズロを絶対にアメリカへは行かせない。あの男にはカサブランカに留まってもらうよ。

リック　：彼がどんな具合にやってのけるか、見ものだね。

ルノー　：やってのけるって、何を？

リック　：脱出をさ。

ルノー　：ああ、しかし今言っただろう…

リックは机の上に座る。ルノーは革張りのソファに座る。

リック　：よせよ！　彼は強制収容所から脱出し、ナチスがヨーロッパ中で追いかけ回してきたんだぞ。

ルノー　：その追跡もこれで終わりさ。

■ **half**

half（of）～が主語となる場合、後ろにくる名詞が単数か複数かによって動詞の扱いを変化させる。

ex. Half the class was absent today.（クラスの半分が今日は欠席だった）、I ordered a dozen of wine but half the bottles have arrived broken.（ワインを1ダース注文したが、ボトルの半分が割れた状態で届いた）

■ **duty**

dutyは「道徳的な義務・本分」、あるいはここでのように「特定の職務・任務」で自らそうしなければならないと感じているもの。類語のobligationは「慣習や契約などから生じる義務」で強制的にさせられるというニュアンスを含む。

ex. It's my duty to take care of our dog.（うちの犬の世話は私の義務だ）、All people shall have the right and the obligation to work.（すべて国民は、勤労の権利を有し、義務を負ふ）

■ **see that**

see that は See that the work is done.（仕事がちゃんと完成するよう気をつけてください）のように、「（物事がなされるよう）気を配る、取り計らう」の意。また、We'll see to it that your daughter gets home early.（あなたのお嬢さんが早く家に帰れるよう取り計らいましょう）といった具合に see to it thatの型で用いられることもある。なお、どちらの場合も that節には will、shall、mayなどの未来を示す助動詞は使われない。

■ **concentration camp**

ここでは第二次世界大戦中、ナチスが捕虜や敵国人、ユダヤ人を拘禁、強制労働、迫害、殺りくのために設営した牢獄を指す。1944年には28の主要収容所と2000以上の支所があった。

■ **Nazis**

国家社会主義ドイツ労働者党の通称。ヒトラーを党首とするドイツの政党で、1920年に成立、33年に政権を掌握した。ゲルマン民族至上主義と反ユダヤ主義などを理念として独裁体制を確立し、第三帝国を形成して、39年に第二次世界大戦を誘発したものの、これに失敗。ついに45年、敗戦で破滅した。

RICK	: Twenty thousand francs says it isn't.	Twenty thousand francs says it isn't ⊙
RENAULT	: Is that a serious offer?	serious　まじめな，真剣な
RICK	: I just paid out twenty. I'd like to get it back.	get back　取り戻す
RENAULT	: Make it ten. I am only a poor corrupt official.	corrupt　腐敗した，堕落した official　役人，公務員
RICK	: Okay.	
RENAULT	: Done.	Done ⊙

Renault raises his finger to make a point.

make a point　言い分を立証する，主張の正しさを力説する

RENAULT	: No matter how clever he is, he still needs an exit visa, or I should say, two.	no matter how　たとえ～でも clever　賢い I should say　(婉曲的)おそらくそうでしょうね
RICK	: Why two?	
RENAULT	: He is traveling with a lady.	
RICK	: Well, he'll take one.	
RENAULT	: I think not. I have seen the lady. And if he did not leave her in Marseilles, or in Oran, he certainly won't leave her in Casablanca.	I think not ⊙ won't ⊙
RICK	: Well, maybe he's not quite as romantic as you are.	quite　非常に，なかなか
RENAULT	: It doesn't matter. There is no exit visa for him.	It doesn't matter　どうでもいい ⊙

A pondering look comes over Rick's face.

RICK	: Louis, what ever gave you the impression that I might be interested in helping Laszlo escape?	impression　印象 be interested in　～に興味がある
RENAULT	: Because, my dear Ricky, I suspect that under that cynical shell, you're at heart a sentimentalist.	suspect　たぶん～と思う，疑う →p.181 under that cynical shell ⊙ shell　外観，外枠 at heart ⊙ sentimentalist　感傷的な人，感情屋

Rick looks at Renault doubtfully.

doubtfully　疑わしげに，訝るように

リック　：そうならないほうに2万フランを賭けよう。
ルノー　：その提案は本気かね？
リック　：たった今２万払った。そいつを取り戻したいのさ。
ルノー　：１万にしろ。僕は、ただの貧しい汚職警官に過ぎない。
リック　：よかろう。
ルノー　：成立だ。

ルノーは指を立て自説を強調する。

ルノー　：あの男がどんなに頭が切れたとしても、出国ビザ１枚は必要なわけだ。いや、２枚と言うべきかな。
リック　：なぜ2枚だ？
ルノー　：彼は女性と旅している。
リック　：なあに、１枚だけ手に入れるさ。
ルノー　：そうは思わんね。僕はその女性を見たことがある。それに、マルセイユでもオランでも彼女を置き去りにしてこなかったとしたら、カサブランカに置いていくわけがない。
リック　：だが、彼は君ほどロマンティックでないかもしれないぞ。
ルノー　：そんなことはどうでもいい。彼に出すビザなどないさ。

思案にくれる表情がリックの顔に表れる。

リック　：ルイ、何でまた俺がラズロの脱出に手を貸すかもしれないなんて思ったんだ？
ルノー　：それはだね、リッキー、その皮肉っぽいうわべの下で君の心根は人情家じゃないかとにらんでいるからさ。

リックは怪訝な表情でルノーを見る。

■ Twenty thousand francs says it isn't.
= A bet of twenty thousand francs says it isn't.
I will bet you twenty thousand francs that Laszlo will escape. ほどの意。

■ Done.
= Agreed.
相手からの申し出を承知したり、賭けを引き受けて「よしきた、了解」の意を表す。
ex. "I'll pay you 100 dollars for it." "Done." (「その代金として100ドル君に払うよ」「了解」)

■ I think not.
= I think he will not take one.
ほぼ同義である①I don't think so.と② I think not.のnotの位置を比較すると、①はthinkを否定しているのに対し、②は考えた内容が否定文になっていることがわかる。つまり①はじっくり考えたわけではないけれど…というニュアンスがあるのに対し、②は考えた末の結論というニュアンスがあり、より確証を持っている表現となる。
ex. I think he won't come.(彼は来ないと思う＝考えた末に何かそう思う理由があるという印象を相手に与える)、I don't think he will come. (彼が来るとは思わない＝じっくり考えたわけではないけどそう思うという個人的な見解なのだろうという印象を相手に与える)

■ won't
= will not

■ It doesn't matter.
It does not make a difference to the situation.ほどの意。なお、相手の謝罪に対して使えば Never mind. (気にしないで)の意となり、Do you want your coffee black? (コーヒーはブラックにしますか？)といった、選択を提案された際の返答として使えば「どちらでも結構」の意味になる。

■ under that cynical shell
under your surface appearance of hard heartednessといったところ。

■ at heart
= at bottom; deep down; basically; essentially; fundamentally
この表現は通例、人間に対してのみ使われ、物については用いられない。
ex. John was at heart a kindly and reasonable man. (ジョンは根は親切で思慮分別のある人物だ)

RENAULT	:	Oh, laugh if you will, but I happen to be familiar with your record. Let me point out just two items. In Nineteen Thirty-Five, you ran guns to Ethiopia. In Nineteen Thirty-Six, you fought in Spain on the Loyalist side.
RICK	:	And got well paid for it on both occasions.
RENAULT	:	The winning side would have paid you much better.
RICK	:	Maybe.
RENAULT	:	Uh-huh.
RICK	:	Well, it seems that you're determined to keep Laszlo here.
RENAULT	:	I have my orders.

Renault rises, then moves closer to Rick.

RICK	:	Oh, I see. Gestapo spank.
RENAULT	:	My dear Ricky, you overestimate the influence of the Gestapo. I don't interfere with them, and they don't interfere with me. In Casablanca I am master of my fate. I am captain...

Casselle barges in and salutes.

CASSELLE	:	Major Strasser is here, sir.

Rick looks cynically at Renault.

RICK	:	Yeah, you were saying?
RENAULT	:	Excuse me.

Renault rushes out of the room. Rick smiles at the humor of the situation.

9 *INT. RICK'S CAFE - NIGHT - Renault goes to Carl.*

happen to　たまたま～する
be familiar with　～をよく知っている
record　記録，経歴，実績，犯罪歴
point out　指摘する
item　項目
you ran guns to Ethiopia ➲
run　密輸する
Loyalist side ➲
occasion　場合，機会
would have paid ➲
seem　～のように思える ➲
determine　決心する，決める
order　命令
Gestapo spank ➲
Gestapo　ゲシュタポ ➲
spank　ぴしゃりと打つ
overestimate　過大評価する，買いかぶる
interfere　干渉する
I am master of my fate ➲
fate　運命
barge in　（ノックせずに・許可を得ずに）入る
Yeah, you were saying →p.246
rush　大急ぎでする，急ぐ

ルノー　：ああ、笑いたければ笑うがいい、しかし、僕はたまたま君の経歴に精通していてね。２つだけ例を挙げてみよう。1935年、君はエチオピアに銃を密輸出。1936年には、スペインで政府支持者側に立って戦っている。

リック　：それで、どちらの場合も充分に払ってもらったよ。

ルノー　：勝つ側についていたらもっとたくさん払っただろうに。

リック　：かもな。

ルノー　：ほうら。

リック　：とにかく、君はラズロをここに留めておく決心らしいね。

ルノー　：命令を受けているんだ。

ルノーは立ち上がり、それからリックに近づく。

リック　：なるほど、そうか。ゲシュタポに尻を叩かれているわけだ。

ルノー　：ねえ、リッキー、君はゲシュタポの影響力を買いかぶっている。私は連中に干渉しないし、連中も僕に口出しはしない。カサブランカでは、自分の運命は自分が決める。僕が舵取り…

カッセルが飛び込んできて敬礼する。

カッセル　：シュトラッサー少佐がお見えになりました。

リックは皮肉っぽくルノーを見る。

リック　：ああ、君が言ってたのは？

ルノー　：失礼。

ルノーは部屋から飛び出していく。リックは状況の滑稽さに微笑む。

屋内―リックのカフェ―夜―ルノーはカールのところへ行く。

■ **you ran guns to Ethiopia**
第二次エチオピア戦争（1935-36）でムッソリーニ政権下のイタリアはエチオピアの植民地化を目論み侵略。36年5月に併合を宣言する。開戦時のエチオピアの戦力の大半は訓練されていない私兵が占めており、装備は時代遅れで、数の面でも不足していた。なお、イタリア版ではこのセリフはyou ran guns to Chinaに変更された。

■ **Loyalist side**
Francisco Franco（1892-1975）将軍によるスペイン内戦（1936-39）の際の政府支持者、つまり反フランコ将軍派のこと。

■ **would have paid**
would have ＋ 過去分詞は「（もしあの時～していたら）～だっただろう」という過去の事実とは異なることを仮定する「仮定法過去完了」。wouldの代わりにcouldを使えば「（～だったら）～できたのに」という過去における可能性、shouldを使えば「～すればよかったのに」という過去への助言や反省を表す。

■ **seem**
seem は He seems to be happy.（彼は幸せそうだ）のように、主観的に見て真実性がありそうなものに対して用い、appear は He appears to be intelligent.（彼は頭がよさそうだ）に見られるとおり、実際はそうでなくても外見上そのような印象を与えることを示すとき、そして look は You look tired today.（今日はお疲れのようだね）といった具合に、実際にもまた外見上もそのように見える、との意味合いのときに使われる。なお、seem like は seem にほぼ同じ。

■ **Gestapo spank**
The Gestapo will punish you if you fail to keep Laszlo in Casablanca. を幼児的表現で言い表したもの。

■ **Gestapo**
ナチス・ドイツ時代の秘密国家警察のことで、1933年にHermann Wilhelm Göring（1893-1946）により創設された。反ナチ運動、共産党、ユダヤ人に対する弾圧を行ったが、45年解散。

■ **I am master of my fate**
= I am independent; I am my own master
イギリスの詩人・編集人 William Ernest Henley（1849-1903）のバラード Invictus の中の一節 I am the master of my fate / I am the captain of my soul から。

RENAULT : Carl, see that Major Strasser gets a good table, one close to the ladies.

CARL : I have already given him the best... knowing he is German and would take it anyway.

knowing ➲

RENAULT : Hmm.

Renault marches over to a NATIVE OFFICER, who salutes.

RENAULT : Take him quietly. Two guards at every door.

quietly 静かに
guard 警備員, 見張り

NATIVE OFFICER: Yes, sir.

The officer goes over to Casselle.

NATIVE OFFICER: Everything is ready, sir.

CASSELLE : Go ahead.

Go ahead ➲

The officer goes to another officer.

NATIVE OFFICER: Sergeant.

sergeant 軍曹

Rick comes down the stairs. Renault approaches Strasser's table.

RENAULT : Good evening, gentlemen.

STRASSER: Good evening, Captain.

HEINZE : Won't you join us?

Won't you join us ➲

Renault sits down. A waiter waits to take their order.

order 注文

RENAULT : Thank you. It's a pleasure to have you here, Major.

pleasure 楽しみ, 喜び ➲

STRASSER: (to waiter) Uh, champagne and a tin of caviar.

champagne シャンパン ➲
tin 缶詰
caviar キャビア ➲

RENAULT : Er, may I recommend Veuve Cliquot, twenty-six, a good French wine.

recommend 勧める, 薦める
Veuve Cliquot ヴーヴ·クリコ ➲

STRASSER: Thank you.

WAITER : Very well, sir.

Very well わかりました →p.95

Strasser looks around the club.

look around 周りを見回す

ルノー　：カール、シュトラッサー少佐によいテーブルをお取りするように、ご婦人方に近いのを。

カール　：すでに一番よい席にご案内しております…　ドイツ人ですから、どのみちそうされるだろうと思っていましたから。

ルノー　：ふむ。

ルノーは地元の警官に歩み寄る。彼は敬礼する。

ルノー　：やつを静かに捕まえろ。各ドアに２名の見張りだぞ。

地元の警官：わかりました。

警官はカッセルのところへ行く。

地元の警官：すべて準備は整いました。

カッセル　：取りかかれ。

警官は別の警官のところへ行く。

地元の警官：軍曹。

リックが階段を降りてくる。ルノーはシュトラッサーのテーブルに近づく。

ルノー　：こんばんは、皆さん。

シュトラッサー：こんばんは、大尉。

ハインツ　：一緒にどうですかな？

ルノーは座る。ウェイターは注文を取るために待っている。

ルノー　：ありがとうございます。よくおいでくださいました、少佐。

シュトラッサー：（ウェイターに）シャンパンとキャビアを１缶。

ルノー　：あの、'26年もののヴーヴ・クリコをお薦めします、フランスの良質のワインです。

シュトラッサー：ありがとう。

ウェイター：かしこまりました。

シュトラッサーはクラブを見渡す。

■ knowing
= As I know he is German

■ Go ahead.
= Please do it.; You have my permission and encouragement to do it.
命令形で、相手に許諾を与えるときに「どうぞ」の意味で用いられる。なお、意味を強める際には Go right ahead. とする。

■ Won't you join us?
I'll join you in five minutes.（5分したら君たちと落ち合うよ）におけるように、「S + join + O」で、「SがO（人）と落ち合う、O（団体など）に参加する」の意。また、Will you join us for dinner?（私たちと一緒に食事をしませんか？）とか、Tom joined us in criticizing her.（トムも我々と一緒になって彼女を批判した）といった用例に見られるとおり、「S+ join + O + M」で、「SがMするのにOに加わる」の意を表す。なお、この場合のMは「in（for）+ 名詞·動名詞」。

■ pleasure
ex. "Thank you." "My pleasure.（「ありがとう」「どういたしまして」）、"It was nice meeting you." "The pleasure is mine."（「お会いできてよかった」「こちらこそ」）

■ champagne
世界的にブランドが保護されているスパークリングワインで、フランスのシャンパーニュ地方で定められた製法で作られた物のみシャンパンの名を冠することができる。かつて日本で販売されていた清涼飲料水「ソフトシャンパン」はフランス政府の抗議を受け、改名している。

■ caviar
チョウザメの腹子の塩漬。広義には魚卵の塩蔵品をいい、欧米諸国ではタラ、コイ、サケなどの卵から作られている。

■ Veuve Cliquot
シャンパンはブレンドして造られる酒であるため銘柄にブドウ園の名を入れることはできない。そのため、商品は商社の名称をブランドにして売り出している。このVeuve Cliquot はクリコ未亡人という意味で、マダムクリコが亡夫の商売を継ぎフランスで最も有名なシャンパン商社の1つに発展させたが、1987年にルイ·ヴィトン·モエ·ヘネシーグループに合併された。

STRASSER: A very interesting club.
RENAULT : Wh... Especially so tonight, Major. In a few minutes you'll see the arrest of the man who murdered your couriers.
STRASSER: I expected no less, captain.

especially 特に, とりわけ
In a few minutes 数分後に

INT. RICK'S GAMBLING ROOM - NIGHT - Some native officers surround Ugarte, who is standing at the roulette table.

surround 取り囲む

NATIVE OFFICER: Monsieur Ugarte.

Ugarte turns around to find the group of officers behind him. A disappointed look shrouds his face.

disappointed 落胆した, 失望した
shroud 覆う, 包む

UGARTE : Oh.

Emil, in the background, does not let this incident stop the game.

incident 出来事, 事件
以下の明朝体はフランス語(本欄は英語訳)

EMIL : La partie continue.

The game continues.

UGARTE : Yes?
NATIVE OFFICER: Will you please come with us?
UGARTE : Certainly.

Certainly もちろん

EMIL : L'incident est clos, Madame.

The incident is closed.

UGARTE : May I first please cash my chips?

cash 換金する
chip チップ

The native officer nods in assent. Emil encourages the players to continue playing.

in assent 賛成して, 同意して
encourage 勧める, 働き掛ける, 促す

EMIL : L'incident est clos, Madame. La partie continue. Faites vos jeux, Messieurs et Mesdames. Marquons les jeux. La partie continue. Les jeux sont faits.

The incident is closed, ma'am. The game continues. Make your bets, ladies and gentlemen. Let's make the bets. The game continues. Betting is finished.

Ugarte, followed by the native officers, walks over to the CASHIER. Many of the guests watch Ugarte inquisitively.

inquisitively 物珍しそうに

UGARTE : Pretty lucky, huh?

pretty かなり, まあまあ

He arrives at the cashier's desk.

シュトラッサー: 実におもしろいクラブだ。
ルノー　　　: 今晩は格別です、少佐。間もなく特使を殺害した犯人の逮捕をご覧になれます。

シュトラッサー: 私はほかでもないそれを期待していたわけだよ、大尉。

屋内—リックの賭博室—夜—数名の地元の警官がルーレットのテーブルに立っているウガーテを取り囲む。

地元の警官　: ムッシュー・ウガーテ。

ウガーテが振り向くと、警官の一団が彼の背後に立っている。失望の表情が彼の顔を覆う。

ウガーテ　　: ああ。

背景のエミールは、この出来事にもゲームを中断しない。

エミール　　: 勝負を続けます。
ウガーテ　　: 何ですか?
地元の警官　: ご同行願えますか?
ウガーテ　　: いいですよ。
エミール　　: 騒ぎは終わりますから、マダム。
ウガーテ　　: その前にチップを換金してもいいでしょ?

地元の警官は同意して頷く。エミールはプレーヤーたちに賭けを続けるよう促す。

エミール　　: 騒ぎは終わります、マダム。勝負を続けます。賭けてください、皆様。さあ、賭けましょう。勝負を続けます。賭けは成立しました。

ウガーテは、地元の警官たちを従え、会計へと歩いていく。客の多くが好奇心の眼差しで彼を見る。

ウガーテ　　: とても運がいいでしょう、どうです?

彼は会計の机に来る。

■ **surround**
左右だけでなく前後にもスピーカーを配置するのがサラウンドシステム。最近では、天井や前方にもスピーカーを配置した360° 全方位から音が聞こえる劇場も登場している。

■ **incident**
同じく「出来事」を意味するaccidentが怪我人が出るような事故というネガティブなニュアンスを含意するのに対し、incidentは必ずしも悪い意味ではない。またincidentは人の意図が介入している出来事に用いることが多い。
ex. I saw a car accident this morning.(今朝、交通事故を見ました)、The school was accused of hiding a serious bullying incident.(深刻ないじめ事件を隠したと学校は非難された)

■ **The game continues.**
= We'll continue the game.

■ **Certainly.**
= Sure.; Of course.; Gladly.
例えば May I come in?(入ってもいいですか?)といった許可を求める言葉に対する承諾の表現。反対の意を表す場合は Certainly not. である。

■ **chip**
ルーレットなどで賭け金に代わって用いられる、一般にプラスチックや象牙製の札。

■ **inquisitively**
= curiously; inquiringly; snoopily

■ **pretty**
くだけた口語表現で、to a degree、somewhat、rather、quite、very、to a considerable extent などの意味合いで用いられる。なお、Is he pretty smart?(彼はかなり頭が切れるのかな?)のように疑問文で用いられた場合には、質問の答えに関して話し手が肯定的な意見を持っていることが含意される。また、Isn't he pretty smart? のように、否定疑問になると、話し手の肯定的な意見を相手に確認する文となる。ただし、この pretty は否定文では用いられないので注意。
ex. I'm pretty sure she is lying.(明らかに彼女は嘘をついている)、I'm pretty tired.(少々疲れたよ)

UGARTE : **Two thousand, please.**
EMIL : (v.o.) Rien ne va plus.
CASHIER : **Two thousand.**

以下の明朝体はフランス語（本欄は英語訳）
No more bets.

Waiting for his money, Ugarte scans the place and spots some guards standing by a door. The cashier gives Ugarte his money.

scan 見通す，見渡す
spot 目星を付ける，見つける

UGARTE : **Thank you.**

Ugarte takes the money and begins walking toward the door. Suddenly, he dashes through the door and shuts it behind him before the guards can react.

suddenly 突然に，急に，いきなり
react 反応する

INT. RICK'S HALLWAY - NIGHT - Ugarte tries to hold the door shut, while he grabs for his gun. He lets go of the door, runs down the hall and turns around to face the guards coming through the door. He fires the gun four times. Guests shriek.

hold the door shut
grab つかむ，捕まえる
let go of 〜から手を放す，〜を忘れる，諦める
face 対峙する，立ち向かう
shriek 悲鳴を上げる

INT. RICK'S CAFE - NIGHT - Ugarte rushes in to Rick and grabs him, beseeching him desperately.

beseech 願う，懇願する，嘆願する

UGARTE : **Rick! Rick, help me!**
RICK : **Don't be a fool. You can't get away.**
UGARTE : **But, Rick, hide me! Do something! You must help me! Rick!**

get away 逃げる
hide 隠す

The native officers apprehend Ugarte and take him away. Ugarte keeps calling Rick.

apprehend 逮捕する

UGARTE : **Do something!**
NATIVE OFFICER: **C'mon.**
UGARTE : **Rick! Rick!**

c'mon

Rick stares impassively. Strasser congratulates Renault.

STRASSER: **Excellent, Captain.**

impassively 無表情で，平然と
congratulate 祝う
excellent 素晴らしい，立派な

Renault takes a bow. A GUEST approaches Rick.

take a bow お辞儀をする

GUEST : **When they come to get me, Rick, I hope you'll be more of a help.**

get 捕まえる
more of a help

ウガーテ　：2000、お願いします。
エミール　：（画面外）もう賭けられません。
会計　：2000。

金を待ちながら、ウガーテはあたりをくまなく見渡し、戸口のところに見張りが立っているのを見つける。会計はウガーテに金を渡す。

ウガーテ　：ありがとう。

ウガーテは金を受け取り、戸口へと歩き始める。突然、ウガーテは戸口を走り抜け、見張りがとっさに動けないうちにドアを閉める。

屋内—リックの店の廊下—夜—ウガーテはドアを開けさせまいと押えつけ、その間に拳銃を引っつかむ。彼はドアを放して通路を走り、振り向いて、ドアから入ってくる見張りに向き合う。彼は銃を4回発砲する。客は悲鳴を上げる。

屋内—リックのカフェ—夜—ウガーテはリックのところへ飛び込んでいくと、彼をつかみ、必死に懇願する。

ウガーテ　：リック！　リック、助けてくれ！
リック　：馬鹿を言うな！　逃げられはせん。
ウガーテ　：でも、リック、かくまってくれ！　何とかしてくれ！　助けてくれてもいいはずだ！　リック！

地元の警官はウガーテを逮捕し連れていく。ウガーテはリックを呼び続ける。

ウガーテ　：何とかしてくれ！
地元の警官：さあ！
ウガーテ　：リック！　リック！

リックは無表情で見つめる。シュトラッサーはルノーを祝福する。

シュトラッサー：お見事、大尉。

ルノーがお辞儀をする。客がリックに近寄ってくる。

客　：やつらが俺を捕まえに来たときは、もっと助けになってほしいもんだな。

■ **No more bets.**
Rien ne va plus.の文字どおりの意味はNothing more is possible.。

■ **hold the door shut**
hold ＋ 目的語 ＋ 補語で「～を～のままにしておく、～をある状態・位置に保っておく」という意味。同じ意味を表す keep ＋ 目的語 ＋ 補語と leave ＋ 目的語 ＋ 補語の違いは以下の通り。
ex. hold the door open（ドアを〔手などで押さえて〕開けたままにしておく）、keep the door open（ドアを〔ストッパーなどを使って〕開けたままにしておく）、leave the door open（〔わざわざ閉めなければ閉じないような〕ドアを開けたままにしておく）

■ **grab**
「理解する」の一般的な語はunderstandだが、このgrabをはじめ、apprehend、seize、grasp、catchなど「つかむ、捕まえる」という意味のある語は、「物事の要点などを確実にとらえる」という意として使えることが多い。

■ **shriek**
類語のscream（悲鳴を上げる）と比べると、shriekは甲高い金切り声のような悲鳴を表す。screechは「耳障りな声で叫ぶ」。

■ **beseech**
= beg; appeal; implore; plead

■ **apprehend**
= catch and arrest; capture; take into custody

■ **c'mon**
= come on

■ **congratulate**
= express joy or good wishes to somebody for an achievement or good fortune

■ **take a bow**
劇場などで拍手などに答える意図でお辞儀するという意味。このbowの発音は[báu]。

■ **more of a help**
more of A（than B）で「（Bより）もっとAである」の意。 He is more of a coward than I thought.（彼は私が思っていたよりもっと臆病だ）のようにAにはcoward、fool、successなどの段階的名詞がくる。なお、この成句の of は省略が可能だが、その場合には名詞は He is more coward than I thought. のように無冠詞となる。

RICK : **I stick my neck out for nobody.**

Rick moves to the center of the room and addresses his guests.

RICK : **I'm sorry there was a disturbance, folks, but it's all over now. Everything's all right. Just sit down and have a good time. Enjoy yourselves.**

Rick glances toward Sam.

RICK : **All right, Sam.**
SAM : **Okay, boss.**

Sam and his band begin playing music. Everyone returns to their own business.

address　(人に)話しかける, 言葉をかける, 呼びかける

disturbance　騒ぎ, 騒動
folks　人々
all over
have a good time　楽しく過ごす
enjoy oneself　楽しむ

business　仕事, 用事

カサブランカとカクテル

映画『カサブランカ』を不朽の名作たらしめるのは、観る人の心を掴む粋なセリフの一つ一つ、名曲 *As Time Goes By*、イングリッド・バーグマンの目を見張るほどの美しさ、ハンフリー・ボガートの古き良きハードボイルドな生き様、と枚挙に遑(いとま)がありませんが、「お酒」もまた重要な一つの要因であることを忘れてはなりません。

「君の瞳に乾杯」と意中の相手に向かって試そうとする勇敢な方は今でこそもうあまりいらっしゃらないかもしれませんが、映画の中ではいつまでも輝きを放つ色っぽいセリフであることは間違いありませんし、その時彼らがカチンと合わせるグラスが醸し出すロマンティックな雰囲気は否定しようがありません。この映画にはこの作品を魅力的にする象徴的なカクテルやお酒がいくつも登場します。実際に作中で飲まれるカクテルや、名前が挙がるお酒を使った代表的なカクテルレシピを紹介します。ぜひ英語学習のお供に・・・というのは難しくとも、ぜひ鑑賞のお供にいかがでしょうか。

リック　：俺は誰のためにも自分の身を危険にさらさない。

リックは部屋の中央へ進み出て、客に告げる。

リック　：お騒がせして申し訳ありませんでした、皆さん。でも、もうすっかり終わりました。何のご心配もいりません。どうぞおかけになってお楽しみを。楽しんでください。

リックはサムのほうをちらっと見る。

リック　：いいぞ、サム。
サム　：オーケー、ボス。

サムと楽団は音楽の演奏を始める。皆、それぞれの仕事に戻る。

■ disturbance
= disorder; confusion; commotion; a noisy argument or fight

■ all over
= completely finished; ended
Our honeymoon is all over now.（私たちの蜜月はすっかり終わった）に見られる completely finished のほかに、I have looked all over for my bag.（私の鞄をあちこち探した）のように、everywhere とか in every part の意、さらには John is his father all over.（ジョンはあらゆる点で父親のようだ）といった具合に、completely、in every way、などを意味して使われる。

Cocktail recipes

1 *Champagne Cocktail* ……（レシピ掲載 *p.112*）
ヴィクター・ラズロが同志のバーガーと密談を交わす場面（p.96）、またルノーがラズロに一杯ご一緒に、と申し出る場面（p.98）で名前が挙がるクラシックなカクテル。

2 *French '75* ……（レシピ掲載 *p.136*）
p.162 でイヴォンヌを連れたドイツ人将校たちが注文するカクテル。元は第一次世界大戦時にフランス軍の戦勝を祈願して考案された酒を頼むのは皮肉とも言うべきか。

3 *Old Fashioned* ……（レシピ掲載 *p.214*）
リックが「パリの思い出」に浸るときにあおる酒がバーボン。実際にはボガート自身はスコッチウイスキーを愛飲していたという。本書ではバーボン・ベースのカクテルとして代表的な逸品をご紹介。

The Freedom Fighter

10 *INT. RICK'S CAFE - NIGHT - Renault calls Rick to the table where he is sitting with Strasser and Heinze.*

RENAULT : Rick? Rick, this is Major Heinrich Strasser of the Third Reich.
STRASSER: How do you do, Mr. Rick.
RICK : Oh, how do you do?
RENAULT : And you already know Herr Heinze of the Third Reich.
STRASSER: Please join us, Mr. Rick.

This is　こちらが～です →p.107
Heinrich ⊙
How do you do　初めまして →p.107
Mr. Rick ⊙

Rick sits down at their table with them.

RENAULT : We are very honored tonight, Rick. Major Strasser is one of the reasons the Third Reich enjoys the reputation it has today.

be honored　光栄に思う ⊙
reputation　名声, 評判

STRASSER: You repeat Third Reich as though you expected there to be others.
RENAULT : Well, personally, Major, I will take what comes.

You repeat...others ⊙
repeat　繰り返す
as though　まるで～のように ⊙
personally　個人的に
I will take what comes →p.246

Strasser turns his attention to Rick.

STRASSER: Do you mind if I ask you a few questions? Unofficially, of course.
RICK : Make it official, if you like.
STRASSER: What is your nationality?
RICK : I'm a drunkard.

unofficially　非公式に
official　公式の, 正式の
if you like　もしよかったら, お望みとあらば
drunkard　大酒飲み

Strasser, Renault, and Heinze laugh.

RENAULT : That makes Rick a citizen of the world.
RICK : I was born in New York City, if that'll help you any.

citizen of the world　世界人, 世界民 ⊙
be born　生まれる
New York City　ニューヨーク市 ⊙

自由の闘士

DVD 00 : 22 : 47

□□□□□□

屋内—リックのカフェ—夜—ルノーがシュトラッサーとハインツと座っているテーブルにリックを呼ぶ。

ルノー：リック？　リック、こちらが第三帝国のハインリッヒ・シュトラッサー少佐だ。

シュトラッサー：初めまして、リック君。

リック：ああ、初めまして。

ルノー：それから、第三帝国のハインツ氏はもう知っているよな。

シュトラッサー：一緒にどうぞ、リック君。

リックは彼らのテーブルに座る。

ルノー：今夜の我々は大変な光栄に預かっているわけだ、リック。シュトラッサー少佐こそ、今日、第三帝国がほしいままにしている名声の一因を担っておられるお方なのだ。

シュトラッサー：君は第三帝国を、まるでほかにもできることを期待しているかのように繰り返すではないか。

ルノー：いや、私個人としましては、少佐、来るものを受け入れるだけです。

シュトラッサーはリックに注意を向ける。

シュトラッサー：2、3質問してよろしいかな？　もちろん、非公式にだが。

リック：お望みなら、公式にしても結構ですよ。

シュトラッサー：君の国籍はどこかね？

リック：大酒飲みです。

シュトラッサー、ルノー、ハインツは笑う。

ルノー：それでリックは、世界人というわけだ。

リック：もし何かの役に立つというのなら、俺はニューヨーク市生まれです。

■ **Heinrich**
ドイツ語圏の男性名。英語圏ではHenryやHarryに相当する。

■ **Mr. Rick**
「Mr. + first name」は1930-40年代のヨーロッパの一部で、英語を使う際に、上品あるいは丁寧な呼びかけとして、また、自分の主人、上司に対する敬意を表した表現として習慣的に用いられた。なお、アメリカ南部においても使われていたことは Erskine Caldwell (1903-87) や William Faulkner (1897-1962) の作品を見れば明らかだろう。しかし、今日では通例、男子の姓、あるいは Mr. President（社長、大統領）のように、職業名に関して、また He is Mr. Perfect.（彼は完全主義の権化だ）といった具合に、ある性質を完全な形で体現している男性について用いられる。Miss、Mrs.についても同様。

■ **be honored**
ex. I am very much honored to be accepted to this exclusive school.（このような上流校に入学できて光栄です）

■ **You repeat...others.**
Your way of speaking suggests that you think the Third Reich is only temporary. ほどの意。

■ **as though**
= as if →p.129参照。

■ **citizen of the world**
国境を超越し、世界の人々は皆一国の人であることを理想とする人民をいう。ここでは、「大酒飲み」が世界共通であることからくるジョーク。

■ **New York City**
米国ニューヨーク州南東部ハドソン河口にある港市で、マンハッタン、クイーンズ、ブルックリン、ブロンクス、スタテンアイランドの5区から成る。New Yorkを使った英語の有名な早口言葉：You know New York, you need New York, you know you need unique New York。

STRASSER: I understand that you came here from Paris at the time of the Occupation.
RICK : There seems to be no secret about that.
STRASSER: Are you one of those people who cannot imagine the Germans in their beloved Paris?

Rick raises his eyebrows.

RICK : It's not particularly my beloved Paris.

HEINZE : Can you imagine us in London?
RICK : When you get there, ask me.
RENAULT : Oh! Diplomatist!
STRASSER: How about New York?

Rick has a look of sincerity on his face.

RICK : Well, there are certain sections of New York, Major, that I wouldn't advise you to try to invade.
STRASSER: Uh-huh? Who do you think will win the war?
RICK : I haven't the slightest idea.
RENAULT : Rick is completely neutral about everything. And that takes in the field of women, too.
STRASSER: You were not always so carefully neutral.

Strasser reaches into his back pocket and pulls out a small book. He opens it and begins reading aloud.

STRASSER: We have a complete dossier on you. "Richard Blaine, American. Age thirty-seven. Cannot return to his country." The reason is a little vague. We also know what you did in Paris, Mr. Blaine, and also we know why you left Paris.

Rick casually takes the book from Strasser's hand and examines it.

the Occupation ⊙
imagine 想像する
beloved 最愛の, 大好きな ⊙
eyebrow(s) 眉毛 ⊙
particularly 特に
diplomatist 外交官, 外交手腕に長けた人物
How about New York ⊙
sincerity 誠実, 真実, 誠意, 率直さ
there are certain...to invade ⊙
certain いくらかの, 一定の, ある程度の
section 区域
advise 忠告する ⊙
invade 侵入する, 侵略する
I haven't the slightest idea ⊙
slight わずかな
completely 完全に
neutral 中立の
take in ⊙
field 分野
carefully 慎重に, 注意深く
aloud 声に出して ⊙
complete 完全な
dossier 関係書類 ⊙
vague はっきりしない, 曖昧な ⊙
examine 細部まで調べる〔観察する〕

シュトラッサー: たしか君はパリ占領のときに、パリからここへやってきたわけだ。

リック　: その点についてはご存じのようですね。

シュトラッサー: 君も愛するパリにドイツ人が来ていることを想像できないという類の人の1人かな？

リックは眉をつりあげる。

リック　: 特に、俺の愛するパリというわけでもないんでね。

ハインツ　: ロンドンの我々を想像できるかね？

リック　: そこに着いたときに聞いてもらおう。

ルノー　: おや、外交家だね！

シュトラッサー: ニューヨークはどうかな？

リックは真剣な表情を顔に浮かべる。

リック　: なあに、ニューヨークのいくつかの地区は、少佐、とても侵略するようお勧めはできませんな。

シュトラッサー: なるほど。君はどこがこの戦争に勝つと思うかね？

リック　: まったく見当もつきませんね。

ルノー　: リックは何事にも完全に中立です。それは女性に関しても同じでしてね。

シュトラッサー: 君は必ずしもそれほど注意深く中立というわけではなかったようだが。

シュトラッサーは後ろのポケットに手を伸ばして、手帳を取り出す。彼はそれを開いて、声に出して読み始める。

シュトラッサー: 我々は君に関する完全な記録を持っている。「リチャード・ブレイン、アメリカ人。年齢37歳。母国への帰国不可能」。理由はいささか曖昧だ。我々はまた君がパリで何をしたかも知っているし、ブレイン君、それにパリを去った理由もだ。

リックは何気なく手帳をシュトラッサーの手から取ると、念入りに調べる。

■ **the Occupation**
第二次世界大戦中のドイツ軍による占領。

■ **beloved**
= adored; cherished; favorite; cared for; precious; dearest

■ **eyebrow(s)**
カタカナではアイブロウ／アイブローとして浸透しているが、実際の発音は[áibràu]である。

■ **How about New York?**
p.116でリックが本作の時代設定としてit's December, Nineteen Forty-Oneと言っているが、まさに1941年12月8日（日本時間）にアメリカ参戦の引き金を引いた真珠湾攻撃が起こり、日独伊三国軍事同盟に基づきドイツがアメリカに宣戦布告したのが同年12月11日のことである。

■ **there are certain...to invade.**
ニューヨークのマンハッタン島北東部における一地区で、セントラルパークの北端110番街から北へ約10キロ四方にわたって広がるハーレムなどの物騒な地区を暗示したもの。

■ **advise**
名詞形はadviceと綴りが変わる。p.64、p.172参照。

■ **I haven't the slightest idea.**
= I have no idea.; I don't know.

■ **take in**
= include
ex. The class of mammals takes in nearly all warm-blooded animals.（哺乳類はほとんどすべての温血動物を含んでいる）
他にも、We decided to take in the movies tomorrow.（明日映画を見に行くことにした）のようにgo and seeの意、Mary took in the whole situation at a glance.（メアリは一目で状況のすべてを理解した）のようにunderstandの意、あるいはHe did many tricks, and the boys took it all in.（彼が多くの手品をすると少年たちはそれらを真に受けた）のようにaccept without question、believeの意味で使われる。

■ **aloud**
= out loud *aloudの方がより文語的。

■ **dossier**
発音は[dɔ́(:)sièi]。フランス語からの借用語。

■ **vague**
= not clear; ambiguous; cloudy; dim; dubious; shadowy; unclear; unsure
発音は[véig]。

STRASSER: Don't worry. We're not going to broadcast it.

RICK: Hmm, my eyes really brown?

Strasser takes the book back.

STRASSER: You will forgive my curiosity, Mr. Blaine. The point is, an enemy of the Reich has come to Casablanca, and we are checking up on anybody who can be of any help to us.

RICK: Well, my interest in whether Victor Laszlo stays or goes is purely a sporting one.

Rick eyeballs Renault, who chuckles to himself.

STRASSER: In this case, you have no sympathy for the fox, huh?

RICK: Not particularly. I understand the point of view of the hound, too.

STRASSER: Victor Laszlo published the foulest lies in the Prague newspapers until the very day we marched in, and even after that... he continued to print scandal sheets in his cellar.

RENAULT: Of course one must admit he has great courage.

STRASSER: I admit he is very clever. Three times he slipped through our fingers. In Paris, he continued his activities. We intend not to let it happen again.

Rick rises from his seat.

RICK: Uh, you'll excuse me, gentlemen, your business is politics. Mine is running a saloon.

STRASSER: Good evening, Mr. Blaine.

Rick walks away.

broadcast 放送する, ばらまく
brown 茶色
You will forgive..., Mr. Blaine ➲
curiosity 好奇心
The point is 要するに, つまり, 重要なのは ➲
enemy 敵
check up on 詳しく調べる
be of help 助けとなる, 役に立つ ➲
whether ～かどうか, ～であろうとなかろうと
purely 純粋に, 単に ➲
sporting 狩猟好きの, 賭事好きの
eyeball ～をじっと[じろじろ]見る ➲
sympathy 同情, 共感
fox ➲
point of view 観点
hound 猟犬
publish 発表する, 公にする
foul 汚れた, 不正な
lie 偽り, 嘘
Prague プラハ ➲
very まさにその, ちょうどその
march 進軍する, 進攻する
scandal 醜聞, スキャンダル
sheet ➲
cellar あなぐら, 地下室
admit 認める
courage 勇気, 度胸
Three times...fingers →p.246
slip こっそり抜け出す
activity 活動
intend (～する)つもりである
politics 政治

シュトラッサー: 心配せんでいい。言いふらすつもりはありませんからな。

リック　: ふむ、俺の目は本当に茶色かな？

シュトラッサーは手帳を取り返す。

シュトラッサー: 私の好奇心をお許し願いたい、ブレイン君。要するに、帝国の敵がカサブランカに来ているので、助けになりそうな人物を調べているというわけです。

リック　: 実は、ヴィクター・ラズロが留まるか出ていくかについての俺の興味は、純然たる賭け事上のものでね。

リックは1人でクスクス笑うルノーをじっと見つめる。

シュトラッサー: この場合、君はキツネに同情はしてないわけだね？

リック　: 特には。猟犬の立場もわかりますからね。

シュトラッサー: ヴィクター・ラズロは、我々が進攻したその日まで、プラハの新聞に最も悪質な嘘を載せて、その後ですら… 地下で我々を誹謗中傷する新聞を印刷し続けたのだ。

ルノー　: もちろん、彼が非常に度胸のある男だということは認めざるを得ませんな。

シュトラッサー: 非常に頭のよい男だということは認めよう。3度も我々の手の間からすり抜け、パリで活動を続けたのだから。我々はそのようなことは二度と起こさせるつもりもない。

リックは椅子から立ち上がる。

リック　: では、失礼します、皆さん、あなた方の仕事は政治。俺のは酒場の経営ですからね。

シュトラッサー: それでは、ブレイン君。

リックは歩いて立ち去る。

■ You will forgive.., Mr. Blaine.
直訳すると「あなたは私の好奇心を許すことになる」であることからも、有無を言わせない強い指図となっている。

■ The point is
ex. The point is not to expect everything will be as you wish.（重要なのはなんでも自分が望む通りになると期待しないことだ）、The point is (that) we are all safe now.（大切なのは我々が皆安全だということだ）、The point is (that) he was right.（要するに彼は正しかった）

■ be of help
= be helpful
of + 抽象名詞で形容詞の働きをする。代表的なものはここでのhelpのほか、of value（= valuable 価値のある）、of importance（= important 重要な）、of use（= useful 役に立つ）、of interest（= interesting 興味深い）など。

■ purely
= simply; completely; entirely; solely; totally; utterly; absolutely

■ eyeball
名詞は「眼球」。このように体の部位をそのまま動詞として使うことが多くある。
ex. hand（手渡す）、elbow（肘で突く）、knee（膝蹴りをする）、leg（急いで歩く）、skin（皮をはぐ）、bone（魚などの骨を抜く）、finger（指でいじる、示す）

■ fox
= cunning person; the hunted
ここでは当然のことながらラズロを意味している。リックとルノーの賭けを知らないシュトラッサーは、リックの使ったsporting one を「狩猟上のもの」と解釈したことからくるセリフ。

■ Prague
ヨーロッパ東部チェコスロバキアの首都で、ボヘミア盆地の中央に位置する（英語での発音は[prά:g]）。シュトラッサー少佐がp.92でYou were Czechoslovakian. Now you are a subject of the German Reich.と言うように、本作の舞台1941年には、プラハは完全にナチス・ドイツの支配下に置かれていた。東洋のシンドラーとして知られる杉原千畝が、その1年前の1940年、在プラハ総領事館に勤務していた。着任後すぐに日独伊三国同盟が締結されたが、ここでも杉原はユダヤ難民へのビザ発給を続けた。

■ sheet
特にダブロイド版の新聞、パンフレット、雑誌などの印刷物。

RENAULT : You see, Major, you have nothing to worry about Rick.
STRASSER: Perhaps.

11 *The Czech resistance leader, VICTOR LASZLO, a tall man wearing a fancy, light-colored suit, and ILSA LUND, a beautiful young woman wearing a two-piece outfit, stroll through the front doors into Rick's Cafe.*

WAITER : Yes, Monsieur?
LASZLO : I reserved a table. Victor Laszlo.

WAITER : Yes, Monsieur Laszlo. Right this way.

The WAITER leads them to the table. Sam looks astonished when they walk by his piano. He stares after them and shakes his head. A man at the bar, BERGER, stares at Laszlo and Ilsa as they sit down at the table. Strasser and Renault notice them as well.

LASZLO : Two Cointreaus, please.
WAITER : Yes, Monsieur.
LASZLO : I saw no one of Ugarte's description.
ILSA : Victor, I... I feel somehow we shouldn't stay here.
LASZLO : If you would walk out so soon, it would only call attention to us. Perhaps Ugarte is in some other part of the cafe.

Berger walks up to their table.

BERGER : Excuse me, but, uh, you look like a couple who are on their way to America.
LASZLO : Well?

Berger removes the ring from his finger.

BERGER : You'll find a market there for this ring. I am forced to sell it at a great sacrifice.

LASZLO : Thank you, but I hardly think...

Czech チェコ(共和国)の, チェコ人〔語〕の
resistance 抵抗運動, レジスタンス ➲
fancy しゃれた ➲
outfit 衣服, 洋服
stroll ブラブラ歩く

I reserved a table. Victor Laszlo ➲

by ～のそばを通って

Cointreau コアントロー ➲

description 人相書, 描写, 説明

call attention to ～への注意を喚起する

on one's way ➲

ring 指輪

force 強いる, 無理に～させる
sell it at a great sacrifice (それを)見切りで売る, 出血販売する ➲
sacrifice 犠牲
hardly ほとんど～しない ➲

ルノー　：おわかりでしょ、少佐、リックに関しては何の心配もいりませんよ。

シュトラッサー：おそらくな。

しゃれた、色の薄いスーツを着た背の高い男である、チェコ人の抵抗運動の指導者ヴィクター・ラズロと、ツーピースを着た若い美貌の女性、イルザ・ランドがゆっくりと歩いて入り口からリックの店に入ってくる。

ウェイター：はい、ムッシュー？

ラズロ　：テーブルを予約しておいたのだが。ヴィクター・ラズロで。

ウェイター：はい、ラズロ様。こちらへどうぞ。

ウェイターが彼らをテーブルへと案内する。彼らがピアノの側を通り過ぎるとき、サムはハッと驚いた表情を見せる。彼は彼らの後を目で追い、首を振る。バーにいる男、バーガーがテーブルにつくラズロとイルザを見つめている。シュトラッサーとルノーも彼らに目を留める。

ラズロ　：コアントローを２つ。

ウェイター：かしこまりました、ムッシュー。

ラズロ　：ウガーテの人相の人物は見当らないな。

イルザ　：ヴィクター、私、何だか私たち、ここにいてはいけないような気がするわ。

ラズロ　：あまりにもすぐ出ていけば、かえって人目を引くだけだ。たぶんウガーテはこのカフェのどこかほかの場所にいるのだろう。

バーガーが彼らのテーブルに歩いて近寄る。

バーガー　：失礼ですが、あの、アメリカに行かれる途中の方のようにお見受けしますが。

ラズロ　：それで？

バーガーは自分の指から指輪を外す。

バーガー　：向こうに行けばこの指輪は売れますよ。これを損を覚悟で売らざるを得ない羽目に陥っておりまして。

ラズロ　：ありがとう、しかし、私はあまり…

■ resistance
元々の意味は「抵抗、妨害、抵抗する力」。他国による占領に抵抗する運動を指す。特に第二次世界大戦中はヨーロッパ各国においてナチス・ドイツをはじめとする枢軸国に対するレジスタンス運動を指す。→p.158コラム「対独レジスタンス運動」参照。

■ fancy
= extravagant; ornamental; elegant; resplendent

■ I reserved a table. Victor Laszlo.
= I have a reservation under Victor Laszlo.
レストランでの席を予約する際にはWe'd like a table for two at seven.（7時に2人分の席をお願いしたいのですが）とか、Please reserve a table for two at seven. のようにいう。また、ホテルの部屋を取る場合には I'd like to reserve a room for tomorrow night.（明日の夜の部屋を予約したいのですが）などという。

■ Cointreau
フランスのアンジェでコアントロー社によって造られるオレンジを原料とした有名なリキュール。アルコール度数は約40度。X-Y-Zやマルガリータ、カミカゼといったカクテルの代名詞のような飲み物に使われるほか、オレンジの香りや甘味を活かすため製菓にも用いられる。ここでのようにストレートで飲むのは少々珍しい。

■ on one's way
= on the way
Help is on the way.（助けはじきに来ます）のようにcomingとか、Tom was on his way to New York.（トムはニューヨークへ向かっていた）のようにgoingの意を表して使われる。なお、She is on her way to becoming a good doctor.（彼女は立派な医者になりつつある）といった具合に on one's / the way to doing something の形になると in the process of doing something の意。

■ sell it at a great sacrifice
greatに代わってlargeを用いてsell at a large sacrifice ともする。

■ hardly
hard（熱心な）という形容詞の副詞形はHe studies hard.（彼は熱心に勉強する）のように変化しない。-lyがついたこの語は、hardとはほぼ真逆の意味を持っており、語自体に否定の意味が含まれている。
ex. He hardly studies.（彼はほとんど勉強しない）

BERGER : Then perhaps for the lady. The ring is quite unique.

unique 独特の, 変わった

Berger shows the ring to them. He lifts the top of it to reveal a cross which catches their attention.

lift (物を)持ち上げる
reveal (隠されていた物を)見せる, さらけ出す
cross 十字
catch one's attention ～の注意・関心を引く

LASZLO : Oh, yes, I am very interested.

Berger sits down at their table. Laszlo inspects the ring.

inspect ～を詳しく調べる

BERGER : Good.
LASZLO : What is your name?
BERGER : Berger. Norwegian. And at your service, sir.

Norwegian ノルウェーの, ノルウェー人
at your service

Ilsa looks over Laszlo's shoulder and sees Renault approaching. She quickly warns Laszlo.

warn 警告する

ILSA : Victor!

Laszlo speaks to Berger in a low voice.

LASZLO : I'll meet you in a few minutes at the bar.

Renault comes closer. Laszlo speaks in a louder voice as he hands back the ring.

LASZLO : No, I don't think we want to buy the ring, but thank you for showing it to us.
BERGER : Such a bargain. But that is your decision?

bargain 掘り出し物
decision 決定

LASZLO : I'm sorry, it is.

Berger departs as Renault reaches their table.

depart 立ち去る, 出発する

RENAULT : Monsieur Laszlo, is it not?
LASZLO : Yes?
RENAULT : I am Captain Renault, Prefect of police.
LASZLO : Yes, what is it that you want?
RENAULT : Merely to welcome you to Casablanca and to wish you a pleasant stay. It isn't often we have so distinguished a visitor.

what is it that you want 何のご用ですか?
merely 単に
pleasant 楽しい, 愉快な
distinguished 有名な, 著名な

バーガー　：それではご婦人のために。この指輪は実にユニークなものでして。

バーガーは指輪を彼らに見せる。彼がその蓋を上げると中から十字が姿をのぞかせ、彼らの注意を引きつける。

ラズロ　：ほう、なるほど、実におもしろいものだ。

バーガーは彼らのテーブルに座る。ラズロは指輪を調べる。

バーガー　：それは結構です。
ラズロ　：君の名前は？
バーガー　：バーガー。ノルウェー人です。何なりとお申しつけを。

ラズロの肩ごしに視線を投げたイルザにルノーが近づいてくる姿が見える。彼女はすぐさまラズロに警告する。

イルザ　：ヴィクター！

ラズロは低い声でバーガーに話す。

ラズロ　：数分後にバーで会おう。

ルノーが近づいてくる。ラズロは指輪を返しながら声を高めて話す。

ラズロ　：いや、この指輪を買う気はありません。見せていただいてありがとう。
バーガー　：こんなお買い得品を。でも、そうお決めになったのなら。
ラズロ　：申し訳ないが、そうだ。

バーガーは去り、ルノーが彼らのテーブルに来る。

ルノー　：ムッシュー・ラズロ、ですね？
ラズロ　：何か？
ルノー　：私は警視総監のルノー大尉です。
ラズロ　：それで、何のご用でしょうか？
ルノー　：ただ、あなたのカサブランカへの訪問を歓迎し、ご滞在が快適なものであるようお祈りしようと思いまして。著名な方をお迎えすることはめったにないものですから。

■ **cross**
ここではド･ゴール将軍が使用したロレーヌ十字のこと。→p.25 Lorraine Cross参照。

■ **Norwegian**
ノルウェーは日本とほぼ同じ面積の国土を持つ。近年では『アナと雪の女王』シリーズの舞台設定がノルウェーをモデルにしていると言われ注目を集めている。第二次世界大戦中は、中立を宣言しつつも、スウェーデンからナチス･ドイツへの鉄鉱石の輸入ルートにあったため、ドイツ対英仏の間で翻弄され、1940年4月、ドイツの侵攻を受ける。国王はイギリスに亡命後も精力的にレジスタンス運動を続けた。この時、ドイツから降伏を迫られたノルウェー国王の3日間を描いた映画『ヒトラーに屈しなかった国王』（2016）は、ノルウェー国内最高の映画賞で作品賞をはじめとする8部門を受賞し、社会現象にまでなった。

■ **at your service**
= I'm at your service; it is my duty to help you
「人にいつでも役立って、人の意のままの」を意味する丁寧で、やや大げさな文語的表現。
ex. "Could you fetch me my glasses from the kitchen?" "At your service, madam."（「台所から私の眼鏡を取ってきておくれでないか？」「何なりと、奥様」）

■ **warn**
同様に注意を喚起する言葉にcautionがある。warn（名詞形warning）の方が危険度が高い。

■ **bargain**
カタカナ語としても浸透しているバーゲン、安売り、特売品という意味の語だが、bargain saleということは稀で、通常はsaleのみで使われる。そのほか動詞としては「（値段を）交渉する」という意味でも使われる。
ex. When you buy a second-hand car, you should always try to bargain.（中古車を買うときはいつも値段交渉するべきだ）

■ **What is it that you want?**
同意の表現 What do you want? とすると、いささかぶしつけな言い方となる。そのため、次のルノーの言葉を受け、ラズロは態度を改め無礼を詫びている。

■ **distinguished**
= famous; outstanding; celebrated; honored; noted; renowned

Laszlo cordially rises from his seat.

LASZLO : Thank you. I hope you'll forgive me, Captain, but the present French administration hasn't always been so cordial. May I present Miss Ilsa Lund.

RENAULT : I was informed you are the most beautiful woman ever to visit Casablanca. That was a gross understatement.

ILSA : You're very kind.

LASZLO : Won't you join us?

Laszlo removes his hat from the seat next to his and gestures for Renault to sit there.

RENAULT : Ah, if you will permit me.

They both take their seats. The waiter, EMIL, approaches their table with Laszlo's initial order.

RENAULT : Oh, no, Emil, please. A bottle of your best champagne. And put it on my bill.

EMIL : Very well, sir.

Laszlo nobly tries to reject the gift.

LASZLO : Captain, please.

RENAULT : Oh, please, Monsieur, it is a little game we play. They put it on the bill, I tear up the bill. It is very convenient.

ILSA : Captain, the boy who's playing the piano. Somewhere I've seen him.

RENAULT : Sam?

ILSA : Yes.

RENAULT : He came from Paris with Rick.

ILSA : Rick? Who's he?

RENAULT : Mademoiselle, you're in Rick's. And Rick is, uh...

---

cordially 誠意を持って ⊙
present 現在の, 今の, 目下の ⊙
French administration フランス政府
cordial 心からの, 誠実な
May I present Miss Ilsa Lund ⊙
inform 知らせる
That was...understatement ⊙
gross 全くの, ひどい ⊙
understatement 控えめな言い方
You're very kind ⊙
remove 取り除く, 移動させる
initial 最初の, 当初の
bill 請求書, 勘定書
nobly 立派に, 気高く, 堂々と
reject 拒む, 断る, 受け入れない
tear up 引き裂く
convenient 便利な, 都合のよい ⊙
boy ⊙
somewhere どこか
mademoiselle (仏) ⊙

ラズロは誠意ある態度で椅子から立ち上がる。

ラズロ　：ありがとう。先ほどの無礼を許していただけると思いますが、大尉。と言いますのも、現在のフランス政府はいつもそれほど温かくは迎えてくれませんでしたので。ミス・イルザ・ランドを紹介します。

ルノー　：これまでカサブランカを訪れた女性の中で、あなたが一番美しい方だと伺っておりました。それでも、かなり控えめな表現だとわかりました。

イルザ　：誠に恐れ入ります。

ラズロ　：一緒にいかがですか？

ラズロは隣の椅子から自分の帽子をどけて、ルノーにそこへ座るようにと手で差し示す。

ルノー　：はあ、お差し支えなければ。

２人は腰を下ろす。ウェイターのエミールがラズロの最初の注文を持って彼らのテーブルに近寄る。

ルノー　：いや、いや、エミール、やめだ。最高のシャンパンを１本。そして僕の勘定につけておいてくれ。

エミール　：かしこまりました。

ラズロはその進呈をキッパリと断ろうとする。

ラズロ　：大尉、どうかそれは。

ルノー　：いえ、いいんです、ムッシュー、これは我々のちょっとしたお遊びというわけです。彼らがそれを勘定につけ、私がその勘定を破く。なかなか便利でしてね。

イルザ　：大尉、あのピアノを弾いている男の人ですが。私、どこかでお会いしたのですけれど。

ルノー　：サムですか？

イルザ　：ええ。

ルノー　：彼はパリからリックと一緒に来たのです。

イルザ　：リック。どなたですの？

ルノー　：マドモアゼル、今あなたはリックの店にいらっしゃるんですよ。それで、リックは、その…

■ **cordially**
Best regardsやYours respectfullyなどと同様に、ビジネスレターの結びの言葉として使える。ただし、通例は一度以上顔を合わせたことのある相手、メールや電話でのやりとりがある相手に使うとされている。

■ **present**
ex. present tense（現在形）、present continuous（現在進行形）、present perfect（現在完了）、present participle（現在分詞）

■ **May I present Miss Ilsa Lund.**
動詞present は「紹介する」の意。少しくだけた言い方をすれば I'd like you to meet Miss Ilsa Lund. とか This is my friend Miss Ilsa Lund.もしくは、Captain, this is Ilsa. Ilsa, Captain.（大尉、こちらはイルザ。イルザ、大尉です）といった具合になる。

■ **That was...understatement.**
That statement was very inadequate to describe your beauty.ほどの意味。

■ **gross**
GDP（Gross Domestic Product：国内総生産）などとして使われる場合は「全体の、総～」という意味だが、口語表現として一般的なのは「気持ち悪い、ゾッとするような」という意味である。発音は[gróus]。
ex. box-office gross（興行総収入）、I can't stand caterpillars. They are gross!（毛虫は耐えられない。気持ち悪い！）

■ **You're very kind.**
= That's very kind of you.
大尉のお世辞に答えたセリフ。端的に言えば Thank you very much for your kind compliment. といったところだが、「ありがとう」とお世辞を受け取ってしまうよりも控えめな、あるいは奥ゆかしい印象を与える。

■ **convenient**
= useful; beneficial; handy; helpful

■ **boy**
人種、国籍、社会的地位、あるいは職業上の立場などにおいて劣っていると考えられる相手に対して使われる。

■ **mademoiselle**
= miss; young lady

ILSA : Is what?

RENAULT : Well, Mademoiselle, he's the kind of man that... well, if I were a woman, and I were not around, I should be in love with Rick. But what a fool I am talking to a beautiful woman about another man.

Renault notices Strasser approaching.

RENAULT : Uh, excuse me.

Renault rises from his seat as Strasser arrives.

RENAULT : Ah, Major.

Renault introduces Strasser.

RENAULT : Mademoiselle Lund and Monsieur Laszlo, may I present Major Heinrich Strasser.

STRASSER: How do you do? This is a pleasure I have long looked forward to.

LASZLO : I am sure you will excuse me if I am not gracious, but you see, Major Strasser, I am a Czechoslovakian.

STRASSER: You were Czechoslovakian. Now you are a subject of the German Reich.

Laszlo rises from his seat and looks Strasser straight in the eye.

LASZLO : I have never accepted that privilege, and I am now on French soil.

STRASSER: I should like to discuss some matters arising from your presence on French soil.

LASZLO : This is hardly the time or the place.

STRASSER: Then we shall state another time and another place. Tomorrow at ten, in the Prefect's office... with Mademoiselle.

Ilsa nods her head.

if I were a woman...love with Rick ⊙
around 近くに, そばに, この辺に

This is a pleasure...forward to ⊙
look forward to ～を楽しみに待つ ⊙
if たとえ～でも ⊙
gracious 上品な, 親切な
Czechoslovakian チェコスロバキア人 ⊙

subject 臣民, 人民 ⊙

accept 受け入れる
privilege 恩恵, 特権
soil 土地, 土
discuss 議論する, 話し合う
matter 問題
arise 起こる, 生じる

the time or the place ⊙
state 述べる

イルザ　：何です？

ルノー　：つまり、マドモアゼル、彼は、その…　もし私が女だったら、そして、この私なる人物がいなかったなら、私はきっとリックに恋してしまうでしょう。しかし、美しいご婦人に別の男の話をするなんて、私もまったく馬鹿ですな。

ルノーはシュトラッサーが近づいてくるのに気づく。

ルノー　：あ、失礼します。

ルノーはシュトラッサーがやってくると椅子から立ち上がる。

ルノー　：これは、少佐。

ルノーはシュトラッサーを紹介する。

ルノー　：マドモアゼル・ランド、ムッシュー・ラズロ、ハインリッヒ・シュトラッサー少佐をご紹介いたします。

シュトラッサー：初めまして。この喜びを長いこと待ち望んでいました。

ラズロ　：私が無作法であったとしてもお許しいただけると思います。と言いますのも、ご存じのように、シュトラッサー少佐、私はチェコスロバキア人ですからね。

シュトラッサー：君はチェコスロバキア人だった。現在はドイツ帝国の臣民です。

ラズロは椅子から立ち上がるとシュトラッサーを正視する。

ラズロ　：私はその恩恵を被った覚えはありませんし、それに今、私はフランス領土にいるのです。

シュトラッサー：フランス領土に君が現れたことから持ち上がるいくつかの問題に関して、ぜひとも話し合いをしたいものですな。

ラズロ　：今この場でというわけにはとてもいきませんね。

シュトラッサー：では別の時と場所を申し上げるとしよう。明日10時、警視総監のオフィスで…　マドモアゼルもご一緒に。

イルザは頷く。

■ **if I were a woman...love with Rick.**
女性であれば誰でもルノーに惚れるが、しかしルノーがいなければ、女性はその次に魅力的な人物であるリックに惚れてしまうだろう、というルノーのジョーク。

■ **This is a pleasure...forward to.**
紹介されたときの丁寧な表現の1つ。このほかに一般的なものとして I'm pleased to meet you.（お会いできて嬉しいです）、I'm charmed to meet you.（お会いできて光栄です）、I'm glad to meet you.、I'm pleased to make your acquaintance.、How very nice to meet you.、Nice to meet you. などがある。

■ **look forward to**
上記で述べた通り、I'm looking forward to seeing you again.（またお会いできるのを楽しみにしています）のように、「look forward to + O」の形で「〜を楽しみにする」の意。Oは通例、動名詞もしくは名詞で、to不定詞は使えないので注意が必要。また、John's retirement is looked forward to by the office staff.（社員はジョンの退職を心待ちにしている）といった受身形も可能。

■ **if**
ex. I wouldn't work for her, if she paid me a million yen.（たとえ彼女が100万円払ってくれたとしても、彼女のためになんか働いたりはしないね）

■ **Czechoslovakian**
ヨーロッパ中部の共和国であるチェコスロバキアは第一次世界大戦後に建国されたもので、もとのボヘミア、モラビア、シレジア、スロバキアを含む。なお、1993年に平和的に分離、チェコ共和国とスロバキア共和国に分かれた。

■ **subject**
「支配の対象」という意味からきているので、帝国や王国など主に君主の存在する国の国民を指す。一方、共和国など、国での法的な権利・義務をもつ国民はcitizenと言われる。

■ **the time or the place**
= there is a time and place for everything
ここにおけるtimeは政治のスローガンでしばしば使われる Now is the time for change.（今こそ変革のとき）と同様、何かを行うにふさわしい「時期、潮時」のこと。

LASZLO : **Captain Renault, I am under your authority. Is it your order that we come to your office?**

RENAULT : **Ah, let us say it is my request. That is a much more pleasant word.**

LASZLO : **Very well.**

RENAULT : **Mademoiselle.**

STRASSER: **Mademoiselle.**

Renault and Strasser bow to Ilsa as they turn and leave. They continue conversing as they walk.

RENAULT : **A very clever tactical retreat, Major.**

Meanwhile, Laszlo and Ilsa sit at their table, talking worriedly.

LASZLO : **This time they really mean to stop me.**

ILSA : **Victor, I am afraid for you.**

LASZLO : **We've been in difficult places before, haven't we?**

12 *A SINGER begins to sing "Tango des Roses" in Spanish.*

SINGER : Ay, como una de las rosas crece
El amor comenzó
Sí, fueron besos, dulces caricias
Después locura de la pasión
Amame, bésame con amor...

Laszlo notices Strasser and Renault watching him. Renault whispers into Strasser's ear. Laszlo's eye turns to Berger who is sitting quietly by himself at the bar.

LASZLO : **I must find out what Berger knows.**

ILSA : **Be careful.**

LASZLO : **I will. Don't worry.**

authority 権威

request 要請, 要求

Very well わかりました ⊙

tactical 戦術的な
retreat 後退, 退却 ⊙

meanwhile その間, それと同時に, それまでの間, 一方 ⊙

mean 本気で～するつもり

be afraid for ⊙

difficult 困難な, 難しい

singer 歌手 ⊙
Tango des Roses バラのタンゴ ⊙
Spanish スペイン語の
以下の明朝体はスペイン語(本欄は英語訳)
Oh, as one of the roses grows,
the love began.
Yes, they were kisses, sweet caresses,
then madness of the passion.
Love me, kiss me with love
watch 見張る, 意識して見る, ～に注意する →p.125
whisper 囁く →p.177
bar バー ⊙
find out 見出す, わかる

ラズロ　：ルノー大尉、私はあなたの支配下にあります。あなたのオフィスに出頭するのはあなたの命令ですか？

ルノー　：私の要請としましょう。そのほうがずっと感じのいい言葉ですから。

ラズロ　：わかりました。

ルノー　：マドモアゼル。

シュトラッサー：マドモアゼル。

ルノーとシュトラッサーはイルザにお辞儀をし、向きを変えて、立ち去る。彼らは会話を続けながら歩く。

ルノー　：実に抜け目ない戦術的退却ですな、少佐。

一方、ラズロとイルザはテーブルに座って不安な面持ちで話している。

ラズロ　：今度は連中も本気で私を足止めする気だな。

イルザ　：ヴィクター、あなたのことが心配だわ。

ラズロ　：私たちはこれまでにも困難な立場に立たされてきたじゃないか。

歌い手が「バラのタンゴ」をスペイン語で歌い出す。

歌い手　：バラの花が咲くように
愛は始まったの
そう、甘い口づけ、甘い愛撫
そして身を焦がすほどの激しい愛
私を愛して、熱い口づけをして…

ラズロはシュトラッサーとルノーが自分をじっと見ているのに気づく。ルノーはシュトラッサーの耳に囁く。ラズロの目はバーで１人静かに座っているバーガーに向けられる。

ラズロ　：バーガーの知っていることを聞き出してこなければならない。

イルザ　：気をつけて。

ラズロ　：ああ。心配はいらない。

■ **Very well.**
= Agreed.; All right.
相手の言葉に対する同意、承諾の表現だが、しばしば不本意な気持ちが含まれる。
ex. Very well, I'll do as you say.（わかりました。おっしゃるとおりにしましょう）

■ **retreat**
⇄ advance

■ **meanwhile**
ex. She'll be here on Monday. Meanwhile, what do we do?（彼女は月曜にここに来る。それまで我々は何をするか）、I went to college. Meanwhile my local friends chose to get a job.（私は大学に行ったが、一方で地元の友達は就職することを選んだ）

■ **be afraid for**
afraidは「恐れて、心配して」の意。I'm afraid of dogs.（私は犬が怖い）のように「be afraid of ＋ 名詞·動名詞」の場合には「～を怖がる」だが、 Mary was afraid for her daughter.（メアリは娘のことが心配だった）のように be afraid for となった場合には「～を案じる、心配する」の意となる。

■ **singer**
歌い手として出演しているのは米国テキサス州生まれの歌手·女優Corinna Mura（1909-65）。代表曲に Tabu と Tango des Roses（次項参照）がある。「大人のための絵本」と称される『不幸な子供』や『おぞましい二人』の著者エドワード·ゴーリーの義母。

■ **Tango des Roses**
1920-30年代に全世界で流行したイタリアン·タンゴ。アルド·ボッテロ作詞、フィリッポ·シュライヤー作曲。曲のタイトルはフランス語表記であるが、ここではスペイン語で歌われている。

■ **bar**
bar、pub、saloonはそれぞれアルコールを提供する店を表す同義語で、言い換えが可能だが、若干の違いがあることも。bar（バー〔未成年は入店できない、食事はスナック程度〕、飲食店内のお酒を提供するエリアのみを指してこう呼ぶことも）、pub（パブ、public houseの略でその地域の社交場の役割を担う）、saloon（バーやパブと比べると古風な言い方。パブの中のバーエリアと区別してテーブルがあるエリアをこう呼ぶことも）。

Laszlo rises from his chair and leaves. Ilsa cautiously looks around the room. She smiles when her eyes meet Sam's. Laszlo sits next to Berger.

LASZLO : **Monsieur Berger, the ring. Could I see it again?**
BERGER : **Yes.**

Sacha hurries over to his new customer.

SACHA : **Monsieur?**
LASZLO : **Champagne cocktail, please.**

Berger gives the ring to Laszlo who appears to have a great interest in it.

BERGER : **I recognize you from the news photographs, Monsieur Laszlo.**
LASZLO : **In a concentration camp, one is apt to lose a little weight.**

Berger chuckles at Laszlo's wit.

BERGER : **We read five times that you were killed in five different places.**
LASZLO : **As you see, it was true every single time. Thank Heaven I found you, Berger. I am looking for a man by the name of Ugarte. He is supposed to help me.**

BERGER : **Ugarte cannot even help himself, Monsieur. He is under arrest for murder.**

Laszlo looks surprised.

BERGER : **He was arrested here tonight.**
LASZLO : **I see.**
BERGER : **But we who are still free, will do all we can. We are organized, Monsieur. Underground, like everywhere else. Tomorrow night there is a meeting at the Caverne du Bois. If you will come...**

cautiously 注意深く, 慎重に
appear ～するように見える
recognize 認識する
apt しやすい
weight ⊙
wit 機知, ウィット, 機転
Thank Heaven ありがたい ⊙
by the name of ～という名の
be supposed to ～することになっている ⊙
under arrest 拘留中
organize 組織する
underground 地下の ⊙
Caverne du Bois (仏)森の洞穴

ラズロは椅子から立ち上がり、去る。イルザは用心深く部屋を見回す。サムと視線が合うと彼女は微笑む。ラズロはバーガーの隣に座る。

ラズロ　：バーガーさん、例の指輪。もう一度見せていただけますか？

バーガー　：ええ。

サシャが新しい客のところへ急ぐ。

サシャ　：ムッシュー？

ラズロ　：シャンパン・カクテルを頼む。

バーガーはラズロに例の指輪を手渡す。ラズロはそれに大いに興味を抱いている様子だ。

バーガー　：新聞の写真からあなただとわかりましたよ、ムッシュー・ラズロ。

ラズロ　：強制収容所にいると、少々痩せるものだ。

バーガーはラズロの機知にクスクス笑う。

バーガー　：あなたが５か所もの違った場所で殺されたという記事を５回も読みましたよ。

ラズロ　：おわかりだと思うが、どの場合も本当だと言っていいほどだった。君に会えたのはありがたい、バーガー。私はウガーテという名の男を探しているんだ。私に手を貸してくれることになっているのだが。

バーガー　：ウガーテは自分の身すら救えません、ムッシュー。殺人容疑で捕まりました。

ラズロは驚いた表情を見せる。

バーガー　：彼は今夜、ここで逮捕されたんです。

ラズロ　：そうか。

バーガー　：しかし、まだ自由の身である我々ができる限りのことをいたします。我々は組織を持っています、ムッシュー。ほかのどの場所とも同じように地下組織です。明晩森の洞穴で集会があります。お越しいただければ…

■ weight

weight は物の重さで、人に関して使えば「体重」ということになる。そこで、人に体重を聞く場合には What is your weight?（体重はどれくらいですか？）となり、それに対する答えは I'm 100 pounds. もしくは I'm 100 pounds in weight. である。もしくはweightの動詞形weighを使い、How much do you weigh?と聞く。その際の答え方は、I weigh 100 pounds.となる。また、体重の減少を表現するときには I lost a little weight after a week of dieting.（私は1週間ダイエットをしたので少し体重が減った）とか、I succeeded in reducing my weight.（私は体重を落とすのに成功した）とする。一方、「体重が増える」と言いたい場合には I put on weight. あるいは I gained two kilograms in a week.（私は1週間で2キロ体重が増えた）である。

■ Thank Heaven.

感謝の意を表す言葉で、Thank Heaven the weather stayed fine.（ありがたいことに、天気がもってくれたよ）のように、不安やトラブルなどが去った後の喜び、安堵を表して使われる。Thank God.、Thank goodness.、God be thanked.、Thank heavens.、Thank Christ.、Thank the Lord. などとも表現される。

■ be supposed to

I'm supposed to finish this by the evening.（夕方までにこれを終えないといけないんだ）に見られるとおり、be supposed to は予定、義務、あるいは当然を意味して使われる。そのため、likely、surely といった副詞や can、may などと併用することはできない。なお、You are not supposed to drink this.（これを飲んではいけない）のように否定形は遠回しの禁止を表す。

■ underground

名詞として使う場合は、「地下」、特に（英）では「地下鉄」を、（米）では「地下道」を意味する。ただし日本でもエレベーターなどの表示で見られるB1、B2などのBはbasement（建物の地階）の略。

Berger clears his throat as Sacha arrives with their drinks.

SACHA : **Monsieur.**

The singer finishes her song and the audience burst into a raving applause.

A waiter takes off the foil seal from the cork of a bottle of champagne.

ILSA : **Will you ask the piano player to come over here, please?**
WAITER : **Uh, very well, mademoiselle.**

Renault walks up to the bar where Laszlo and Berger are sitting.

RENAULT : **How's the jewelry business, Berger?**
BERGER : **Uh, not so good.** (to Sacha) **May I have my check, please?**
RENAULT : **Too bad you weren't here earlier, Monsieur Laszlo.**
: **We had quite a bit of excitement this evening, didn't we, Berger?**
BERGER : **Uh, yes. Excuse me, gentlemen.**

Berger pays and walks away. Laszlo reaches into his pocket.

LASZLO : **My bill.**
RENAULT : **No.** (to Sacha) **Two champagne cocktails.** (to Laszlo) **Please.**
SACHA : **Yes, sir.**

clear one's throat 咳払いをする
throat 喉
burst into 突然～の状態になる. 突然～し始める ⊙
raving 狂乱の
foil (アルミ)箔, ホイル
seal 封, 封印
cork コルク栓 ⊙
come over やってくる
jewelry 宝石 ⊙
May I have my check, please ⊙
check 伝票 ⊙
quite a bit of かなり多くの ⊙

バーガーは、サシャが飲み物を持ってくると咳払いをする。

サシャ　：ムッシュー。

歌い手の歌が終わり、聴衆はドッと盛大な拍手喝采を始める。

ウェイターがシャンパンの瓶のコルクからアルミ箔のシールをはがしている。

イルザ　：あのピアノを弾いている方にこちらへ来るよう言っていただけませんか？

ウェイター：はあ、かしこまりました、マドモアゼル。

ルノーはラズロとバーガーが座っているバーへと歩み寄る。

ルノー　：宝石の商売はどうかね、バーガー？

バーガー：ええ、あまりよくは。（サシャに）勘定をお願いします。

ルノー　：もっと早くおいでにならなかったのは、実に残念でしたよ、ムッシュー・ラズロ。

：今夜はかなりの騒ぎがあったのですがねえ、そうだったな、バーガー？

バーガー：ええ、はい。失礼します、皆さん。

バーガーは金を払うと歩き去る。ラズロはポケットに手を入れる。

ラズロ　：私の勘定を。

ルノー　：いや。（サシャに）シャンパン・カクテルを２つ。（ラズロに）どうか。

サシャ　：かしこまりました。

■ **burst into**
burstは不規則動詞で、過去形・過去分詞ともにburstである。
ex. The child burst into tears.（その子供はわっと泣き出した）、The listeners burst into laughter.（聴取者は爆笑した）、The car crashed into a wall and burst into flames.（その車は壁に衝突し、炎に包まれた）

■ **cork**
カタカナでは「コルク」と書くが、実際の発音は［kɔ́ːrk］である。

■ **jewelry**
（英）ではjewelleryと綴る。不可算名詞で複数形にはしない。

■ **May I have my check, please?**
同意の表現に Could I have the check?、Check, please.、また check に代わって、Could I have the bill?、I'd like the bill, please. のように bill が用いられることもある。なお、勘定を別々にしてもらいたい場合にはSeparate checks, please. という。

■ **check**
p.90のルノーのセリフにもあるように同じく「伝票、請求書」という意味でbillも使える。checkの方が使える範囲が狭く、主に飲食店の勘定として使われる。

■ **quite a bit of**
He has a bit of land.（彼はわずかな土地を持っている）のように a bit of は「わずかな、少しの」の意だが、quite a bit of とか a nice bit of になると「かなりたくさんの」の意になる。

永遠のラブソング

映画『カサブランカ』は、ラブストーリー、戦争映画、サスペンスなど、さまざまなジャンルに位置づけられる。そして、リックとイルザのパリの思い出と深く結びついた曲「時の過ぎゆくままに」（*As Time Goes By*）は、ラブロマンスとしての本作になくてはならない役割を果たしていると言えるだろう。作詞・作曲はハーマン・ハップフェルド、*Everybody's Welcome* というブロードウェイショーで1931年に歌われたのが最初である。1930年代に人気を博していたルディー・ヴァレーのレコーディングでヒットしたが、1943年に上映された本作で歌われる幸運に恵まれなかったなら、この曲は時の流れの中に埋もれてしまっていたかもしれないし、本作も違ったものになっていたかもしれない。

この曲を本作にもたらしたのは、映画のひな形となった舞台劇 *Everybody Comes to Rick's* の作者の1人であるマーレイ・バーネットとされている。ニューヨーク職業高校で英語教師をしていた彼は、1938年の夏にユダヤ人の親戚を助けるためにドイツ占領下のウィーンを夫人と訪れ、ヨーロッパの旅の途中にフランスで立ち寄った小さなカフェで黒人のピアノ演奏を聞いたと言われている。反ナチ運動家を亡命させる筋書きを描きつつ帰国したバーネットはジョアン・アリソンと共同で舞台脚本を書いたが、そこに自分の大好きだった曲「時の過ぎゆくままに」を使用したのだ。

しかし、本作の音楽担当者であるマックス・スタイナーはこの曲が気に入らなかったらしく、撮影終了後の編集の段階で別の曲に替えるよう主張した。サムを演じたドーリー・ウィルソンは歌手、ドラマー、そして俳優であり、ピアノは弾けなかったため、実際の演奏をしたのはエリオット・カーペンターというワーナー・ブラザースのスタジオミュージシャンだったらしい。私たちが見ている映像でサムがピアノの弾きまねをしているのだと思うと少し興ざめしないでもないが、とにかくスタイナーの主張にしたがってそのシーンの撮り直しが決まった。役者たちが再召集されて撮影となったとき、イングリッド・バーグマンがすでに『誰が為に鐘は鳴る』(*For whom the Bell Tolls*, 1943) のマリア役のため髪の毛を切ってしまっていたため、結局この計画は実行されなかった。

ということは、「時の過ぎゆくままに」が現在こうして生き続けているのはバーグマンのおかげということになるのだろうか。フランク・シナトラ、ナタリー・コール、ロッド・スチュアートなど数え切れないほど多くのアーティストがこの曲をカバーし、『おかしなおかしな大追跡』(*What's Up, Doc?*, 1972) や『めぐり逢えたら』(*Sleepless in Seattle*, 1993) でも使われている。まさに"時が過ぎても"男女が互いに惹かれ合い愛し合うことを摂理として受け止めるという「時の過ぎゆくままに」のメッセージは、これからも時を越えて生き続けるに違いない。

高橋　順子（多摩大学）
*所属は執筆当時

The Reunion

13 *INT. RICK'S CAFE - NIGHT - Sam and a waiter wheel the piano to Ilsa's table. Sam sits down at the piano bench.*

ILSA : **Hello, Sam.**
SAM : **Hello, Miss Ilsa. I never expected to see you again.**
ILSA : **It's been a long time.**
SAM : **Yes, ma'am. A lotta water under the bridge.**
ILSA : **Some of the old songs, Sam.**
SAM : **Yes, ma'am.**

Sam starts playing a soft piano melody. Ilsa hesitates a little.

ILSA : **Where is Rick?**
SAM : **I don't know. I ain't seen him all night.**
ILSA : **When will he be back?**
SAM : **Not tonight no more. He ain't comin'... uh, he went home.**

Ilsa smiles at Sam.

ILSA : **Does he always leave so early?**
SAM : **Oh, he never... well, he's got a girl up at the Blue Parrot. Goes up there all the time.**

Ilsa runs her fingers around her champagne glass then lifts it to take a drink.

ILSA : **You used to be a much better liar, Sam.**
SAM : **Leave him alone, Miss Ilsa. You're bad luck to him.**

Ilsa is disconcerted for a moment. Then she smiles.

bench 長椅子 ⊙
expect 予期する, 期待する
It's been a long time ⊙
ma'am 奥様, ご婦人, お客様 ⊙
A lotta water under the bridge ⊙
hesitate ためらう, (何かをすることに)抵抗を感じる ⊙
no more ⊙
up there ⊙
all the time いつも, 絶えず
used to (昔は)〜だった
liar 嘘つき
leave someone alone (人を)1人にしておく, 人に干渉しない ⊙
disconcert 当惑させる

再会

DVD　00 : 31 : 16
□□□□□□

屋内—リックのカフェ—夜—サムとウェイターはイルザのテーブルにピアノを押してくる。サムはピアノの椅子に座る。

イルザ　：こんばんは、サム。
サム　：こんばんは、ミス・イルザ。またお会いするなんて思ってもみませんでした。
イルザ　：ずいぶん久しぶりね。
サム　：ええ、本当にいろんなことがありやした。
イルザ　：何曲か昔の曲をお願い、サム。
サム　：わかりやした。

サムは美しいピアノのメロディの演奏を始める。イルザは少しためらう。

イルザ　：リックはどこ？
サム　：わかりません。一晩中見かけてねえもんで。
イルザ　：いつ戻ってくるの？
サム　：今夜はもう。戻ってきは…　その、家に帰っちまったです。

イルザはサムに微笑みかける。

イルザ　：いつもそんなに早く帰るのかしら？
サム　：いや、絶対に…　その…　ブルー・パロットに女がいるもんで。そこに入りびたりでさあ。

イルザはシャンパングラスに指を走らせ、それから、それを持ち上げて一口飲む。

イルザ　：あなたは昔はもっと嘘が上手だったわよ、サム。
サム　：ボスのことはそっとしておいてあげてくだせえ、ミス・イルザ。ボスにとって、あんたは不運を招く人ですだ。

イルザはしばし当惑し、それから微笑む。

■ **bench**
基本的に背もたれのない長椅子を指す。

■ **It's been a long time.**
= It's been a long time since we met.; It is a long time since I saw you last.; I haven't seen you for a long time.

■ **ma'am**
sirと対を成す女性に対し敬意を払う呼びかけ。実際は、ホテルなどの接客業の客や、軍隊の上官に対して使われることが多く、見知らぬ女性への呼びかけとして使うと、ある一定の年齢を超えていると見做したという印象を与え不快感を示されることも。

■ **A lotta water under the bridge**
= A lot of water has flowed under the bridge; Much time has passed
20世紀前期の諺 Much water has run under the bridge since then（あのとき以来多くの歳月がたちましたね）の異形。

■ **hesitate**
ex. Please do not hesitate to call us.（どうぞ遠慮なくお電話ください）

■ **no more**
正しくはany more。こうした二重否定は日常会話では特に教養のない人々の間で普通に用いられているが、正用法ではない。三重否定、多重否定の例もかなりある。

■ **up there**
upの基本的な意味が「高い位置へ」であるところから I dreamed I met my father up there.（私はあの世で父にあった夢を見た）のように up there が in heaven の意を表すこともあるが、多くの場合、I'm going up there, too.（私もあちらへ行きます）のように「あそこへ、あちらへ」の意。反対に「こちらに」の場合は They're up here hunting all the time.（彼らはこちらでいつも狩りをしている）のように up here である。

■ **leave someone alone**
他人が干渉したり、わずらわしく口を挟んでくるときなどに Leave me alone!（ほっといてくれ！）と言うことができる。その他の表現に Stop harassing me!、Don't bother me! など。

ILSA : Play it once, Sam. For old time's sake.

SAM : I don't know what you mean, Miss Ilsa.

ILSA : Play it, Sam. Play "As Time Goes By."

SAM : Oh, I can't remember it, Miss Ilsa!

: I'm a little rusty on it.

ILSA : I'll hum it for you.

Ilsa hums a few bars of the song. Sam begins to play "As Time Goes By" on the piano.

ILSA : Sing it, Sam.

Sam stops playing for a short moment to look at Ilsa. He turns away, looks up into the distance and begins singing.

SAM : You must remember this
A kiss is just a kiss
A sigh is just a sigh
The fundamental things apply
As time goes by
And when two lovers woo
They still say I love you
On that you can rely

Rick comes out of the gambling room. He hears the song and becomes angry. He marches over to Sam.

SAM : No matter what the future brings
As time goes by

RICK : Sam, I thought I told you never to play...

14 *He stops abruptly as Sam gestures towards Ilsa. Ilsa's eyes are moist. Rick's mouth quivers. Sam quickly puts his stool on the piano and wheels it away.*

Renault and Laszlo approach.

For old time's sake ⊙
sake ～のため →p.237

As Time Goes By ⊙
go by (時が)過ぎ去る

be rusty on ～が錆びついている, ～がだめになっている ⊙

hum 鼻声で歌う, 口ずさむ
bar 小節

sigh ため息

fundamental 重要な, 根本的な ⊙
apply (～を…に)適用する, 当てはめる
woo 言い寄る ⊙

rely on ～を頼る

no matter what たとえ～でも →p.203

moist 潤んだ, しっとりした
quiver (小刻みに)揺れる, 震える
stool スツール, 簡易な椅子
wheel away 運び去る, 押して行く

イルザ　：あれ、もう一度弾いてちょうだい、サム。昔の思い出のために。
サム　：何を言っているのかわかりませんが、ミス・イルザ。
イルザ　：弾いてちょうだい、サム。「時の過ぎゆくままに」を。
サム　：いや、そいつが思い出せねえんで、ミス・イルザ。
　：少々忘れてしまったようで。
イルザ　：私がハミングしてあげるわ。

イルザはその歌の数小節をハミングする。サムは「時の過ぎゆくままに」をピアノで演奏し始める。

イルザ　：歌って、サム。

サムは一瞬演奏を止めて、イルザを見る。彼は目をそらし、遠くを見上げると歌い始める。

サム　：これはどうしても覚えていてほしい
キスはただのキス
ため息はただのため息に過ぎないことを
基本的なものは残るもの
時が過ぎても
だから恋人たちが愛を語るそのときは
愛していると、今でも言う
それだけが信じられる

リックが賭博室から出てくる。彼はその曲を耳にして腹を立てる。彼はサムのところへどかどかとやってくる。

サム　：この先何が起ころうと
時が過ぎても
リック　：サム、その曲は二度と弾くなと言ったはず…

彼は、サムがイルザのほうを示すと、突然言葉を止める。イルザは目に涙を溜めている。リックの口は震える。サムは急いで椅子をピアノの上に載せると、それを押して去っていく。

ルノーとラズロが近づいてくる。

■ **For old time's sake**
= In memory of the past; As a memorial

■ **As Time Goes By**
1931年、Herman Hupfeld（1894-1951）によって139回にわたって上演されたブロードウェイショー Everybody's Welcome のために作詞･作曲された。最初は Frances White が、その後イエール大学出身の歌手･俳優 Rudy Vallee が歌ってヒットした。本作ではSam役のドーリー･ウィルソンが歌っているが、彼のバージョンはシングルとしての発売はされなかった。本作で再び注目され大ヒットとなったが、作中の「かつて流行した曲」という位置付け通り、本作制作以前に生まれた曲であるため、アカデミー歌曲賞の規定を満たせず、ノミネートを逃した。*1941年の第14回アカデミー賞で歌曲賞を受賞した「思い出のパリ」（映画 *Lady Be Good* より）の作曲者ジェローム･カーンが、この曲は映画のために作ったわけではないと腹を立て、申し立てたため、以降アカデミー賞歌曲賞に選出される条件に"original and written specifically for the motion picture"（オリジナルであり、とりわけその映画のために作られた曲）であることが加わった。そのため近年のミュージカルの映画化作品などでは、歌曲賞を狙うべく、映画版オリジナルの曲が追加されるという工夫が見られる（例：映画『レ・ミゼラブル』では「Suddenly」という新曲が追加され、アカデミー賞歌曲賞にノミネートされた）。

■ **be rusty on**
= have lost skillfulness or knowledge in something because of lack of practice
rustyは「錆びている、錆びつく」の意で、My English is a bit rusty.（私の英語も少し錆びついてきた）のように、使わなかったり練習しなかったために「衰えた、下手になった」を表す。

■ **fundamental**
= basic; important; cardinal; central; essential; foundational; primitive; vital

■ **woo**
= make advances; make love; run after; propose

RENAULT : Well, you were asking about Rick, and here he is. Mademoiselle, may I present, uh...

RICK : Hello, Ilsa.
ILSA : Hello, Rick.

Renault has a baffled look on his face.

baffled　当惑〔困惑〕する，キツネにつままれる

RENAULT : Oh, you've already met Rick, Mademoiselle? Well, then, uh, perhaps you also uh...

Renault makes a gesture between Laszlo and Rick. Ilsa interrupts.

ILSA : This is Mr. Laszlo.
LASZLO : How do you do?
RICK : How do you do?
LASZLO : One hears a great deal about Rick in Casablanca.
RICK : And about Victor Laszlo everywhere.

This is　こちらが〜です ⊙
How do you do　初めまして ⊙
a great deal　多く ⊙

LASZLO : Won't you join us for a drink?
RENAULT : Oh, no, Rick never...
RICK : Thanks, I will.

Renault is astonished.

RENAULT : Well! A precedent is being broken. (to Emil) Uh, Emil!

A precedent is being broken ⊙
precedent　前例，先例 ⊙

Laszlo, Renault, and Rick sit down with Ilsa. Emil brings drinks.

LASZLO : This is a very interesting cafe. I congratulate you.
RICK : I congratulate you.
LASZLO : What for?
RICK : Your work.
LASZLO : Thank you. I try.

I congratulate you ⊙
What for ⊙

ルノー　：さて、先ほどリックのことをお聞きになっていたが、彼がそうです。マドモアゼル、ご紹介しましょう、えーと…

リック　：やあ、イルザ。

イルザ　：こんばんは、リック。

ルノーは顔に困惑した表情を浮かべる。

ルノー　：おや、リックとはすでにお知り合いだったのですか、マドモアゼル？　いやはや、それでは、その、たぶん、あなた方も、えーと…

ルノーはラズロとリックの間で紹介の身振りをする。イルザは遮る。

イルザ　：こちらは、ラズロ。

ラズロ　：初めまして。

リック　：どうぞよろしく。

ラズロ　：カサブランカではずいぶんリックのことを耳にしますね。

リック　：そしてヴィクター・ラズロのことは至るところで。

ラズロ　：一緒に1杯いかがですか？

ルノー　：あ、いや。リックは決して…

リック　：ありがとう、いただきます。

ルノーは驚く。

ルノー　：ほう！　前例が破られるね。(エミールに) ちょっと、エミール！

ラズロ、ルノーとリックはイルザと席につく。エミールは酒を運んでくる。

ラズロ　：ここは大変おもしろいカフェですね。お祝いを言わせていただきます。

リック　：俺もあんたにお祝いを言おう。

ラズロ　：何に対してですか？

リック　：あんたの仕事さ。

ラズロ　：ありがとう。努力しています。

■ **This is**
初対面同士の人を紹介するときの表現。He is Mr. Laszlo. やShe is Ms. Lund. といった三人称は使わない。

■ **How do you do?**
初対面で交わす形式的な挨拶。ただし、How are you? の意味で使われることもある。なお、くだけた口語では How-de-do?、Howdy?、How do? となることがある。

■ **a great deal**
「かなり(多い)」という意味の副詞句や、a great deal ofで「かなり多くの」といった意味で用いる。
ex. That song matters a great deal to him.(その歌は彼にとって非常に重要だ)、My hometown has changed a great deal and is almost unrecognizable.(私の故郷はかなり変わってしまって、ほとんど昔の面影はない)、His speech caused a great deal of controversy.(彼のスピーチは多くの論争を引き起こした)

■ **A precedent is being broken.**
視点が「今」にあり、現在進行形を使うことで、今まさに前例が破られているというニュアンスと、それを目の当たりにしたルノーの驚きを表している。

■ **precedent**
発音は[présidənt]。*大統領を意味するpresident[préz(i)dənt]とは違い濁らせない。
ex. This case could set an important precedent for dealing with large numbers of similar appeals.(この件は、多くの同様の訴えに対処する上で重要な先例となり得る)

■ **I congratulate you.**
相手の努力などを称賛するフォーマルな表現。I praise you.とほぼ同義。同様の気持ちを伝える表現としては、I'm impressed!(感銘を受けました)などとも言える。

■ **What for?**
= Why?; For what reason?; What do you congratulate me for?

Rick chuckles to himself.

RICK : We all try. You succeed.

RENAULT : I can't get over you two. She was asking about you earlier, Rick, in a way that made me extremely jealous.

get over 越える, 打ち勝つ ⊙

extremely 極端に, ひじょうに

Renault raises his glass to Ilsa and to Laszlo and takes a sip. Laszlo returns the gesture.

take a sip 一口飲む ⊙

ILSA : I wasn't sure you were the same. Let's see, the last time we met...

Let's see えーと ⊙

RICK : ...was La Belle Aurore.

La Belle Aurore （仏） ⊙

ILSA : How nice. You remembered! But of course that was the day the Germans marched into Paris.

A sad look comes over Ilsa's face.

RICK : Not an easy day to forget.

ILSA : No.

RICK : I remember every detail. The Germans wore gray, you wore blue.

detail 詳細

Ilsa smiles.

ILSA : Yes. I put that dress away. When the Germans march out, I'll wear it again.

put away 片づける

RENAULT : Ricky, you're becoming quite human. I suppose we have to thank you for that, mademoiselle.

quite まったく, すっかり ⊙

LASZLO : Ilsa, I don't wish to be the one to say it, but it's late.

I don't wish to be the one to say it ⊙

Renault lifts his sleeve to look at his watch.

sleeve そで ⊙

RENAULT : So it is! And we have a curfew here in Casablanca. It would never do for the Chief of Police to be found drinking after hours and have to fine himself.

So it is そのとおりです ⊙
curfew 夜間外出禁止令, 晩鐘
It would never do ⊙
chief （組織の中の）長

fine 罰金を課す

リックは1人でクスクス笑う。

リック　：俺たちは皆努力している。あんたは成功。

ルノー　：君たち2人のことが、さっぱりわからんね。彼女は先ほど、君のことを尋ねておられたよ、リック、私がひどく嫉妬を覚えるような調子でね。

ルノーはイルザに、それからラズロに対してグラスを掲げ、一口すする。ラズロは同じ仕草を返す。

イルザ　：あなたが同じ人かどうか確信が持てなかったから。ええと、私たちが最後に会ったのは…

リック　：…ラ・ベル・オロールだ。

イルザ　：嬉しいですわ。覚えててくださったのね。でも、もちろん、その日はドイツ軍がパリに侵攻してきた日でしたけど。

悲しげな表情がイルザの顔に浮かぶ。

リック　：簡単に忘れられる日ではないさ。

イルザ　：そうね。

リック　：俺は細かなことも全部覚えている。ドイツ軍はグレーの軍服、あなたはブルーのドレスを着ていた。

イルザは微笑む。

イルザ　：ええ。あのドレスはしまってありますの。ドイツ軍が出ていったら、また着るつもりですわ。

ルノー　：リッキー、君はずいぶんと人間らしくなってきたね。その件については、あなたにお礼を言わなければならないようですね、マドモアゼル。

ラズロ　：イルザ、こんなことは言いたくないがだいぶ遅くなった。

ルノーはそでをまくって腕時計に目をやる。

ルノー　：そうですな。それにここカサブランカには夜間外出禁止令があります。警察の親玉が制限時間後に飲んでいるところを見つかって、自分に罰金を課すなんていただけませんからね。

■ **get over**
I hope you can get over the death of your friend.（友人の死は忘れることです）のように悲しみ、困難などを「克服する、忘れる」の意味で使われることが多い。また、I can't get over the fact that Mary left her husband.（メアリがご主人と別れたなんてどうしてもわからないな）といった具合に、通例、否定文で驚くべき話、言葉、事柄などを「信じる、理解する」の意を表して使われることもあるので注意。

■ **take a sip**
sipは「一口、ひとすすり」、あったかい飲み物やお酒などをそっとすするというイメージで、動詞としても使える。「飲む」を表すその他の動詞は、drink（飲む）、swallow（飲み込む）、gulp（ゴクゴクと喉を鳴らして飲む）、take（〔薬などを〕飲む）、slurp（ずずっと音を立てて飲む *マナー違反とされる）など。

■ **Let's see.**
話し手が次に言うべき事柄を考える際の時間稼ぎに使われる表現で、Let me see. とか、Let me think. のこと。

■ **La Belle Aurore**
= Beautiful Sunrise
ここでは、パリの歓楽街モンマルトルにある小さなカフェの名前。

■ **quite**
= considerably; fairly; more or less; pretty; rather; very

■ **I don't wish to be the one to say it**
直訳すると「それを言う人になりたくはない」。つまり「誰かが言わなければならないから言うのだが」という前置きのフレーズ。I don't wishの部分をI don't wantやI hateとすることも。

■ **sleeve**
持ち帰り用のホットドリンクを買った際につけてもらえる熱緩和材の輪になった厚紙もsleeveと呼ばれる。

■ **So it is.**
「so ＋ 人称代名詞主語+助動詞［be動詞］」の形で、That's right. の意。前述の内容に対する同意、確認、強調を表して使われる。

■ **It would never do**
= It would not be suitable
ここに見られる do は It would never do to neglect our duties.（自分たちの義務を怠るようなことがあっては甚だよろしくない）のように、「will［would］＋ do」で「役に立つ、適当である」の意。

Rick looks at Ilsa and breathes deeply. The three men rise from their seats.

breathe 呼吸する
deeply 深く, 深刻に

LASZLO : **I hope we didn't overstay our welcome.**
RICK : **Not at all.**

overstay one's welcome 長居して嫌われる
overstay 長居する
Not at all

Emil hands the check to Renault.

EMIL : **Your check, sir.**
LASZLO : **Oh, let me, please.**

Laszlo reaches for the check but Rick takes it.

RICK : **It's my party.**
RENAULT : **Another precedent gone! This has been a very interesting evening.** (to Ilsa) **I'll call you a cab. Gasoline rationing, time of night.**

It's my party
gasoline ガソリン
ration 配給する

Renault leaves. Ilsa stands up.

LASZLO : **We'll come again.**
RICK : **Anytime.**
ILSA : **You say good night to Sam for me.**

Anytime

RICK : **I will.**
ILSA : **There's still nobody in the world who can play "As Time Goes By" like Sam.**

RICK : **He hasn't played it in a long time.**

in a long time 長い間

Rick and Ilsa look at each other.

each other お互いに

ILSA : **Good night.**

Ilsa and Laszlo leave.

LASZLO : **Good night.**
RICK : **Good night.**

Rick sits back down at the table, brooding.

brood 考え込む

リックはイルザを眺め、深く息を吸う。３人の男は椅子から立ち上がる。

ラズロ　：長居してご迷惑ではなかったでしょうね。
リック　：ちっとも。

エミールは勘定書をルノーに手渡す。

エミール　：勘定書です。
ラズロ　：あ、これはぜひ私が。

ラズロが勘定書に手を伸ばすが、リックがそれを受け取る。

リック　：ここは私が。
ルノー　：また前例が破られた！　実におもしろい夕べでしたね。（イルザに）あなた方に私がタクシーを呼んでさしあげましょう。ガソリンは配給だし、夜のこんな時間ですから。

ルノーが立ち去る。イルザが立ち上がる。

ラズロ　：また来ます。
リック　：いつでも。
イルザ　：私に代わってサムにおやすみと言っておいてくださいな。
リック　：そうします。
イルザ　：「時の過ぎゆくままに」をサムのように弾ける人は、世界中探してもまだ誰ひとりとしていませんわ。
リック　：あの曲は長い間、弾いていなかった。

リックとイルザは見つめ合う。

イルザ　：おやすみなさい。

イルザとラズロは立ち去る。

ラズロ　：おやすみなさい。
リック　：おやすみ。

リックは再びテーブルにつくと考え込む。

■ **breathe**
発音は[bri:ð]。「息を吸う」はbreathe in（よりフォーマルな語はinhale）、「息を吐く（吐き出す）」は breathe out（よりフォーマルな語はexhale）。名詞はbreathと綴りが変わり、発音も[bréθ]である。

■ **overstay one's welcome**
= stay longer than is proper, suitable or desired
類似した意味の表現に wear out one's welcome（しばしば訪問したり、長居して嫌がられる）がある。
ex. You should be careful not to overstay your welcome.（長居して嫌がられないように注意しなさい）

■ **overstay**
ex. If you overstay your visa, you could be subject to arrest and deportation.（ビザの期限を超えて滞在すると逮捕・国外追放の対象となる可能性がある）

■ **Not at all.**
= There is no need to thank me or apologize.
「どういたしまして」という意味の相手の感謝の言葉への返答や、「全くそんなことはありません」という意味の謝罪の言葉への返答として頻繁に用いられる。

■ **It's my party.**
= I will do what I want.; You have no right to tell me what to do.

■ **gasoline**
イギリス英語ではpetrol。省略してgasとする口語表現もある。

■ **Anytime.**
Come back anytime. とか You will be welcomed anytime. ほどの意。なお、Thanks for driving me home.（家まで車で送ってくれてありがとう）などの謝辞に対する You are welcome. の意味合いで「いつでもどうぞ」のように使われることもある。

■ **each other**
= one another
ex. They've never seen each other since that incident happened.（あの事件が起きて以来、彼らは一度も顔を合わせていない）

■ **brood**
= continue to think angrily or sadly about something bad; agonize over; ponder; grieve

EXT. RICK'S CAFE - NIGHT - Laszlo and Ilsa walk out of the cafe. Other patrons stand near the door.

LASZLO : **A very puzzling fellow, this Rick. What sort is he?**

puzzling 不可解な
fellow 男, やつ
What sort is he
sort 種類

Ilsa replies nonchalantly.

nonchalantly 平然と, 冷淡に

ILSA : **Oh, I really can't say, though I saw him quite often in Paris.**

quite often かなり, 結構

Renault is waiting at the cab for Laszlo and Ilsa.

RENAULT : **Tomorrow at ten at the Prefect's office.**
LASZLO : **We'll be there.**
RENAULT : **Good night.**
ILSA : **Good night.**
LASZLO : **Good night.**

Prefect's office 長官室

Ilsa and Laszlo get into the cab. Renault watches them drive away. He looks grim and suspicious.

grim (表情･口調などが)険しい

Cocktail No.1: CHAMPAGNE COCKTAIL

Glass:
champagne flute

Ingredients:

90 ml Chilled Champagne
10 ml Cognac
(orange slice and cocktail cherry)
2 dashes Angostura Bitters
1 sugar cube

Directions:

1. *Add a dash of Angostura bitter onto the sugar cube and drop it into the champagne flute.*
2. *Add cognac followed by gently pouring chilled champagne.*
3. *Garnish with an orange slice and a cocktail cherry.*

屋外—リックのカフェ—夜—ラズロとイルザはカフェを出る。別のひいき客たちがドアの近くに立っている。

ラズロ　：まったく得体の知れない人物だな、あのリックという男は。どういう男なんだ？

イルザは平然と答える。

イルザ　：ええ、私にも何とも言えないわ、パリではずいぶん会った人だけど。

ルノーがラズロとイルザのためにタクシーで待っている。

ルノー　：明日 10 時に長官室で。
ラズロ　：伺います。
ルノー　：おやすみなさい。
イルザ　：おやすみなさい。
ラズロ　：おやすみなさい。

イルザとラズロはタクシーに乗り込む。ルノーは彼らが去っていくのを見つめている。彼は険しく疑わしげな表情を浮かべている。

■ puzzling
= enigmatic; mystifying; ambiguous; very confusing

■ fellow
= guy; man
「仲間」という意味の名詞で使われるのは少々古風。しかし形容詞的に「仲間の、同志の」という意味で使う用法は現代でも多く見られる。
ex. Who is that good-looking fellow standing by the window?（窓際に立っているあのイケメンは誰？）、He got support from his fellow politicians.（彼は仲間の政治家から支援を得た）

■ What sort is he?
= What sort of a person is he?

■ sort
= kind

カクテル 1：シャンパン・カクテル

グラス：
シャンパングラス（フルート型）

材料：
冷やしたシャンパン　90 ml　アンゴスチュラ・ビターズ　2 振り（約 2 ml）
コニャック　10 ml　角砂糖　1 個
（オレンジスライス、砂糖漬けのチェリー）

作り方：
1. シャンパングラスに角砂糖を落とし、アンゴスチュラ・ビターズ（* 苦味のあるハーブ酒）を振りかける。
2. コニャックを加え、冷えたシャンパンを静かに注ぐ。
3. オレンジスライスと砂糖漬けのチェリーを飾る。

Memories

15 *EXT. RICK'S CAFE - NIGHT - The neon sign over the front door goes out as the last customers zoom away in a taxi cab. The light from a spotlight slowly moves across the building to show that the night curfew has begun.*

INT. RICK'S CAFE - NIGHT - Rick sits at the counter in the dark room. He pours himself another drink and downs it. Sam comes in to find him drinking alone.

SAM : Boss? Boss!
RICK : Yeah?
SAM : Boss, ain't you goin' to bed?
RICK : Not right now.
SAM : Ain't you plannin' on goin' to bed in the near future?
RICK : No.
SAM : You ever goin' to bed?
RICK : No!
SAM : Well, I ain't sleepy either.
RICK : Good. Then have a drink.
SAM : No. Not me, boss.
RICK : No? Then don't have a drink.
SAM : Boss, let's get outta here.
RICK : No, sir. I'm waiting for a lady.
SAM : Please, Boss, let's go. Ain't nothin' but trouble for you here.
RICK : She's comin' back. I know she's comin' back.
SAM : We'll take the car and drive all night. We'll get drunk. We'll go fishin' and stay away until she's gone.
RICK : Shut up and go home, will you?
SAM : No, sir. I'm stayin' right here.

go out ⊖
zoom away　ブーンと音を立てて走り去る
find someone ～ing　人が～しているのを見つける →p.121
go to bed　寝る
right now　たった今
in the near future　いつかそのうち, いずれ近いうちに, 近い将来に
You ever goin' to bed ⊖
sleepy　眠い
either ⊖
outta ⊖
No, sir ⊖
Ain't nothin' but trouble ⊖
get drunk　酔っぱらう

回想

DVD　00 : 36 : 08

□□□□□□

屋外—リックのカフェ—夜—最後の客がタクシーで走り去ると、表のドアの上のネオンサインが消える。スポットライトからの明かりが建物の上をゆっくり動いて、夜の消灯令が始まったことを示す。

屋内—リックのカフェ—夜—リックが暗い部屋のカウンターに座っている。彼は自分でまた酒を注ぎ、それを飲み干す。サムが入ってきて、1人で飲んでいる彼を見つける。

サム　：ボス？　ボス！
リック　：うん？
サム　：ボス、寝ないんですかい？
リック　：今のところまだな。
サム　：そろそろ寝るつもりはないんですかい？

リック　：ない。
サム　：いつかは寝るでしょう？
リック　：ない！
サム　：じゃあ、あっしも眠かねえです。
リック　：結構。それじゃ飲め。
サム　：いいえ。あっしはいりません、ボス。
リック　：いやか？　じゃあ飲むな。
サム　：ボス、ここを出ましょうや。
リック　：ごめんだね。俺は女を待っているんだ。
サム　：お願いです、ボス、行きましょう。ここにいたら厄介なことになるだけでさ。
リック　：彼女は戻ってくる。きっと戻ってくるんだ。

サム　：車に乗って一晩中ドライブしましょう。酔っぱらうんです。釣りに出かけて、彼女がいなくなるまで遠くへ行っていましょう。
リック　：黙って、家へ帰ったらどうだ？
サム　：いやです。あっしはここにいますだ。

■ **go out**
この表現には They went out and inquired into the matter themselves.（彼ら自ら出かけていってその問題を調査した）のように set out（外へ出る、出かける）の意、The typewriter went out and the computer was introduced.（タイプライターが姿を消し、コンピュータが入ってきた）のように die out（絶滅する、廃れる）の意、The series goes out on Sunday mornings on ABC.（そのシリーズは日曜日の朝ABCで放送されている）のようにbroadcast（伝えられる、放送する）の意、またこの場面と同様に The lights went out in the room.（その部屋の明かりが消えた）のように stop shining（消灯する）の意といったふうに、多くの意味を表して使われる。

■ **You ever goin' to bed?**
= Are you ever going to bed?

■ **either**
本文のように否定文では「〜もまた（〜しない）」の意。肯定文ではtooやalsoを使う。
ex. I saw it too.（私もそれを見ました）
⇄ I didn't see it either.（私もそれを見ていません）

■ **outta**
= out of

■ **No, sir.**
= No.; Certainly not.
相手の性別、社会的地位などに関係なく否定の意を強めて使われる。さらに強調した言い方に No, sirree（sirの転化、発音は[səríː]）がある。反対に肯定を強める場合には Yes, sir. を用いる。

■ **Ain't nothin' but trouble**
= There is nothing but trouble
nothing but は、There was nothing but weeds in the garden.（庭には雑草だけしか生えていなかった）からもわかるとおり、「ただ〜だけ、〜のほかは何もない」の意味と、John was nothing but a disgusting yesman.（ジョンはむかつくイエスマンに過ぎなかった）のように、「〜にほかならない」の意味を持つ。

Rick takes another drink. Sam starts to play piano.

RICK : **They grab Ugarte, then she walks in. Well, way it goes. One in, one out. Sam?**

SAM : **Yes, Boss?**

RICK : **If it's December, Nineteen Forty-One in Casablanca, what time is it in New York?**

SAM : **What? My watch stopped.**

RICK : **I bet they're asleep in New York. I bet they're asleep all over America.**

Rick slams his fist on the counter.

RICK : **Of all the gin joints in all the towns, in all the world, she walks into mine.**

Rick holds his head with his hand. He notices Sam's music.

RICK : **What's that you're playin'?**

SAM : **Oh, just a little somethin' of my own.**

RICK : **Well, stop it. You know what I want to hear.**

SAM : **No, I don't.**

RICK : **You played it for her; you can play it for me.**

SAM : **Well, I don't think I can remember...**

RICK : **If she can stand it, I can! Play it!**

SAM : **Yes, boss.**

Sam starts playing "As Time Goes By." Rick drifts off into a daydream of his younger days in Paris.

16 *EXT. PARIS - DAY - FLASHBACK - The La Marseillaise is played as a scene of the Place de l'Étoile and the Arch of Triumph are shown.*

way it goes ⊙

I bet ⊙

asleep 眠って

slam ～を強く打つ, たたきつける

fist 拳

Of all the...into mine ⊙

joint もぐり酒場

a little somethin' of my own ⊙

you can play it for me ⊙

stand 耐える, 我慢する

drift off into a daydream 空想の世界へ入る

daydream 白昼夢, 空想

flashback 過去の場面

La Marseillaise ラ·マルセイエーズ ⊙

Place de l'Étoile エトワール広場 ⊙

Arch of Triumph 凱旋門 ⊙

リックはまた酒を飲む。サムはピアノを弾き始める。

リック　：ウガーテが引っ張られたと思ったら、今度は彼女が入ってきた。まあ、人生なんてそんなもんだな。１人入ってくれば、１人が出ていく。サム？

サム　：はい、ボス？

リック　：カサブランカが 1941 年の 12 月なら、ニューヨークでは何時だ？

サム　：え？　あっしの時計は止まってますだ。

リック　：きっとニューヨークではみんな眠っていることだろう。きっとアメリカ中の人間が眠っていることだろう。

リックは拳をカウンターに叩きつける。

リック　：世界中のあらゆる都市のあらゆる酒場の中から、よりによってこの酒場にやってこようとは。

リックは片手で頭を抱える。彼はサムの音楽に気づく。

リック　：今弾いている曲は何だ？

サム　：いえね、あっしの作ったくだらないものです。

リック　：じゃあ、やめろ。俺が聞きたいものはわかっているはずだ。

サム　：いいえ、わかりません。

リック　：彼女のためには弾いたんだから。俺のためにだって弾けるだろ。

サム　：ですが、思い出せないような…

リック　：もし彼女が耐えられたのなら、俺だって耐えられる！　あの曲を弾くんだ！

サム　：わかりました、ボス。

サムは「時の過ぎゆくままに」を弾き始める。リックはパリでの若かりし頃の取りとめもない空想へ入っていく。

屋外―パリ―昼―フラッシュバック―「ラ・マルセイエーズ」が流れると、エトワール広場と凱旋門のシーンが見えてくる。

■ **way it goes**
= that's the way it goes; that's life; that's to be expected; it can't be helped
この表現はしばしば好ましくない、しかも必然的な出来事に対して用いられる。

■ **I bet**
= I'll bet you; I'm sure; I should think
動詞 bet は「賭ける」の意。ただし I bet! I've heard too many of his promises before.（そうかな。これまで彼の約束とやらは何度となく聞いてきたからな）のように、I don't believe you. といったニュアンスで反語的に使われることもある。

■ **Of all the...into mine**
There are thousands of gin joints in the world. It is my bad luck, my bad fate, that she came into my gin joint ほどの意。

■ **a little somethin' of my own**
= my own creation

■ **you can play it for me**
『カサブランカ』に刺激を受けたアメリカの俳優･映画製作者･作家である Woody Allen（1935-）は、このセリフから Play It Again, Sam という戯曲を書いた。なお、この作品は1972年に Herbert Ross 監督により映画化され、Allen自ら主演した。またその映画のキャッチフレーズは Here's looking at you, kid.をもじった Here's laughing at you, kid.である。

■ **La Marseillaise**
フランス国歌。フランス革命時代の1792年4月、フランスとオーストリアとの戦争が始まったとき、ストラスブールの市長 Dietrich の懇請により工兵大尉 Claude Joseph Rouget de Lisle（1760-1836）が一夜で作詞、作曲したもの。本来の題は「ライン軍歌」だったが、同年7月マルセイユの義勇軍たちが道々にこの歌を歌いながらパリに向かって行進してきたことからこの名がついた。1795年、国歌とされたが政治的体制の変化で一時禁じられ、再び1879年に国歌となる。

■ **Place de l'Étoile**
現在は Place Charles de Gaulle（ド･ゴール広場）。

■ **Arch of Triumph**
= Arc de Triomphe de l'Étoile（エトワール凱旋門）
パリのド･ゴール広場に建つ凱旋門のことで、ナポレオン1世の戦勝記念に作られた。シャルグランの設計で、1836年に完成。

EXT. CHAMPS-ÉLYSÉES - DAY - RICK'S CAR - Rick and Ilsa drive down the magnificent boulevard.

EXT. FRENCH COUNTRYSIDE - DAY - RICK'S CAR - Rick puts his arm around Ilsa. She puts her head on his shoulder.

EXT. SEINE RIVER CRUISE - DAY - Rick buys a bag of peanuts from a vendor, then throws a peanut to Ilsa, who catches it daintily. They laugh together.

INT. RICK'S PARIS APARTMENT - DAY - Ilsa arranges some flowers in a vase as Rick pops a cork from a champagne bottle. Ilsa sits down beside Rick, and accepts a glass of champagne.

RICK : **Who are you really, and what were you before? What did you do, and what did you think, huh?**

ILSA : **We said no questions.**

Rick makes a toast.

RICK : **Here's looking at you, kid.**

They clink their glasses together and sip the champagne.

INT. SWANK PARIS CLUB BALLROOM - EVENING - Ilsa and Rick dance together, cheek to cheek.

INT. ILSA'S PARIS APARTMENT - EVENING - Ilsa tosses a coin in her hand. Rick is sitting on a couch, deep in thought.

ILSA : **A franc for your thoughts.**

RICK : **In America they'd bring only a penny. I guess that's about all they're worth.**

ILSA : **Huh. I'm willing to be overcharged. Tell me.**

Ilsa sits down on the couch beside Rick.

RICK : **Well, I was wondering.**

ILSA : **Yes?**

Champs-Élysées シャンゼリゼ（通り） ➲
magnificent 壮大な, すばらしい, 見事な
boulevard 広い並木道, 大通り ➲
countryside 田舎, 地方, 田園地方
Seine River セーヌ川 ➲
vendor 売り子, 行商人, 販売会社 ➲
daintily 優美に, 上品に
vase 花瓶, つぼ
pop （ポンという音を）立てる, 出す
make a toast 乾杯する
Here's looking at you, kid →p.209
kid ➲
clink （金属・ガラスなどを）カチンと鳴らす
swank 高級な, 気取った, おしゃれな
ballroom ダンスホール
dance together ➲
cheek to cheek 頬と頬を寄せ合って ➲
deep in thought じっと考え込んで
A franc for your thoughts ➲
penny ペニー, セント
guess 思う →p.129
worth の価値がある
be willing to 喜んで〜する
overcharge 不当な代金を請求する
wonder 不思議に思う

屋外—シャンゼリゼ—昼—リックの車—リックとイルザが立派な並木道に車を走らせている。

屋外—フランスの田舎—昼—リックの車—リックはイルザに腕を回す。彼女は彼の肩に頭を載せる。

屋外—セーヌ川の遊覧船—昼—リックは呼び売り商人からピーナッツを一袋買い、一粒をイルザに投げると、彼女は優雅にそれを受け止める。彼らはともに笑う。

屋内—リックのパリのアパート—昼—イルザは花瓶に花を生け、リックはシャンパン瓶からポンと音を立ててコルクを抜く。イルザはリックの隣に座ると、シャンパンの入ったグラスを受け取る。

リック　：本当に君は誰なんだ。そして昔は何をしていたのかな？　どういうことをし、どんなことを考えていたんだい、え？

イルザ　：私たち、質問はなしって言ったはずよ。

リックは乾杯する。

リック　：君の瞳に乾杯。

彼らはグラスを合わせ、シャンパンを一口飲む。

屋内—パリのきらびやかなクラブのダンスホール—夕方—イルザとリックが頬を寄せ合って踊っている。

屋内—イルザのパリのアパート—夕方—イルザは手の中でコインを投げる。リックはソファに座ってじっと考え込んでいる。

イルザ　：１フランあげるから何を考えてるのか教えて。

リック　：アメリカじゃ、たったの１ペニーしかくれないぜ。連中の考えごとなんて、それぐらいの価値しかないだろうがね。

イルザ　：へえ。喜んで余計に取られてあげるから、話して。

イルザはソファのリックの隣に座る。

リック　：いやね、不思議に思っていたのさ。

イルザ　：何を？

■ **Champs-Élysées**
コンコルド広場から凱旋門のあるエトワール広場（現ド・ゴール広場）まで東西に全長約3km続く幅70mの大通り。

■ **boulevard**
発音は［búləvɑ̀:rd］。省略表記はBlvd.。英語圏では主にアメリカやカナダで使われ、イギリスではStreetが使われる傾向にある。

■ **Seine River**
フランス第二位の全長780kmの河川。セーヌ川の遊覧船は、『ビフォア・サンセット』（2004）、『シャレード』（1963）など数々の映画に登場する。

■ **vendor**
vend（売る）という動詞から。
cf. vending machine（自動販売機）

■ **kid**
年齢、性別とは無関係に使われる親しみを込めた呼びかけで、「君」ほどの意。

■ **dance together**
このダンスホールの場面で流れている曲は、メキシコ人作曲家アルベルト・ドミンゲスによって書かれたPerfida。スペイン語詞、英詞、インストゥルメンタルなど様々なバージョンがあり、ナット・キング・コールやベン・E・キング、グレン・ミラーなど大御所がリリースしている。タイトルのperfidiaはbetrayal（裏切り、不実、背信）という意味のスペイン語で、この後のイルザの行動と、それをリックがどのように受け止めるかを暗示している。

■ **cheek to cheek**
cf. eye to eye（目と目を合わせて）、face to face[nose to nose]（面と向かって、対面して、正面から向かい合って）head to head[toe to toe]（一対一の、接近戦で）hand to hand（接近して）、back to back（背中合わせに、連続して）

■ **A franc for your thoughts**
= Please tell me your thoughts; Tell me what you are thinking about
本来は A penny for your thoughts だが、場所がフランスであるところから、土地の通貨であるfrancが使われたもの。ドイツがパリを占領する約半年前の為替で1ドル＝44.903フランというデータが残っているので、それを元に換算すると、A franc for your thoughtsはA penny for your thoughtsよりも二倍以上もらえる計算になることから、only a pennyというリックのセリフとoverchargeというイルザのセリフに繋がる。

RICK : Why I'm so lucky. Why I should find you waiting for me to come along.

> find someone ~ing 人が～しているのを見つける ⊖
> come along やってくる, 現れる

ILSA : Why there is no other man in my life?

RICK : Mm-hm.

ILSA : That's easy. There was. He's dead.

RICK : Well, I'm sorry for asking. I forgot, we said no questions.

ILSA : Well, only one answer can take care of all our questions.

> take care of ⊖

Rick and Ilsa engage in a kiss.

EXT. EASTERN FRANCE - DAY - German tanks roll through the French countryside, heading toward Paris. Soldiers stream down the road in a steady advance. German planes roar overhead.

EXT. PARIS - MONTMARTRE STREET CORNER / CAFE - DAY - VENDORS hold up copies of the evening newspaper "Paris-soir." The headline declares Paris an open city: PARIS VILLE OUVERTE. People rush to buy the newspapers.

> tank 戦車
> roll (車輪などの付いているものが)進む, 走る
> stream (人や物がある方向に大量に)動く, 出て行く
> steady 安定した, 一定の
> roar うなる, 轟音を立てる ⊖
> Montmartre モンマルトル ⊖
> copy (本などの)部, 冊
> declare 宣言する, 断言する ⊖
> open city 開放地域, 非武装都市 ⊖

VENDOR 1 : Demandez "Paris-soir!" On est évacués! Demandez "Paris-soir!" On est évacués! Demandez "Paris-soir!" On est évacués!

> 以下の明朝体はフランス語(本欄は英語訳)
> Ask for "Paris-soir!" We are being evacuated.
> evacuate 立ち退く, 避難する, 撤退する

VENDOR 2 : Édition speciale! "Paris-soir!"

VENDOR 3 : Ordre d'évacuation! "Paris-soir," Monsieur! Ordre d'évacuation, Monsieur!

> Special edition! "Paris-soir!" sir!
> Evacuation order!
> special edition 特別版
> Paris-soir パリ・ソワール ⊖

Rick and Ilsa drink at an outdoor cafe, the Cafe Pierre. Rick buys a paper and reads with Ilsa. A radio broadcast from an automobile loudspeaker interrupts them.

> automobile 自動車
> loudspeaker 拡声器, スピーカー

ANNOUNCER: (v.o.) Ici Stuttgart, Allemagne. Français! Parisiens! Les troupes françaises ont abandonné leurs positions. Les allemands seront demain dans la capitale...

> Here Stuttgart, Germany. French! Parisians! The French troops have abandoned their positions. The Germans will be tomorrow in the capital.
> troop 部隊, 軍隊, 軍勢
> abandon 断念する, 置き去りにする, 放棄する
> capital 首都

リック　：どうして俺がこんなにツイているのかとね。どうして俺が現れるのを待ってたような君と出会えたのかってさ。

イルザ　：どうして今までほかの男がいなかったのだろうかと？

リック　：ああ。

イルザ　：それなら、簡単よ。いたわ。でも死んでしまったの。

リック　：それは、尋ねて悪かった。何も聞かない約束を忘れていた。

イルザ　：でも、たった１つの答えで私たちの疑問が全部片づくもの。

リックとイルザはキスをする。

屋外—東部フランス—昼—ドイツの戦車がフランスの田舎を、パリに向けて進行している。兵隊たちが道を流れるように絶え間なく前進する。ドイツの飛行機が頭上で轟音を立てる。

屋外—パリ—モンマルトル通りの街角／カフェ—昼—売り子が「パリ・ソワール」の夕刊を掲げている。見出しは、パリが非武装都市であることを言明している。「パリは非武装都市」。人々は新聞を買いに走る。

売り子１　：「パリ・ソワール」紙はいかがですか！　我が軍が撤退！　「パリ・ソワール」紙はいかが！　我が軍が撤退！　「パリ・ソワール」紙はどうですか！　我が軍が撤退！

売り子２　：号外！　「パリ・ソワール」紙ですよ。

売り子３　：撤退命令発令！　「パリ・ソワール」紙ですよ、だんな！　撤退命令発令です、だんな！

リックとイルザがカフェ・ピエールの戸外で飲んでいる。リックは新聞を買い、イルザと読む。車の拡声器から流れてくる無線放送が彼らの腰を折る。

無線放送　：（画面外）こちら、ドイツ、シュツットガルト市。フランス国民、パリ市民の皆さん。フランス軍は撤退しました。ドイツ軍が明日、首都へ向けて進攻します…

■ **find someone ～ing**
someoneの部分をoneselfとすると、「自分自身が～していることを発見する」つまり「気がつくと～している」となる。
ex. I often find myself drifting off to daydream.（気づくと空想にふけっていることがよくある）、She found herself starting to like him.（気づくと彼女は彼のことを好きになり始めていた）

■ **take care of**
= deal with; satisfy; solve
She stayed home to take care of the baby.（彼女は赤ん坊の世話をするために家に残った）のように、「世話をする、面倒を見る」の意で使われるのが最も一般的だが、I'll take care of this bill.（この勘定は私が払います）のように、「（物事を責任を持って）引き受ける、処理する」の意や、俗語用法では Take care of him.（やつを始末しろ）のように「殺す」の意で使われることもある。

■ **roar**
ライオンなどの鳴き声もroarで表す。
ex. I heard a family of lion roar.（ライオンの一家が咆哮をあげるのを聞いた）

■ **Montmartre**
パリで一番標高の高い丘。映画『ムーラン・ルージュ』（2001）の舞台となったキャバレー、ムーラン・ルージュ（赤い風車の意）があり、ピカソやゴッホ、ルノワールなど多くの芸術家が制作の場に選んだ街として知られている。

■ **declare**
「公の場で、はっきりと正式に発表〔宣言〕する」という意味であるため、次のような場面で使われる。
ex. 〔Do you have〕 Anything to declare?（〔空港などで〕申告するものはありますか）、The judge declared the accused innocent.（裁判官は被告人を無実であると宣言した）
cf. declaration of war（宣戦布告）

■ **open city**
無防備都市（地区）宣言をした都市・地域のこと。無防備都市（地区）宣言とは戦闘を回避する目的で、街から一切の軍事力を排除し、抗戦の意思はないと示すこと。そういった地域に攻撃を行うことは戦時国際法で禁止されている。

■ **Paris-soir**
1923年10月4日、パリにて創刊。40年6月11日よりクレルモンフェラン、リヨン、およびマルセイユにて発刊。発行者はJean Prouvost。44年に発行停止。

RICK : Well, nothing can stop them now. Wednesday, Thursday at the latest, they'll be in Paris.

ILSA : Richard, they'll find out your record. It won't be safe for you here.

RICK : I'm on their blacklist already. Huh! Their roll of honor.

17 *INT. LA BELLE AURORE - DAY - Sam's dulcet voice can be heard in the bistro, as he plays his piano and sings "As Time Goes By." Rick walks to the piano, where Ilsa is standing. Rick pours three glasses of champagne. Ilsa appears sad.*

SAM : Moonlight and love songs, never out of date
Hearts full of passion, jealousy and hate
Woman needs man, and man must have his mate
That, no one can deny
It's still the same old story
of fight for love and glory, a case of do or die
The world will always welcome lovers
as time goes by

RICK : Now, Henri wants us to finish this bottle and then three more. Says he'll water his garden with champagne before he'll let the Germans drink it.

SAM : Huh. This sort of takes the sting out of bein' occupied. Doesn't it, Mr. Richard?

RICK : You said it.

Rick turns to Ilsa and toasts her.

RICK : Here's looking at you, kid.

Ilsa gazes at both of them fondly. Suddenly, they hear a German voice on a loudspeaker outside.

Wednesday, Thursday at the latest ⊙
at the latest 遅くとも ⊙
blacklist ブラックリスト
roll 名簿
honor 名誉
dulcet 耳に快い，心地良い ⊙
bistro ビストロ ⊙
out of date 時代遅れの，廃れた ⊙
passion 情熱
mate 連れ合い，配偶者
deny 否定する
glory 栄光，名誉
die 死ぬ ⊙
Henri アンリ ⊙
water 水を撒く
garden 庭
sort of ⊙
take the...occupied ⊙
sting 苦痛，鋭い痛み
occupy 占領する
You said it 本当だ，まさにそのとおりだ →p.246
gaze 見つめる
fondly 愛情を込めて

リック　：これで、もう何者もやつらを止めることはできないわけだ。水曜、遅くとも木曜にはやつらはパリに来ているだろう。

イルザ　：リチャード、彼らにあなたの経歴がわかってしまう。あなたはここにいたら危険だわ。

リック　：俺はもうやつらのブラックリストに載ってるさ。ふん！　連中の名誉の名簿にね。

屋内—ラ・ベル・オロール—昼—ビストロではピアノを弾き、「時の過ぎゆくままに」を歌うサムの甘美な歌声が聞こえる。リックはイルザが立っているピアノのところへ歩いていく。リックはグラス３つにシャンパンを注ぐ。イルザは悲しげだ。

サム　：月の光とラブ・ソング、決して廃れることはない
情熱と嫉妬と憎悪で、心の中はギッシリいっぱい
女には男が必要、男には連れ合いが必要

それは、誰も否定できない
今でも昔とまったく同じ
愛と栄誉をかけた闘い、生きるか死ぬかの問題

世界はいつでも恋人たちを迎えてくれる
時が過ぎても

リック　：さあ、アンリが俺たちにこのボトルと、それからあと３本空けてほしいとさ。庭にシャンパンを撒いてしまうと言っているんだ、ドイツ人に飲まれてしまう前にね。

サム　：ハ！　これで占領される痛みも少しは和らぐ、そうですよね、リチャード様。

リック　：まったくそのとおりだ。

リックはイルザのほうを向いて、乾杯する。

リック　：君の瞳に乾杯。

イルザは彼ら２人をいとおしげに見つめる。突然、外の拡声器からのドイツ語が耳に入ってくる。

■ **Wednesday, Thursday at the latest**
実際にドイツ軍がパリに無血入城した1940年6月14日は金曜日だった。

■ **at the latest**
= no later than
ex. I have to be in Tokyo by Monday at the latest.（私は遅くとも月曜日には東京にいなければならない）

■ **dulcet**
= sweet
特に声や旋律を描写するときに使われる。発音は［dʌ́lsit］。

■ **bistro**
飲食店を表す単語のそれぞれの違いは以下の通り。restaurant（飲食店全般を指すことも。ファミリー向けのfamily style restaurantsとデートや接待などで利用する高価格帯のformal restaurantsに分けることができる）、bistro（パリが発祥地の大衆食堂。formal restaurantsよりは価格帯が低く気軽な雰囲気がある）、diner（アメリカが発祥地。24時間営業でハンバーガーやフライドチキンといったアメリカらしい食事を提供する店が多い）、cafe（カフェ、喫茶店。軽食を提供する店）。

■ **out of date**
= outmoded; obsolete; archaic; old-fashioned

■ **die**
As Time Goes Byの歌詞はいくつもの韻を踏んでいる。dieは綴り自体は異なるが、deny、story、glory、goes byと同じ[i]の音で終わる。その直前の節でもdate、hate、mateと脚韻が使われている。実際に歌を聞き、その効果を味わい、英語のリズムに慣れる練習をお勧めする。

■ **Henri**
ラ・ベル・オロールの主人。

■ **sort of**
= kind of; somewhat; almost but not quite; rather

■ **take the...occupied**
makes our situation endurable ほどの意。take the sting out of... は、The scenery is wonderful, and that takes the sting out of living in such an isolated location.（〔こんな辺地に住むのも大変だが〕景色が素晴らしいので、その苦しみも和らいでいますよ）といった具合に「（苦しみ、失望、非難などの）厳しさを和らげる」という意味。また、being occupied は、パリがドイツ軍によって占領されることを言ったもの。

GERMAN : (v.o.) Franzosen, Einwohner von Paris. Franzosen, Einwohner von Paris. Hört aufmerksam zu! Die deutschen Truppen stehen vor den Toren von Paris. Eure Aufstand ist ohne jegliche Verteidigung. Euer Heer ist in Auflösung begriffen. Seid unbesorgt. Wir werden Ruhe und Ordnung wieder herstellen...

以下の明朝体はドイツ語(本欄は英語訳)
Frenchmen, Parisians. Listen carefully. The German army stands before the gates of Paris. Your rebellion is without any defense; your army is disintegrating. Be calm. We will restore peace and order.
rebellion 抵抗, 反乱, 反逆
disintegrate 分解する, 崩壊する
calm 冷静な, 落ち着いた
restore ～を元の状態に戻す, ～を修復〔復元・復旧〕する, 回復する
peace 平和
order 秩序

Rick and Ilsa run to the window to watch and listen. Rick takes a drag on his cigarette and casually scratches his ear.

watch 見張る, 意識して見る, ～に注意する ➲
take a drag たばこを吸う ➲
scratch one's ear 耳をかく

RICK : **My German's a little rusty.**
ILSA : **It's the Gestapo. They say they expect to be in Paris tomorrow. They are telling us how to act when they come marching in.**

how to do ～のやり方, どのように～したらいいか
act 行動する, 振る舞う

Ilsa turns from the window.

ILSA : **With the whole world crumbling we pick this time to fall in love.**
RICK : **Yeah. It's pretty bad timing. Where were you, say, ten years ago?**
ILSA : **Ten years ago? Let's see... yes, I was having a brace put on my teeth. Where were you?**
RICK : **Looking for a job.**

crumble 崩れる, くだける ➲
fall in love 恋に落ちる ➲
timing タイミング
say ➲
brace 歯列矯正器

They kiss but are quickly disturbed by the sound of two distant explosions.

disturb 邪魔をする, 気をそらす
distant 遠い, 遠く離れた, 距離がある ➲
explosion 爆発(音), 破裂(音)

ILSA : **Was that cannon fire, or is it my heart pounding?**
RICK : **Ah, that's the new German seventy-seven, and, judging by the sound, only about thirty-five miles away.**

cannon 大砲
fire 発砲, 砲火
pound (心臓が)どきどき鳴る
new German seventy-seven ➲
judging by ～から判断すると
thirty-five miles 35マイル ➲

Several more explosions are heard.

ドイツ人　：（画面外）フランス国民、パリ市民に告ぐ。フランス国民、パリ市民に告ぐ。注意して聞くように。ドイツ軍はパリのすぐ一歩手前まで来ている。諸君の都はもう防衛不可能である、フランス軍は解体寸前にある。落ち着きたまえ。我々が平和と秩序を取り戻す…

リックとイルザは窓辺に走り、目をこらし、耳をすます。リックはタバコを一服吸い、何気なく耳をかく。

リック　：俺のドイツ語は少々錆びついてしまってね。

イルザ　：ゲシュタポよ。明日、パリに入る予定だと言ってるの。連中が進軍してきたときに私たちがどう行動するべきかを言って聞かせているのよ。

イルザは窓に背を向ける。

イルザ　：世界中が崩壊しようとしているこんなときをわざわざ選んで、私たちは恋に落ちてしまったのね。

リック　：そうだな。まったく悪いタイミングだ。ところで10年前、君はどこで何をしていた？

イルザ　：10年前？　そうね…　そうだ、歯に矯正器をつけてたわ。あなたはどこに？

リック　：仕事を探していた。

彼らはキスをするが、すぐさま2回にわたる遠くの爆発音に邪魔される。

イルザ　：あれは大砲の音、それとも私の心臓の鼓動かしら？

リック　：ああ、ドイツの新式の77インチ砲さ、それにあの音からすると、わずか35マイルぐらいしか離れていないな。

さらに数発の爆発が聞こえる。

■ **watch**
「意識的に何かを見つめる、じっと見る」というときに使う。lookは同じく意識的にだが単に「視線を向ける」、seeは「自然に視界に入ってくる、見える」という意味。
ex. When I looked out the window, I saw a pretty little bird on the windowsill. I watched it until it flew away.（窓の外を見ると、窓辺に可愛い小鳥が見えた。私は小鳥が飛び立つまで見ていた）

■ **take a drag**
ここでのようにdragを「タバコのひと吸い」という意味で使うのは口語的。

■ **crumble**
= break into small pieces

■ **fall in love**
ex. Wise men say only fools rush in, but I can't help falling in love with you.（賢い人は言う、愚か者だけが焦るんだって。でも君と恋に落ちずにはいられないんだ。*Can't Help Falling in Love*「好きにならずにいられない」エルビス·プレスリーによる1961年のバラードより）
⇄ fall out of love（恋が冷める、嫌いになる、失恋する）

■ **say**
= let's say; let us suppose
ex. We'll meet, say, at 5 o'clock.（そうだな、5時に会おう）

■ **distant**
⇄ close; nearby
時間的な距離、関係性や心理的な距離も表すことができる。
ex. A bosom friend afar brings distant lands near.（直訳：気心の知れた友人は遠く離れた土地を近づける→友情は離れていても消えない）、My school life already seems a distant memory.（学生生活はすでに遠い記憶のようだ）、He is my paternal distant relative.（彼は父方の遠い親戚です）、Peace is never just a distant hope.（平和は決して非現実的な希望ではありません）

■ **new German seventy-seven**
当時のドイツの最新式大砲。

■ **thirty-five miles**
mileはヤード·ポンド法における長さ。1マイル = 1,760ヤード = 1609.344メートル。つまり35マイルは56キロメートルほどの距離。

RICK	: And getting closer every minute. Here, here drink up. We'll never finish the other three.

Rick gives Ilsa some more champagne.

SAM	: Them Germans will be here pretty soon, now.
	: And they'll come lookin' for you. And don't forget, there's a price on your head.
RICK	: Ah, I left a note in my apartment. They'll know where to find me.
ILSA	: It's strange, I know so very little about you.
RICK	: I know very little about you, just the fact that you had your teeth straightened.

Rick chuckles.

ILSA	: But, be serious darling. You are in danger, and you must leave Paris.
RICK	: No, no, no, no. We must leave.
ILSA	: Yes, of course, we.
RICK	: Now, the train for Marseilles leaves at five o'clock. I'll pick you up at your hotel at four-thirty.
ILSA	: No. No, not at my hotel. I... Oh, I... I have things to do in the city before I leave. I'll meet you at the station.
RICK	: All right, at a quarter to five. Say, why don't we get married in Marseilles?

Ilsa avoids looking at Rick.

ILSA	: Th...Th...That's too far ahead to plan.

drink up　飲み干す
them ➲
price on one's head　首に賞金が懸かる，指名手配されている ➲
straighten　まっすぐにする
be in danger　危ない，危険である
pick up　迎えに行く
a quarter to five　5時15分前 ➲
quarter　15分
why don't we... ➲
get married　結婚する
avoid　避ける

リック　：しかも刻一刻と近づいてきている。ほら、ほら、飲んでしまえよ。あと3本を飲み干せないぜ。

リックはイルザにシャンパンを渡す。

サム　：ドイツ人のやつら、もうじきここに来ますよ。

：そうなればあなたのことを探しにきますだ。ねえ、忘れねぇでくださいよ、あなたの首には賞金が懸かってるんですから。

リック　：なあに、アパートにメモを置いてきたさ。だからどこへ行けば俺に会えるかわかるってわけだ。

イルザ　：不思議だわ、あなたのことをほとんど何も知らないもの。

リック　：俺も君のことはほとんど知らない、ただ、君が歯を矯正したってことだけしかね。

リックはくすっと笑う。

イルザ　：でも、まじめに考えてちょうだい。あなたの命が危ないのよ、だからパリから出ていかなくっちゃ。

リック　：いや、いや、違う。俺たちがだ。

イルザ　：ええ、もちろん、私たちがよ。

リック　：いいかい、マルセイユ行きの汽車が5時に出る。4時半に君をホテルへ迎えに行くよ。

イルザ　：だめ。だめよ、ホテルはだめだわ。私…　私、発つ前に町ですることがあるの。駅で会いましょう。

リック　：わかった。5時15分前に。ところで、マルセイユで結婚しようじゃないか。

イルザはリックから目をそらす。

イルザ　：計画を立てるには、そ、そ…　それってずいぶんと先のことだわ。

■ **them**

= those

I don't like them people.（あの連中は好きじゃない）のように those の代わりに them を使うのは、今日では方言か無教養の人間に限られる。

■ **price on one's head**

to put [set] a price on someone's headで「人の首に賞金を懸ける」、to have a price on one's headで「首に賞金を懸けられている」。「賞金首、手配犯」はwanted man [person]、「賞金」はbountyとも言い、これを狙う「賞金稼ぎ」はbounty hunterと呼ばれる。

■ **a quarter to five**

four forty-fiveやfifteen before fiveとも言えるが、(a) quarter to fiveが最も日常的に使われる表現。このタイプの時間の言い方は、以下の通り。

(1) 01分～30分までをpastで表す（直訳すると「00時を00分過ぎた」）

ex. It's ten[minutes] past six.（6時10分）

(2) 31分～59分までをtoで表す（直訳すると「00時まであと00分」）

ex. It's twenty five[minutes] to six.（5時35分）

いずれも15分をquarter（〔1時間の〕4分の1）、30分をhalf（〔1時間の〕2分の1）と表現することが多く、これによりfifteenとfifty、thirteenとthirtyの聞き間違いを防げるという利便性も。

なお、英語では24時間表記で時間を表すことはデジタル時計以外ではほぼなく、通常は、eight in the morning.やeight am.など「朝・昼・晩」や「午前・午後」の注釈をつけた表現をする。

■ **why don't we..?**

why don't we... の型は主に米国語法で、Why don't we go to the movies tonight?（今夜、映画へ行こうじゃないか）のように、提案の意を表して用いられる。そのため、Let's go to the movies tonight.と言い換え可能。なお、Why didn't you study English?（どうして英語の勉強をしなかったんだ？）のように過去形の場合は提案の意ではなく、You should have studied English.（君は英語の勉強をすべきだったのに〔なぜしなかったんだ〕）ということ。また、短縮形を用いないで Why did you not study English? とした場合には、文字どおりの意味である。

RICK : **Yes, I guess it is a little too far ahead. Well, let's see, uh, what about the engineer? Why can't he marry us on the train?**

guess 思う
engineer 機関士
marry （聖職者などが）結婚式を執り行う

Ilsa turns away.

ILSA : **Oh, darling...**

RICK : **Why not? The Captain on a ship can. It doesn't seem fair that... Hey. Hey, what's wrong, kid?**

Why not
The Captain on a ship can
Captain 船長
fair 公平な
what's wrong どうしたの？

Ilsa smiles at Rick and shakes her head. She strokes his chin.

stroke 手で～をなでる
chin 顎

ILSA : **I love you so much and I hate this war so much. Oh, it's a crazy world. Anything can happen. If you shouldn't get away. I mean if... if something should keep us apart... wherever they put you, and wherever I'll be, I want you to know, that I...**

hate 嫌う
if...should 万一～ならば
wherever どこへ～しても, どこで～であろうとも
want...to do ～に～してほしい

Rick quickly kisses Ilsa.

ILSA : **Kiss me. Kiss me as if it were the last time.**

as if it were the last time
as if まるで～のように

Rick kisses Ilsa with great affection. Ilsa's hand falls to the table and knocks over a glass.

affection 愛情
knock over ひっくり返す

EXT. TRAIN STATION - LATE AFTERNOON - Rain is heavily pouring down onto the large crowd of wet travelers. A train conductor is yelling out announcements.

pour down 土砂降りに降る
conductor 車掌
yell 大声を張り上げる, 叫ぶ

CONDUCTOR: En voiture! En voiture! Il ne reste que trois minutes! Allons, attention! En voiture! C'est le dernier train. Il ne reste que trois minutes ici! Allons! En voiture! En voiture! **All aboard the last train leaving in three minutes!** En voiture! Le dernier train! Le dernier train! Dans trois minutes! **Attention! The last train...**

以下の明朝体はフランス語（本欄は英語訳）
All aboard! All aboard! There are only three minutes left. Let's go, attention! All aboard! This is the last train. There are only three minutes left! Let's go! All aboard! All aboard!
All aboard! The last train! The last train! In three minutes!
aboard ～に乗って
the last train 最終列車

リック　：そうだな、少々、先の話すぎるかもね。じゃあ、そうだ、えーと、機関士はどうだろう？　機関士が俺たちを汽車の中で結婚させてはくれないものかな？

イルザは顔をそむける。

イルザ　：まあ、あなたったら…

リック　：いいじゃないか。船長はできるんだぜ。公平じゃないように…　おい。おい、どうしたんだ？

イルザはリックに微笑みかけ、首を振る。彼女は彼の顎をなでる。

イルザ　：あなたをすごく愛しているの、だからこの戦争が本当に憎い。ああ、世界は狂ってしまったんだわ。どんなことだって起こり得るもの。もし、あなたが逃げられなくなって、つまり、もし、もし何かのせいで私たちが離れ離れになったら…　あなたがどこへ連れていかれようと、そして私がどこへ行こうと、これだけは知っててほしいの、私が…

リックはすばやく彼女にキスをする。

イルザ　：キスして…　まるでこれが最後のようにキスをして。

リックは深い愛情を込めてイルザにキスをする。イルザはテーブルに手を下ろしシャンパングラスを倒してしまう。

屋外—列車の駅—昼下がり—激しい雨が、多くの旅行者たちに降り注ぎ彼らを濡らしている。列車の車掌がアナウンスを叫んでいる。

車掌　：ご乗車ください！　ご乗車ください！　3分しか停車しません！　ご注意ください！　ご乗車ください！　最終列車です。ここには3分しか停車しません！　さあ！　ご乗車ください！　ご乗車ください！　ご乗車ください、最終列車が3分で出発します！　ご乗車ください！　最終列車です！　最終列車です！　3分で発車します！　ご注意ください！　最終列車です…

■ **guess**
「なんとなくそう思う」というときに使う。もう少し確証があるときはsuppose（多分そう思う）を使う。

■ **Why not?**
= Please explain your negative answer.
例えば、Can I have another cup of coffee?（もう1杯コーヒーを飲んでいいですか？）といった要求に対して No. と断られた場合、その否定的な返答の説明を求める際の表現が Why not? である。しかし、Let's eat out tonight.（今夜は外食しよう）などの提案に対するWhy not?（そうしよう）は I cannot think of a reason not to. つまり、簡単に言えば Yes. であるから注意すること。

■ **The Captain on a ship can.**
= The Captain on a ship can marry us.
国によって制度は様々だが、アメリカやヨーロッパの国々では式を執り行う資格・権限を持った人（一般的には聖職者や市長、判事など）の進行・立ち合いのもと式を行わないと行政的に結婚が有効とは認められない。アメリカの場合、船長というだけでその資格が与えられるわけではなく、あくまでも有資格者の船長でなければならない。

■ **What's wrong?**
= There is something wrong here. What has happened?

■ **chin**
chinは下顎の先の部分を指し、jawは顎全体を指す。
ex. upper jaw（上顎）、lower jaw（下顎）

■ **if...should**
話し手が可能性が少ないと思っている場合に使う仮定法。①Should you not get awayや②Should something keep us apart.と言い換え可能だが①のように否定文の場合、if...shouldの言い換えであるためShouldn't you get awayの語順にはならない。→p.166 Strasser: And if it should change?参照。

■ **as if it were the last time**
イルザは言葉どおりの意味で使ったのだが、リックはpassionatelyの意に受け取った。

■ **as if**
as if は単独でNo way（まさか、そんなことありえない！）という意味で使えるが、as thoughは単独でそのような使い方はできない。

Carrying a suitcase, Rick pushes his way through the crowd, looking for Ilsa. He checks his watch and becomes even more worried. Sam passes through the crowd with two suitcases and approaches Rick.

push one's way through the crowd 人ごみを押し分けて進む ⊙

RICK : **Where is she? Have you seen her?**

SAM : **No, Mr. Richard, I can't find her. She checked out of the hotel. But this note came just after you left.**

check out (勘定を済ませて)ホテルを出る ⊙
note 短い手紙, おぼえ書き

Sam hands Rick the note. The note reads: "Richard, I cannot go with you or ever see you again. You must not ask why. Just believe that I love you. Go, my darling, and God bless you. Ilsa." As Rick reads the note, raindrops fall on it, and the ink begins to run. Rick is stunned. A train conductor blows a loud whistle.

read 書いてある ⊙
not ever ⊙
God bless you →p.239
raindrop 雨粒
stun (すぐに反応できないほど人を)驚かせる, 衝撃を与える, 呆然とさせる, 気絶させる ⊙

SAM : **That's the last call, Mr. Richard. Do you hear me? Come on, Mr. Richard. Let's get out of here. Come on, Mr. Richard. Come on.**

Come on ⊙

Sam pushes Rick to get on the train. The train pulls out. Rick looks for Ilsa one last time. He crumples up and throws away the note.

pull out (列車が)駅を出ていく, (乗り物が)出発する
crumple くしゃくしゃ(ぺしゃんこ)にする

18 *INT. RICK'S CAFE - NIGHT - Sam is still playing "As Time Goes By." Rick drunkenly knocks over his drink. Sam picks up the fallen glass. Rick begins to pour himself another drink. The door opens. Ilsa steps in. Rick and Ilsa look at each other. Ilsa closes the door and comes to Rick.*

ILSA : **Rick, I have to talk to you.**

RICK : **Uh-huh. I saved my first drink to have with you. Here.**

save

Rick slides a bottle toward Ilsa. She sits down across from Rick.

ILSA : **No. No, Rick. Not tonight.**

RICK : **Especially tonight.**

especially 特に ⊙

スーツケースを持ち、イルザを探しながら、リックが群衆をかき分ける。彼は腕時計を見て、さらに気をもむ。サムは2つのスーツケースを持ち、群衆の間を通り抜けてリックに近づく。

リック　：彼女はどこだ？　彼女に会ったか？
サム　：いいえ、リチャード様。見つかりません。ホテルをチェックアウトしていました。でも、あなたが出られたすぐ後にこの手紙が届きました。

サムはリックに手紙を手渡す。その手紙には次のように書いてある。「リチャード、私はあなたと一緒に行けなくなりましたし、もう二度と会うこともできません。理由は聞かないでください。ただ私があなたを愛しているということだけは信じてください。行って、愛しい人、お元気で。イルザ」。リックが手紙を読み終わると、雨粒が手紙に落ち、インクが流れ出す。リックは愕然とする。車掌が大きな汽笛を鳴らす。

サム　：あれが最後の合図です、リチャード様。あっしの言っていることがおわかりですか？　さあ、リチャード様。ここから出ましょう。さあ、リチャード様。早く。

サムは列車に乗るようにリックを押す。列車が走り出す。リックは最後にもう一度イルザを探す。彼は手紙を握りつぶし、投げ捨てる。

屋内—リックのカフェ—夜—サムはまだ「時の過ぎゆくままに」を弾いている。リックは酔っぱらって飲み物をひっくり返す。サムは倒れたグラスを拾い上げる。リックはもう1杯酒を注ぐ。ドアが開く。イルザが入ってくる。リックとイルザは見つめ合う。イルザはドアを閉めリックのほうへ来る。

イルザ　：リック、お話があるの。
リック　：そうだろう。俺は最初の1杯を君と飲もうと思ってとっておいたんだ。さあ。

リックは瓶をイルザのほうへそっとやる。彼女はリックの真向かいに座る。

イルザ　：いいえ。だめよ、リック。今夜はだめ。
リック　：今夜だからこそさ。

■ **push one's way through the crowd**
He pushed his way out of the door.（彼はドアを押して出て行った）のようにpush one's way out of the door となると「ドアを押して出る」。また、He picked his way through the mud.（彼はぬかるみの中をゆっくりと進んだ）のように、pick one's way になると「注意深く進む」、そして He felt his way in the dark.（彼は暗闇を手探りで進んだ）のfeel one's way は「手探りで進む」、He made his way through the crowd.（彼は人ごみのなかを進んだ）のmake one's wayは「進んでいく」の意味である。

■ **check out**
= leave a hotel after paying the bill
この表現はホテルを引き払うときには I'm going to check out at ten tomorrow.（明日10時にチェックアウトします）のように使う。また When is the checkout time?（チェックアウトは何時ですか？）のように名詞で用いられることも多い。なお、ホテルに宿泊する場合には Can I check in now?（今、チェックインできますか？）のように check in を使う。

■ **read**
看板や画面、紙面などに「～と（いう文字が）書かれている」というときに使う。類語にsayがあるが、こちらは内容の要約として使うこともできる。
ex. The headline reads: 6 people killed in crash.（見出しには、衝突で6名死亡と書いてある）、The article says 6 people were killed in a crash.（記事には事故で6名が死亡したことが書いてある）

■ **not ever**
= never
否定文ではneverではなくeverを使う。「もう決して2度とあなたと会うことはできない」とnotの意味を強めている。

■ **stun**
ex. stun gun（スタンガン、高圧電流で失神させる）

■ **Come on**
主に命令文で催促、説得、懇願などを表して「さあ、頼むから」などの意で使われる。ただし、反語的に「やめろ、いい加減にしてくれ」といった意で用いられることも多い。

■ **especially**
= particularly; specially; above all; in particular

ILSA	: Please...	
RICK	: Why did you have to come to Casablanca? There are other places.	
ILSA	: I wouldn't have come if I had known that you were here. Believe me, Rick, it's true, I didn't know.	
RICK	: Funny about your voice, how it hasn't changed. I can still hear it—"Richard, dear, I'll go with you anyplace. We'll get on a train together and never stop."	funny　おかしい, 奇妙な ⊙ voice　声 anyplace　どこへでも get on　乗る
ILSA	: Please don't. Don't Rick! I can understand how you feel.	
RICK	: Uh-huh. You understand how I feel. How long was it we had, honey?	How long was it we had ⊙ honey　あなた ⊙
ILSA	: I didn't count the days.	count　数える
RICK	: Well, I did. Every one of them. Mostly I remember the last one. The wow finish. A guy standing on a station platform in the rain with a comical look on his face, because his insides have been kicked out.	mostly　ほとんど, たいてい wow finish ⊙ comical　滑稽な, おかしな his insides have been kicked out ⊙ kick out　死ぬ, くたばる

Rick takes a big slug of his drink.　　take a slug of...　～で一杯やる

ILSA	: Can I tell you a story, Rick?	
RICK	: Has it got a wow finish?	
ILSA	: I don't know the finish yet.	
RICK	: Go on, tell it then. Maybe one will come to you as you go along.	Go on　続けて, さあやれ ⊙
ILSA	: It's about a girl who had just come to Paris from her home in Oslo. At the house of some friends she met a man about whom she had heard her whole life, a very great and courageous man. He opened up for her a whole beautiful world full of knowledge and thoughts and ideals. Everything she knew or ever became was because of him.	Oslo　オスロ ⊙ hear about　～について聞く, (人)の消息を聞く one's whole life　一生, 生涯 ⊙ courageous　勇敢な knowledge　知識 thought　思想 ideal　理想

イルザ　：お願い…

リック　：何でカサブランカに来なきゃならなかったんだ？　ほかにも場所はあるっていうのに。

イルザ　：あなたがここにいるってわかっていたら、来たりはしなかったわ。信じて、リック、本当よ。私、知らなかったの。

リック　：妙だな、君の声、本当にちっとも変わっていない。今でもあの声が聞こえてくるよ。「ねえ、リチャード、私、あなたと一緒ならどこへでも行くわ。一緒に汽車に乗って、どこまでも行くの」

イルザ　：お願い、やめて。やめてよ、リック！　あなたの気持ちはわかるわ。

リック　：なるほど、君が俺の気持ちをわかるってか。俺たちが一緒に過ごしたのはどれくらいだ、ハニー？

イルザ　：日にちは数えなかったわ。

リック　：ところが、俺は数えたね。１日残らず。特に最後の日は覚えている。あっと驚く幕切れだからね。１人の男がアホ面をして、雨に打たれながら駅のプラットホームで立ち尽くしてる、それというのもその男の心は打ちのめされてしまっていたからさ。

リックはぐっと酒をあおる。

イルザ　：１つお話をしてもいい、リック？

リック　：そいつにはあっと驚くような結末があるのか？

イルザ　：まだ結末はわからないの。

リック　：さあ、じゃあ話してみろよ。話してるうちに思いつくかもしれないからな。

イルザ　：故郷のオスロからパリに出てきたばかりの娘の話なの。ある友人の家で彼女はそれまでずっと話に聞いていた１人の男性に会ったの、とても偉大で勇敢な男性に。彼は知識と思想と理想に満ちたまったく美しい世界をその娘の前に開いてくれた。彼女の知識も人格もすべては彼のおかげだった。

■ **funny**
comical、humorousなどとabsurd、odd、ludicrous、strange、unusualなどの2つの異なる意味を持つ。

■ **How long was it we had?**
= How long was it that we had been together?; How much time did we have together?

■ **honey**
愛する人、子供に対する呼びかけの言葉。なお、見ず知らずの人、あまり親しくない人で、特に男性から女性に対して用いられた場合には、通例、不快とみなされる。

■ **wow finish**
= a notable, exciting ending
リックが皮肉で使ったことは言うまでもない。

■ **his insides had been kicked out**
he felt empty、disappointed and betrayedほどの意。insideは「心中、感情」で、複数形では口語的に「内臓、はらわた」を表すことも。
ex. I felt that my insides started to cry out for food.（お腹が食べ物を強く求め始めていることを感じた）、The confession caused her insides to boil.（その告白は彼女のはらわたを煮えくり返らせた）

■ **Go on.**
命令形で相手の行為を促して「どうぞ」の意で使われる。また Go on! You're making that up.（嘘をつけ。でっちあげてるんだろう）のように、That's silly! とか You don't mean that!（嘘だろう）、あるいは I don't believe you.（まさか）との意味で反語的に使われることもある。なお、この意味の場合は Go on with you. といった表現でも言い表される。

■ **Oslo**
ノルウェー南東部、オスロフィヨルド北端にある港市で首都。中世期には北欧商業圏を支配した北ドイツ中心の都市同盟であるハンザ同盟都市の1つとして栄えた。

■ **one's whole life**
= all one's life; one's entire life

ILSA : And she looked up to him and worshiped him with a feeling she supposed was love.

RICK : Yes, it's very pretty. I heard a story once. As a matter of fact, I've heard a lot of stories in my time. They went along with the sound of a tinny piano playing in the parlor downstairs.

look up to ⊙
worship 崇拝する
feeling 感情
suppose 思う
as a matter of fact 実際は, 実のところ ⊙
in my time 盛りの頃には, 昔は ⊙
they went along ⊙
tinny 安っぽい, 粗悪な
parlor 店

A tear rolls down Ilsa's cheek.

RICK : "Mister, I met a man once, when I was a kid", they'd always begin.

Rick looks at Ilsa, then drops his head in sorrow.

RICK : I guess neither one of our stories was very funny. Tell me, who was it you left me for? Was it Laszlo, or were there others in between? Or, aren't you the kind that tells?

neither どちらも～でない
were there others in between ⊙
the kind ⊙

Rick pours himself another drink. Ilsa looks at him showing shock over his comment. She gets up and leaves. Rick's head slumps over the table.

slump 崩れ落ちる, うなだれる

INT. RENAULT'S OFFICE - MORNING - A sign on the wall reads "Capitaine L. Renault, Préfet de Police." Renault is stamping documents. Strasser is sitting in the middle of the room.

stamp 判〔印〕を押す

STRASSER: I strongly suspect that Ugarte left the Letters of Transit with Mr. Blaine. I would suggest you search the cafe immediately and thoroughly.

RENAULT : If Rick has the Letters, he is much too smart to let you find them there.

strongly 強く
left the Letters of Transit with ⊙
suggest 提案する
thoroughly 完全に, 徹底的に

STRASSER: You give him credit for too much cleverness. My impression was that he's just another blundering American.

You give...cleverness ⊙
credit 栄誉, 評価
cleverness 利口さ
blunder へまをやる

イルザ　：だから彼女は彼を尊敬し、崇拝して、そのときの感情を愛だと思ったの。

リック　：ああ、なかなか美しい話だ。俺も昔、話を聞いたことがある。実を言うと、今までずいぶんといろんな話を聞いてきたよ。下の店のちっぽけなピアノを伴奏にしてさ。

涙がイルザの頬を流れる。

リック　：「だんな、昔、あたしが子供だった頃、ある男に会ったのよ」と、いつもこんな具合に始まるのさ。

リックはイルザを見、それから彼は悲しみでうなだれる。

リック　：俺たちの話はどっちもあまりおもしろくはないようだな。教えてくれ、俺を捨てたのは誰のためだ？ラズロか、あるいは間に誰かいたのか？それとも、ペラペラ話すようなタイプじゃないのか？

リックはまた酒を注ぐ。イルザは彼の言葉にショックを受けた表情で彼を見る。イルザは立ち上がり去る。リックはテーブルに頭を沈める。

屋内—ルノーのオフィス—朝—壁にかかった標識には「警視総監L. ルノー大尉」と書いてある。ルノーは書類に判を押している。シュトラッサーは部屋の中央に座っている。

シュトラッサー：私はウガーテがあの通行証をブレイン氏に預けたのではないかと強い疑いを抱いている。あのカフェをただちに、しかも徹底的に捜索してはどうかと思うが。

ルノー　：たとえリックがその通行証を持っていたとしても、非常に頭の切れる男ですから、そこで見つけさせるようなまねはしないでしょう。

シュトラッサー：君はあの男の頭のよさをあまりに買いかぶっているね。私の印象では彼もただの間抜けなアメリカ人の１人に過ぎん。

■ **look up to**
= respect; think of someone as a good example to copy; honor
反対の意を表す表現は look down on または look down upon である。
ex. All the students looked up to Prof. Thomas.（生徒は全員、トーマス教授を尊敬した）
cf. You should never look down on a person merely because he is poor.（単に貧しいという理由で人を軽蔑すべきではない）

■ **as a matter of fact**
= in fact
前言を補足したり、聞き手の予想や期待に反する事柄を述べるときに用いられる。

■ **in my time**
= in my life
in one's lifeの場合は、John has never been away from his hometown in his life.（ジョンは生まれてから一度も故郷を離れたことがない）のように通例否定文で使われる。

■ **they went along**
those stories were told といったところ。

■ **were there others in between?**
did you have other lovers between myself and Laszlo? ほどの意。

■ **the kind**
= the kind of person; the type of promiscuous woman

■ **left the Letters of Transit with**
「leave + O1 + with + O2」は「O1をO2に預ける、委ねる」の意を表して Mary left her children with her neighbor and went to the movies.（メアリは子供たちを近所の人に預けて映画へ行った）のように使われる。なお、withに代わって群前置詞を用いて Mary left her children in care of her neighbor. のように表現することもできる。

■ **You give...cleverness.**
You are mistaken to think him so clever といったところ。give A credit for B は「AをBの功績で評価する」の意。

RENAULT : **Ah, we mustn't underestimate American blundering. I was with them when they blundered into Berlin, in Nineteen Eighteen.**

underestimate 過小評価する
I was with...Nineteen Eighteen ➲

Strasser clears his throat.

STRASSER: **As to Laszlo, we want him watched twenty-four hours a day.**

as to について は ➲
we want him watched ➲

RENAULT : **It may interest you to know that at this very moment he's on his way here.**

interest 興味を与える
this very moment まさにこの瞬間 ➲

INT. PREFECTURE OFFICE OF POLICE - DAY - Laszlo and Ilsa are escorted through the crowded room by a guard. In the foreground, an officer is returning some documents to Jan and Annina.

foreground 最前面, 前景

OFFICER : **There's nothing we can do.**

Cocktail No.2: FRENCH '75

Glass:

champagne flute

Ingredients:

30 ml Gin
15 ml Fresh lemon juice
2 dashes Sugar syrup
60 ml Champagne

Directions:

1. *Pour all the ingredients, except the champagne, into a shaker. Shake.*
2. *Strain into a champagne flute.*
3. *Top up with champagne. Stir gently.*

ルノー　：ああ、間抜けなアメリカ人とやらを見くびってはいけませんよ。彼らが1918年にうっかりベルリンに入り込んだとき、私は彼らと行動を共にしていましたのでね。

シュトラッサーは咳払いをする。

シュトラッサー：ラズロに関しては、1日24時間監視してもらいたい。

ルノー　：興味をお持ちになるかと思いますが、彼は今この瞬間にもここへ向かっているはずです。

屋内—警視総監室—昼—ラズロとイルザは護衛警官に導かれて混雑した部屋を通っていく。前景では、1人の警官がヤンとアニーナに書類をつき返している。

警官　：我々にはどうしようもありません。

■ **I was with...Nineteen Eighteen.**
1917年4月6日、ドイツに宣戦布告したアメリカが遠征司令官 John Joseph Pershing (1860-1948) 少将の指揮のもとにドイツに攻め入ったときのことを暗示したもの。その直後、1918年11月11日午前11時、第一次世界大戦は終結した。

■ **as to**
= as for

■ **we want him watched**
「S + want + O + C」の型で「SがOにCしてもらいたい、SはOがCされるのを望む」の意を表す。なお、このときのCは I want coffee hot.（コーヒーは熱いのがいい）のように形容詞か、I want this car washed at once.（この車をすぐに洗ってもらいたい）のように過去分詞、あるいは I want you out of here.（君にはここから出ていってもらいたい）といった具合に「前置詞 + 場所」。

■ **this very moment**
ここでの very は the、this、that、one's などに伴う強意語として使われたもので「まさに、ちょうど」を意味する形容詞。

カクテル2：フレンチ75

グラス：
シャンパングラス（フルート型）

材料：

ジン	30 ml
フレッシュレモン果汁	15 ml
シュガーシロップ	2振り（約2 ml）
シャンパン	60 ml

作り方：
1. シャンパン以外の材料を全てシェイカーに注ぎ、シェイクする。
2. シャンパングラスにこし入れる。
3. シャンパンでグラスを満たし、軽くステアする（混ぜる）。

Blue Parrot

19 *INT. RENAULT'S OFFICE - DAY - Laszlo and Ilsa enter. Renault greets them.*

RENAULT : I am delighted to see you both. Did you have a good night's rest?
LASZLO : I slept very well.
RENAULT : That's strange. Nobody is supposed to sleep well in Casablanca.
LASZLO : May we proceed to the business?
RENAULT : With pleasure. Won't you sit down?
LASZLO : Thank you.

delighted 喜んで
rest 睡眠, 休息
proceed 着手する, 始める
with pleasure 喜んで, かしこまりました

Laszlo and Ilsa walk to Strasser's desk and sit. Then Strasser sits.

STRASSER: Very well, Herr Laszlo, we will not mince words. You are an escaped prisoner of the Reich. So far you have been fortune enough in eluding us. You have reached Casablanca. It is my duty to see that you stay in Casablanca.
LASZLO : Whether or not you will succeed is, of course, problematic.
STRASSER: Not at all. Captain Renault's signature is necessary on every exit visa. Captain, would you think it is possible that Herr Laszlo will receive a visa?
RENAULT : I am afraid not. My regrets, Monsieur.
LASZLO : Well, perhaps I shall like it in Casablanca.

STRASSER: And Mademoiselle?
ILSA : You needn't be concerned about me.
LASZLO : Is that all you wish to tell us?

not mince words
mince 遠回しに言う
escaped 逃亡した
prisoner 囚人
so far 今まで,
fortune 幸運な
elude 避ける
problematic 疑問のある
signature 署名, サイン →p.227
necessary 必要な
receive 受け取る
I am afraid not いいえ
My regrets 残念ですが
shall （未来のことを表して）～でしょう
need ～する必要がある
be concerned 心配する

ブルー・パロット

DVD　00 : 51 : 38

□□□□□□

屋内―ルノーのオフィス―昼―ラズロとイルザが入室する。ルノーは出迎える。

ルノー　: おふたりともよくおいでくださいました。よくおやすみになれましたか？

ラズロ　: ぐっすり眠れました。

ルノー　: それは妙ですな。カサブランカでは、ぐっすり眠れる人間はいないはずですがね。

ラズロ　: 用件に取りかかっては？

ルノー　: 喜んで。おかけになりませんか？

ラズロ　: ありがとう。

ラズロとイルザはシュトラッサーの机に歩いていき、座る。それからシュトラッサーが座る。

シュトラッサー: よろしい、ラズロ君、ズバリ言おう。君は帝国の脱獄囚だ。これまでのところ運よく我々から逃げおおせてきて、カサブランカにたどり着いた。そこで私の任務は君がカサブランカに留まるよう監視することなのだ。

ラズロ　: あなたが任務を全うできるか否かは、もちろん、極めて疑わしいですな。

シュトラッサー: まったくそんなことはない。すべての出国ビザには、ルノー大尉のサインが必要だ。大尉、ラズロ君がビザを手に入れることは可能だと思われますかな？

ルノー　: 思いませんね。残念ですが、ムッシュー。

ラズロ　: まあ、私も、カサブランカが好きになるかもしれないしな。

シュトラッサー: で、マドモアゼルは？

イルザ　: 私のことはご心配にはおよびません。

ラズロ　: お話はそれだけですか？

■ **delighted**
= very happy; charmed; enchanted; pleasantly surprised

■ **with pleasure**
相手からの依頼などに対して、ここでのように快諾の返事として用いる。

■ **not mince words**
= speak directly; frankly; honestly; openly
not mince one's wordsとかnot mince mattersという表現で使われることもある。
ex. He was very angry, and didn't mince words.（彼は大いに怒っていたのでズケズケものを言った）

■ **fortune**
= fortunate

■ **I am afraid not.**
= No.
単にNo.と断るのでは角が立つと思われる場合、控えめなニュアンスを出したい場合によく使われる表現。

■ **My regrets.**
= I'm sorry.; Please accept my regrets.
I sent her my regrets.（彼女には丁重に断った）のように、招待などに対する「丁寧な断り」の場合は、通例、regretsと複数形にする。

■ **shall**
willと同様の用法で主に（英）でよく使われるが、-'llと省略されることがほとんどであるため、その区別はつきにくい。

■ **need**
ここでのように助動詞として使うのは、否定文と疑問文のみ。
ex. It need not be said.（= It doesn't need to be said. それは言う必要もない）、Need you be here?（= Do you need to be here? ここにいる必要はありますか）、× I need eat something.→この場合、needを助動詞ではなく本動詞として使い、I need to eat something.（何か食べなきゃ）として使う。

STRASSER: Don't be in such a hurry. You have all the time in the world. You may be in Casablanca indefinitely. Or you may leave for Lisbon tomorrow. On one condition.

LASZLO: And that is?

STRASSER: You know the leader of the Underground Movement in Paris, in Prague, in Brussels, in Amsterdam, in Oslo, in Belgrade, in Athens...

LASZLO: Even Berlin.

STRASSER: Yes, even in Berlin. If you will furnish me with their names and their exact whereabouts, you will have your visa in the morning.

RENAULT: And the honor of having served the Third Reich.

LASZLO: I was in a German concentration camp for a year. That's honor enough for a lifetime.

STRASSER: You will give us the names?

LASZLO: If I didn't give them to you in a concentration camp, where you had more persuasive methods at your disposal, I certainly won't give them to you now. And what if you track down these men and kill them? What if you murdered all of us? From every corner of Europe hundreds, thousands, would rise to take our places. Even Nazis can't kill that fast.

STRASSER: Herr Laszlo, you have a reputation for eloquence, which I can now understand. But, in one respect, you are mistaken. You said the enemies of the Reich could all be replaced, but there is one exception. No one could take your place in the event anything unfortunate should occur to you, while you were trying to escape.

be in a hurry　急いで，慌てて
You have all the time in the world →p.247
indefinitely　無期限に，いつまでも
On one condition ➲
Brussels　ブリュッセル ➲
Belgrade　ベオグラード ➲
Athens　アテネ ➲
exact　正確な
whereabouts　所在
That's honor enough for a lifetime ➲
lifetime　生涯
persuasive　説得力のある
method　方法
at one's disposal　（誰々の）思うとおりになる
what if ➲
track down　追跡する
take one's place　〜に代わる
eloquence　雄弁
respect　点
replace　とって代わる
exception　例外
in the event...to you ➲
unfortunate　不幸な
occur　起こる

シュトラッサー: そんなに急ぐことはない。君には時間はたっぷりあるのですから。カサブランカに永遠にいることになるかもしれないし。あるいは、明日リスボンに発てるかもしれない。ある条件付きでだが。

ラズロ　: で、その条件とは？

シュトラッサー: 君は、地下運動の指導者を知っている、パリ、プラハ、ブリュッセル、アムステルダム、オスロ、ベオグラード、アテネとね…

ラズロ　: ベルリンでさえも。

シュトラッサー: そうだ、ベルリンですらだ。もし、君が私に彼らの名前と正確な所在を明かすなら、明日の朝にはビザが手に入るだろう。

ルノー　: それに第三帝国のために働いたという栄誉もね。

ラズロ　: 私はドイツの捕虜収容所に１年間いた。その栄誉で一生充分です。

シュトラッサー: 我々に名前を教えるかね？

ラズロ　: 口を割らせるのにもっと都合のよい方法が自由に使えた捕虜収容所で名前を明かさなかったのに、今になって明かすはずもないでしょう。それに、そうした連中を突き止め、殺したからといってどうなります？　我々全員を殺したからといってどうなると言うのです？　ヨーロッパの至るところから、何百、何千という人々が立ち上がり、我々にとって代わるでしょう。ナチスといえども、それほど早くは殺せない。

シュトラッサー: ラズロ君、君が雄弁だとの評判を、今、私は理解することができた。しかし、君が間違っている点が１つある。君は、帝国の敵は全員がとって代わり得ると言ったが、１つだけ例外がある。脱出を試みているうちに、君に何か不幸な出来事がふりかかった場合には、君にとって代われる人間は誰ひとりとしていないのだよ。

■ **On one condition**
condition は「条件」の意で、If you will agree to one condition ほどの意。

■ **Brussels**
ベルギー中部の都市で首都ブリュッセル（英語での発音は [brʌ́slz]）。EU（欧州連合）の拠点都市でもある。センヌ川沿いにあり、小パリの名がある。なお、ドイツ軍との戦闘に敗北したベルギーは1940年5月27日、単独休戦を求めた。

■ **Belgrade**
バルカン半島中央部、セルビア共和国の首都（第二次世界大戦勃発時は、ユーゴスラビア王国の首都）ベオグラード（英語での発音は [bélgreid]）。ドナウ川と支流サーバ川との合流点にある。「白い街」の意。

■ **Athens**
ギリシャの首都アテネ（英語での発音は [ǽθinz]）。サロニカ湾に臨むアッチカ地方にある。ギリシャは中立国の立場を取っていたが、1940年10月にイタリア、ドイツから相次いで侵攻を受けた結果、枢軸国のドイツ、イタリア、ブルガリアに分割統治されることになった。それに対するレジスタンス運動の激しさはよく知られており、1941年9月には民族解放戦線が組織されるなど、人口の3分の1にあたる200万人が参加した。

■ **That's honor enough for a lifetime.**
imprisonment is the only honor the Germans can give を暗示している。

■ **what if**
= what would happen if; suppose that; imagine that
ex. What if she doesn't come?（彼女がこなかったらどうなるだろう？）

■ **in the event...to you**
if you were to die while trying to escape を暗示したもの。In the event that our team wins, there will be a celebration.（万一我々のチームが勝ったら、祝賀会があるだろう）のように、in the event は if it happens that、また in case の意。なお、that を省略して用いるのは米国用法。

LASZLO : You won't dare to interfere with me here. This is still Unoccupied France. Any violation of neutrality would reflect on Captain Renault.
RENAULT : Monsieur, insofar as it is my power.
LASZLO : Thank you.
RENAULT : By the way, Monsieur, last night you evinced an interest in Signor Ugarte.
LASZLO : Yes?
RENAULT : I believe you have a message for him.
LASZLO : Nothing important, but may I speak to him now?
STRASSER: You would find the conversation a trifle one-sided. Signor Ugarte is dead.
ILSA : Oh.
RENAULT : I am making out the report now. We haven't quite decided whether he committed suicide or died trying to escape.
LASZLO : Are you quite finished with us?
STRASSER: For the time being.
LASZLO : Good day.

Laszlo stands to leave. Renault pushes a button on his desk to alert the guard outside the office. The guard opens the door. Laszlo and Ilsa leave. Casselle enters.

RENAULT : Undoubtedly their next step will be to the black market.
CASSELLE : Excuse me, Captain.

Casselle hands Renault some papers.

CASSELLE : Another visa problem has come up.

Renault tosses the papers on his desk and happily begins to straighten his tie. Strasser smiles while putting on his gloves.

RENAULT : Show her in.
CASSELLE : Yes, sir.

dare　あえて〜する, 〜する勇気がある ⊙
violation　違反
neutrality　中立
reflect on　体面を傷つける ⊙
insofar as　〜する限りでは ⊙
evince　はっきり示す, 証明する
Signor　(伊)→p.153
conversation　会話, 話し合い, 打ち合わせ
a trifle　ちょっと ⊙
one-sided　一方的な ⊙
commit　犯す
suicide　自殺 ⊙
Are you quite finished with us →p.247
for the time being　今のところは ⊙
Good day　こんにちは, さようなら →p.157
alert　(人に)警告する, 注意を喚起する
undoubtedly　確かに, 疑いなく ⊙
come up　問題になる, 起こる
tie　ネクタイ ⊙
glove(s)　手袋 ⊙
Show her in ⊙

ラズロ　：ここでは、あなた方は私に干渉するわけにもいかないはずだ。ここは依然として、非占領のフランス領ですからね。中立が少しでも犯されれば、ルノー大尉の体面が傷つくでしょう。

ルノー　：ムッシュー、私の力の及ぶ限り。

ラズロ　：ありがとうございます。

ルノー　：ところでムッシュー、昨夜あなたはウガーテ氏に興味をお持ちのようでしたが。

ラズロ　：それで？

ルノー　：彼に伝言がおありだろうと思いまして。

ラズロ　：大したことでありませんが、今話せますか？

シュトラッサー：その話し合いは、いささか一方的なものになるでしょう。ウガーテ氏は死んでるのでね。

イルザ　：まあ。

ルノー　：今、報告書を作成しているところでしてね。自殺にするか、逃亡を謀って死んだとするか、まだ決めかねているのです。

ラズロ　：私たちの用件は済みましたか？

シュトラッサー：目下のところは。

ラズロ　：さようなら。

ラズロは退出するために立ち上がる。ルノーはオフィスの外の護衛官に注意を喚起するために机の上のボタンを押す。護衛官はドアを開ける。ラズロとイルザが部屋を後にする。カッセルが入ってくる。

ルノー　：間違いなく次の行き先は闇市でしょう。

カッセル　：失礼します、大尉。

カッセルはルノーに書類を手渡す。

カッセル　：またビザの問題が持ち上がりました。

ルノーは書類を机の上に放り投げ、嬉しそうにネクタイを直し始める。シュトラッサーは微笑み、手袋をはめる。

ルノー　：彼女を通したまえ。

カッセル　：かしこまりました。

■ **dare**
ex. Truth or Dare（「真実か挑戦か」、指名された人がtruthかdareを選択し、前者ならばどんな質問にも正直に答え、後者ならば相手から指示された内容を実行するというパーティーゲーム）

■ **reflect on**
= cast blame on
His crimes reflected on his family.（彼の犯罪は彼の家族の不名誉になった）におけるように、reflect on は「（悪い行為などが）不名誉となる、体面を傷つける」の意。

■ **insofar as**
= to the degree that; to the extent that; as much as
ex. I'll help you insofar as I can.（できる限り力になりましょう）

■ **a trifle**
= a little; a little bit; a bit

■ **one-sided**
= biased; unequal; unfair; unjust

■ **suicide**
発音は[sú:əsàid]。接尾辞-cideは「殺すこと、殺す人」の意味。*suiはラテン語でoneself。
cf. homicide（殺人）、genocide（ジェノサイド、大虐殺）、parricide（親殺し）matricide（母親殺し）、patricide（父親殺し）、pesticide[insecticide]（殺虫剤）、germicide（殺菌剤）

■ **for the time being**
= for now; for a while; temporarily

■ **undoubtedly**
= without doubt; unmistakably; of course; undeniably; doubtlessly

■ **tie**
= necktie
cf. bowtie（蝶ネクタイ）、ascot tie [ascot] [hanker-tie]（昼の礼装とされている幅広の蝶型ネクタイ）

■ **glove(s)**
手袋を日本語で数えるときは「双（そう）」や「対（つい）」、「組（くみ）」を使うように、英語ではa pair ofを使う。

■ **Show her in.**
警官が問題の人物の性別を言っていないにもかかわらず、herと言うところなどは、物語の最初で褐色のヨーロッパ人が言っていた the customary roundup of refugees, liberals and, uh, of course, a beautiful young girl for Monsieur Renault (p.26) を証明する何より適切なセリフと言えよう。

20 *EXT. STREET - MORNING - A crowded bus pulls into a busy marketplace. The dark European, wearing a safari hat talks to a MERCHANT. The Merchant looks at a passport.*

MERCHANT: **Sorry, Monsieur, we would have to handle the police. This is a job for Signor Ferrari.**

handle 操る, 対処する

The merchant returns the passport to the dark European.

DARK EUROPEAN: **Ferrari?**

MERCHANT: **It can be most helpful to know Signor Ferrari. He pretty near has a monopoly on the black market here. You will find him over there at the Blue Parrot.**

most helpful ⊖
helpful 助けになる
pretty near ⊖
monopoly 独占 ⊖

The merchant points to a sign over a store, which reads "Blue Parrot." A parrot perches near the sign.

perch (鳥が止まり木に)止まる, 羽を休める

DARK EUROPEAN: **Thanks.**

INT. BLUE PARROT - MORNING - Rick enters the crowded restaurant. Ferrari comes out of the back room with Jan and Annina.

back room 奥の部屋 ⊖

FERRARI : **There, don't be too downhearted.**
: **Perhaps you can come to terms with Captain Renault.**

JAN : **Thank you very much, Signore.**

there ⊖
downhearted 落胆した
come to terms with ～と妥協する, ～を甘受する ⊖

The couple leaves. Rick greets Ferrari.

RICK : **Hello, Ferrari.**

FERRARI : **Ah, good morning, Rick.**

RICK : **I see the bus is in. I'll take my shipment with me.**

shipment 積み荷

FERRARI : **No hurry. I'll have it sent over. Have a drink with me.**

No hurry 急がなくていいよ ⊖

RICK : **I never drink in the morning. And every time you send my shipment over, it's always just a little bit short.**

short 不足して

屋外—通り—朝—混み合ったバスが賑やかな市場へ入ってくる。サファリ帽を被った褐色の欧州人が商人と話している。商人は通行証を見ている。

商人　：お気の毒ですが、ムッシュー、警察を動かさなければなりません。そういうのはフェラーリ氏の仕事ですよ。

商人は通行証を褐色の欧州人に返す。

褐色の欧州人：フェラーリ？
商人　：フェラーリ氏を知っておくと、ずいぶん助かりますよ。ここの闇市をほとんど独占しているようなもんですから。あそこのブルー・パロットへ行かれれば会えるでしょう。

商人は「ブルー・パロット」と書かれた店の看板を指す。その看板の近くにオウムが1羽止まっている。

褐色の欧州人：ありがとう。

屋内—ブルー・パロット—朝—リックは混み合ったレストランに入っていく。フェラーリがヤンとアニーナと一緒に奥の部屋から出てくる。

フェラーリ　：さあ、そんなに気を落とさないように。
　：たぶん、ルノー大尉との話もまとまるでしょう。

ヤン　：どうもありがとうございました、シニョーレ。

その夫婦は出ていく。リックはフェラーリに挨拶する。

リック　：やあ、フェラーリ。
フェラーリ　：ああ、おはよう、リック。
リック　：バスが着いたようだな。俺の積み荷を持っていこう。
フェラーリ　：急ぐことはない。届けさせるさ。わしと1杯飲もう。
リック　：午前中には飲まないことにしている。それに君に届けてもらうたび、いつも少しばかり積み荷が減っているんでね。

■ **most helpful**
この most は He is a most learned man.（彼は実に学識のある人物だ）とか、He behaved most generously.（彼はすごく気前よく振る舞った）のように、「most ＋ 形容詞·副詞」の型で「非常に～だ」の意を表して使われる。とはいえ、主観的判断を表す形容詞、副詞しか修飾しないために He is a most tall boy. と言うことはできない。なお、この用法における most は絶対最上級を表すもので、比較の意味を持たず、強意副詞としての働きを持つ。通例、very、exceedingly、highly、awfully、absolutelyなどに代わることができる。

■ **pretty near**
= almost

■ **monopoly**
1つの企業が市場を独占し、他の企業が参入できない状態を表す語で、そういった企業そのものもこう呼ぶ。
cf. Act on Prohibition of Private Monopolization and Maintenance of Fair Trade（私的独占の禁止及び公正取引の確保に関する法律〔独占禁止法〕）

■ **back room**
単なる部屋のレイアウトとしての「奥」という意味もあるが、「秘密の部屋」というニュアンスもあるため、一語の形容詞としても使われる。
ex. in back room（密室で、秘密裏に、非公開で）、backroom meeting（密談）、backroom deal（裏取引）

■ **there**
There, drink it up.（さあ、ぐっといきたまえ）におけるように、激励、慰め、満足などを表して「さあ、ほら、まあまあ」などの意で使われる。

■ **come to terms with**
= reach an agreement with; learn to accept
ex. I finally came to terms with my creditor.（やっとのことで債権者と折り合いがついた）

■ **No hurry.**
= There is no hurry.
hurryでよく使われる表現に、I'm in a hurry.（急いでるんだ）、Is there any hurry?（何か急ぐことでもあるのかい?）、What's the hurry?（何でそんなに急ぐんだい?）などがある。

FERRARI : Carrying charges, my boy, carrying charges. Here, sit down.

Ferrari gestures to an available table and they sit down.

FERRARI : There's something I want to talk over with you, anyhow. (to the waiter) The bourbon. (to Rick) The news about Ugarte upsets me very much.

RICK : You're a fat hypocrite. You don't feel any sorrier for Ugarte than I do.

FERRARI : Of course not. What upsets me is the fact that Ugarte is dead and no one knows where those Letters of Transit are.

RICK : Practically no one.

FERRARI : If I could lay my hands on those Letters, I could make a fortune.

RICK : Well, so could I. And I'm a poor businessman.

FERRARI : I have a proposition for whoever has those Letters. I will handle the entire transaction, get rid of the Letters, take all the risk, for a small percentage.

RICK : And the carrying charges?

FERRARI : Naturally, there will be a few incidental expenses. That's the proposition I have, for whoever has those Letters.

RICK : I'll tell him when he comes in.

FERRARI : Rick, I'll put my cards on the table. I think you know where those Letters are.

RICK : Well, you're in good company. Renault and Strasser probably think so too.

carrying charges 運送諸掛 ⊖

available 利用できる, 空いている

talk over ～について議論する ⊖

bourbon バーボン ⊖

fat 太った

hypocrite 偽善者 ⊖

practically 実際には, 事実上は

make a fortune ⊖

fortune 富, 大金

proposition 提案

whoever ～するのは誰でも

entire 全体の

transaction 取引

get rid of を追い払う, 取り除く ⊖

risk 危険

naturally もちろん ⊖

incidental expenses 諸雑費

proposition 命題

I'll put one's cards on the table →p.247

you're in good company ⊖

フェラーリ：運送諸掛さ、君、運送諸掛だよ。さあ、かけたまえ。

フェラーリが空いているテーブルを示すと、２人は腰を下ろす。

フェラーリ：とにかく、君と話したいことがある。(ウェイターに) バーボンを。(リックに) ウガーテの件では気が動転してしまったよ。

リック：君は太った偽善者だな。俺同様、ウガーテのことをかわいそうだなんて思ってもいないくせに。

フェラーリ：もちろんさ。気が動転したのは、ウガーテが死んでしまって、例の通行証のありかが誰にもわからないからだ。

リック：ほとんど誰にも、な。

フェラーリ：もしわしがその通行証を手に入れることができたなら、一財産築けるわけだ。

リック：それは、俺だって同じことさ。おまけに俺はケチな実業家だしね。

フェラーリ：誰であれその通行証を持っている人物に、わしはいい条件を出すんだがな。取り引きは全部こっちがやってやり、通行証をさばき、リスクも全部引き受ける、ほんの数パーセントの手数料でな。

リック：それに運送諸掛だろ？

フェラーリ：もちろん、少々の雑費はかかるだろうがね。これが、誰だろうとその通行証を持っている人間に出すわしの提案だよ。

リック：その人物が俺の店へやってきたら伝えておこう。

フェラーリ：リック、正直に言おう。わしは君が例の通行証のありかを知っているとにらんでいる。

リック：すると、君にはいい仲間がいるってわけだ。ルノーとシュトラッサーも、たぶんそう思っているらしい。

■ **carrying charges**
通例、会計上は在庫維持費、保管費用、運送費、梱包費、保険料などを含むが、ここでは運送費に梱包費、手数料を加えた程度の運送料ということになるだろう。

■ **talk over**
副詞overをつけることで、「繰り返して、じっくりと」というニュアンスが付加される。We talked over the phone.(私たちは電話で話した)のようにoverが前置詞として使われている場合、話す方法を表す。

■ **bourbon**
最初ケンタッキー州バーボン郡で生産されたことからこの名がついたウイスキー。トウモロコシを51%以上含んだもろみを造り、160プルーフ以下で蒸留を行い、内部を焦がした新しい樫の樽に、最低4年間貯蔵熟成させたもの。

■ **hypocrite**
発音は[hípəkrìt]。「偽善的な、偽善者ぶった」という形容詞はhypocritical。その反義語、「誠実な」はsincere(発音は[sinsíər])。

■ **make a fortune**
make a fortune は、His father made a fortune in the oil business.(彼の父は石油事業で身代を築いた)からもわかるとおり、「金持ちになる、身代を築く」の意。また、They might all have made their fortunes.(彼らみんな立身出世できたかもしれないのだが)のように、make one's fortuneとなると「立身出世する」となる。

■ **get rid of**
= get free of; dispose of; destroy
I can't get rid of this cold.(この風邪が治らない)とか、I'm going to get rid of this car.(この車を処分するつもりだ)、また You should get rid of those old-fashioned ideas.(そんな古くさい考えは捨てなさい)など、幅広く使える。

■ **naturally**
= without a doubt; surely; of course

■ **you're in good company.**
ここでは you are not the only person who thinks that. ほどの意。Don't worry if you can't drive a car. You're in good company.(車が運転できなくてもくよくよするなって。そんな人はたくさんいるんだから)からもわかるとおり、be in good company は「(ほかの立派な人と)同じ仲間で」とか「そんな人はたくさんいる」ほどの意。

Rick looks out the window next to him and sees Laszlo and Ilsa at an outdoor merchant booth only ten meters away. The sign above the merchant stand reads "Au Roi de la Lingerie" Ilsa is picking through some material as Laszlo speaks to her. Laszlo turns and begins walking towards the Blue Parrot.

booth ブース, テント, 小屋, 売店
以下の明朝体はフランス語(本欄は英語訳)
At the King of Lingerie
material 原料, 材料, (服などの)生地

RICK : **That's why I came over here, to give them a chance to ransack my place.**
FERRARI : **Rick, don't be a fool. Take me into your confidence. You need a partner.**
RICK : **Excuse me, I'll be getting back.**

That's why だから
chance チャンス, 好機, 機会
ransack くまなく捜す
take...into one's confidence ～に秘密を打ち明ける

Rick quickly leaves the table and passes Laszlo at the front door.

LASZLO : **Good morning.**
RICK : **Signor Ferrari is the fat gent at the table.**

gent 紳士

Rick continues to leave the Blue Parrot. Laszlo appears quite confused by Rick's statement, but finally enters the Blue Parrot to find Ferrari.

confused 当惑した
statement 発言, 意見

21 *EXT. MERCHANT STAND - MORNING - A merchant shows Ilsa some lace.*

lace レース

ARAB : **You will not find a treasure like this in all Morocco, Mademoiselle. Only seven hundred francs.**

treasure 宝物

Rick walks straight to Ilsa and interrupts their conversation.

RICK : **You're being cheated.**
ILSA : **It doesn't matter, thank you.**
ARAB : **Ah, the lady is a friend of Rick's? For friends of Rick's we have a small discount. Did I say seven hundred francs? You can have it for two hundred.**

cheat だます, 不正を働く
discount 割引

リックが隣の窓から外を見ると、ラズロとイルザがわずか10メートルの距離しか離れていない露天商のカウンターにいるのが目に入る。その露天商のカウンターの上の看板には「リンネルの王様」と書かれている。生地を拾い上げているイルザにラズロは話しかける。ラズロは向きを変え、ブルー・パロットのほうへ向かって歩き始める。

リック　：俺がここへ来たのもそれが理由さ、つまりあいつらに俺の店を捜索するチャンスをやるためだ。

フェラーリ：リック、馬鹿なことを言うな。わしに打ち明けろよ。君にはパートナーが必要だぞ。

リック　：失礼、帰るとしよう。

リックは足早にテーブルを後にすると、入り口のドアのところでラズロとすれ違う。

ラズロ　：おはよう。

リック　：フェラーリ氏なら、あのテーブルに座っている太った紳士ですよ。

リックはブルー・パロットを後にして立ち止まることなく進んでいく。ラズロはリックの言葉にかなり当惑した様子だが、結局はブルー・パロットに入り、フェラーリを見つける。

屋外—露天商のカウンター—朝—商人がイルザにレースを見せている。

アラブ人：モロッコ中探しても、これほどのお宝は見つかりませんよ、マドモアゼル。たったの700フランです。

リックはイルザのところへまっすぐ歩いていくと彼らの会話に割って入る。

リック　：だまされてるよ。

イルザ　：構わないわ、どうも。

アラブ人：おや、ご婦人はリックのお友達で？　リックのお友達には、少々お安くしてます。700フランと言いましたか？　200フランでお売りしましょう。

■ **material**
料理の「材料」にはingredient(s)を使う。
ex. Oil is the raw material for plastic.（石油はプラスティックの原材料である）
cf. Onions, carrots and potatoes are popular ingredients for curry.（玉ねぎ、にんじん、ジャガイモは一般的なカレーの材料だ）

■ **That's why**
= That is why; That is the reason (why)
ある状況がもたらした結果について話すときに用いる。
ex. I got lost in town. That's why I had to phone my Dad to pick me up.（町で道に迷っちゃって、だから父さんに電話して車で迎えに来てもらわなくちゃいけなかったんだ）

■ **chance**
「機会」を意味する語にopportunityがあるが、chanceは偶然得られた「機会」であるのに対し、opportunityは自ら望んだ、あるいは得るために努力した「機会」というニュアンスがある。
ex. God gave me a chance to talk to her!（神が彼女と話す機会を与えてくれた!）、I had been phoning her secretary so many times and finally got an opportunity to talk to her.（私は彼女の秘書に何度も電話をかけて、ついに彼女と話す機会を得た）

■ **ransack**
= go through; search; seek

■ **take...into one's confidence**
= trust...and tell...one's thoughts

■ **gent**
gentlemanの略。発音は[dʒént]。

■ **confused**
= puzzled; baffled; bewildered; at a loss; mixed up

■ **cheat**
試験などで不正をすることをカンニングと言うが、これはcunning：ずるい、悪賢いからとった和製英語で、英語ではcheatを使う。またcheatには「浮気をする」という意味もある。
ex. He got caught cheating on the final exam. That is why he lost his opportunity to be nominated for the Best Student of the Year.（彼は最終試験でカンニングをしているのが見つかった。だから彼は年間最優秀生徒に推薦される機会を失ったのだ）

RICK : I'm sorry I was in no condition to receive you when you called on me last night.

ILSA : Doesn't matter.

ARAB : Ah! For special friends of Rick's we have a special discount. One hundred francs.

RICK : The story had me a little confused. Or, maybe it was the bourbon.

ARAB : I have some tablecloths, some napkins...

ILSA : Thank you. I'm really not interested.

ARAB : Please! One minute, please!

The merchant turns to go into his store. Rick and Ilsa continue to talk.

RICK : Why did you come back? To tell me why you ran out on me at the railway station?

ILSA : Yes.

RICK : Well, you can tell me now. I'm reasonably sober.

ILSA : I don't think I will, Rick.

RICK : Why not? After all, I got stuck with the railway ticket. I think I'm entitled to know.

ILSA : Last night I saw what has happened to you. The Rick I knew in Paris, I could tell him, he'd understand. But the one who looked at me with such hatred... well, I'll be leaving Casablanca soon, and we'll never see each other again. We knew very little about each other when we were in love in Paris. If we leave it that way, maybe we'll remember those days, not Casablanca... not last night.

RICK : Did you run out on me because you couldn't take it? Because you knew what it would be like hiding from the police, running away all the time?

ILSA : You can believe that if you want to.

condition 状態, 状況, 事情
receive someone 人を迎える, 出迎える ⊖
call on ～を訪ねる ⊖
run out on ～を見捨てる ⊖
railway 鉄道
reasonably 正当に, 分別のある
sober しらふの, 酔っていない
after all 結局
get stuck with ⊖
be entitled to ～する権利がある ⊖
what has happened to ⊖
The Rick I knew in Paris ⊖
hatred 憎しみ
that way そのように
those days その頃, 当時
take it ⊖

リック　：昨夜、訪ねてきてくれたとき、人を迎え入れるような状態じゃなくてすまなかった。

イルザ　：構わないわ。

アラブ人　：なるほど、リックの特別なお友達には、特別お安くしてます。100フランです。

リック　：君の話で少々混乱してしまってね。それとも、バーボンのせいだったかも。

アラブ人　：テーブルクロスもありますし、ナプキンも…

イルザ　：ありがとう。本当に買うつもりはないの。

アラブ人　：どうか、ちょっとお待ちを。どうか！

商人は店の中に戻る。リックとイルザの会話は続く。

リック　：なぜ戻ってきたんだ？　あの駅で俺をふった理由を言うためにか？

イルザ　：そうよ。

リック　：じゃあ、今なら話しても大丈夫だ。ちゃんと、しらふだからさ。

イルザ　：そのつもりはないわ、リック。

リック　：なぜだ？　結局、俺は汽車の切符を1枚無駄にしたわけだから知る権利はあると思うが。

イルザ　：昨夜、あなたに何が起こったのかが、よくわかったわ。私がパリで知っていたリックにだったら、話せるわ。彼だったらわかってくれる。でも、あんな憎しみの目で私を見たリックには…でも、もうすぐ私はカサブランカを発つから、もう二度と会うことはないでしょう。パリで恋をしていたとき、私たち、お互いのことをほとんど知らなかったわ。そのままにしておけば、思い出すのはあの頃のこと。カサブランカのこと…昨夜のことではなくて。

リック　：君が俺を捨てたのは、耐えられなかったからなのか？　警察から身を隠し、始終逃げ回るってことがどういうことかわかっていたからなのか？

イルザ　：そう思いたければそれで結構。

■ **receive someone**
= welcome someone

■ **call on**
He calls on her every day.（彼は毎日彼女を訪ねている）のように call on someone は visit someone の意。call at の場合は call at some place つまり visit some place の意である。

■ **run out on**
= abandon; forsake
ex. Mary ran out on her husband.（メアリは夫を捨てた）

■ **get stuck with**
= be burdened with; be forced to accept; have to possess

■ **be entitled to**
「be entitled to + 動詞の原形 or 名詞（句）」の型で、have a right to の意を表す。
ex. Everyone is entitled to public education in this country.（この国では誰もが公教育を受ける権利がある）

■ **what has happened to**
happen toはSomething terrible must have happened to Kate.（ケイトの身に何かとんでもないないことが起こったに違いない）といった具合に、通例、事故あるいは災難といった好ましくないことが起こる場合に使われる。そのためWhat happened to you?（いったいどうしたんだね？）といった質問の裏には「どうしたんだねそのざまは、何か悪いことでもあったのか？」といった意味合いが潜んでいる場合が多い。

■ **The Rick I knew in Paris**
I could tellの目的語himを言い換え前に出し、さらにtheをつけることで「あのリックなら」と強調している。なお、このシーンを撮影したとき、イングリッド・バーグマンはイルザが最終的にリックかラズロのどちらを選ぶのかを知っていた。→p.192コラム「"Which man should I love more…?"」参照。

■ **take it**
= bear trouble; withstand difficulty
通例、can また could を伴って、苦しみ、攻撃、重圧などに「耐える、我慢する」の意を表して使われる。ボクシングで、顎にパンチを食らう様子から生まれたtake it on the chin（苦しみを甘受する）より。
ex. Susie criticizes other people, but she can't take it herself.（スージーは他人を批判するが、自分がやられるのは我慢できない）

RICK : Well, I'm not running away any more. I'm settled now. Above a saloon, it's true, but... walk up a flight. I'll be expecting you. All the same, someday you'll lie to Laszlo. You'll be there.

ILSA : No, Rick. No, you see, Victor Laszlo is my husband. And was, even when I knew you in Paris.

settle 落ち着く, 安住する
true 本当
flight 一続きの階段
all the same それでも, やはり, どちらでも〔全て〕同じこと →p.229 just the same参照
someday いつか, いつの日か, そのうち →p.235
lie 嘘をつく →p.239
Victor Laszlo is my husband. And was... in Paris →p.207 He was dead,... Then I met you参照

Rick's face becomes expressionless as he is shocked by this information. Ilsa turns and walks away, while Rick watches her.

22 *INT. BLUE PARROT - DAY - Ilsa has joined Laszlo and Ferrari. Ferrari makes Ilsa a glass of iced coffee.*

iced coffee アイスコーヒー ⊖

FERRARI : I was just telling Monsieur Laszlo that unfortunately, I am not able to help him.

ILSA : Oh.

LASZLO : You see, my dear, the word has gone around.

the word ⊖

FERRARI : As leader of all illegal activities in Casablanca, I am an influential and respected man. It would not be worth my life to do anything for Monsieur Laszlo. You, however, are a different matter.

illegal 不法な
influential 有力な
respect 尊敬する

LASZLO : Uh... Signor Ferrari thinks it might just be possible to get an exit visa for you.

Signor （伊）⊖

ILSA : You mean, for me to go on alone?

FERRARI : And only alone.

alone 1人で, 単独で

LASZLO : I'll stay here, and keep on trying. I'm... I'm sure in a little while...

keep on 〜し続ける

FERRARI : Might as well be frank, M'sieur. It will take a miracle to get you out of Casablanca, and the Germans have outlawed miracles.

might as well ⊖
frank 正直な, 率直な ⊖
M'sieur （仏）→p.191
miracle 奇跡
outlaw 禁止する ⊖

ILSA : We are only interested in two visas, Signore.

LASZLO : Please, Ilsa. Don't be hasty.

hasty 早まった, 気早な ⊖

ILSA : No, Victor, no!

リック　：それなら、俺はもう逃げ回ってはいない。今は落ち着いている。実のところ、酒場の上だがね、しかし…　階段を登ってこいよ。待ってるからさ。どっちみち、いつか君はラズロに嘘をつく。きっとやってくるさ。

イルザ　：いいえ、リック。違うわ、いいこと、ヴィクター・ラズロは私の夫なの。そして、パリであなたと知り合ったときも、そうだったのよ。

リックはこの情報にショックを受け、顔から表情が抜けていく。向きを変えて走り去るイルザを、リックはじっと見つめる。

屋内—ブルー・パロット—昼—イルザはラズロとフェラーリに加わる。フェラーリはイルザにアイスコーヒーを作る。

フェラーリ：ラズロさんに、残念ながら、お役に立てないとちょうど申し上げていたところでして。

イルザ　：まあ。

ラズロ　：ほら、命令が行き渡ってしまったのだ。

フェラーリ：カサブランカの不法事業のリーダーとして、わしは影響力もあり、尊敬もされている人間です。ラズロさんのために命を懸けるわけにはいかんのです。しかし、あなたの場合だと話は別ですが。

ラズロ　：その…　フェラーリさんは、君の出国ビザなら取れるかもしれないと思っておられる。

イルザ　：つまり、私に1人で行けと？

フェラーリ：そう、おひとりだけで。

ラズロ　：私はここに残り、努力してみる。き、きっとしばらくすれば…

フェラーリ：率直に申し上げたほうがいいでしょう、ムッシュー。奇跡でも起きない限り、あなたはカサブランカから出られません、しかもドイツ人は奇跡を禁止してしまいましてね。

イルザ　：私たちは2枚のビザにしか興味はありません。

ラズロ　：お願いだ、イルザ、早まってはいけない。

イルザ　：いいえ、ヴィクター、だめよ！

■ **iced coffee**
icedはice（冷やす）の過去分詞で「氷で冷やされた」「氷で覆われた」という意味の形容詞として機能している。このような過去分詞の形容詞的用法は、カタカナ語になる場合-edの音が脱落することがよくある。
ex. scrambled egg（スクランブルエッグ＝ごちゃごちゃに混ぜられた卵）、smoked cheese（スモークチーズ＝燻製されたチーズ）、condensed milk（コンデンスミルク＝濃縮された牛乳）

■ **the word**
There was no word from her.（彼女からの便りはなかった）とか Word got around.（噂が広まった）に見られるとおり、word が report とか rumor の意で使われる場合には単数形でしばしば無冠詞。しかし、He keeps his word.（彼は約束を守る）といった具合にone's word となると warrant や promise のこと。また、order の意味で用いられる際には We waited for the word to start shooting.（我々は撃てとの命令を待った）のように冠詞がついて the word となる。

■ **Signor**
= Mr.
本作中、イタリア語でSignor ～と言及されるのはウガーテとフェラーリの2人だけ。これはワーナーによって実に巧みに計算された設定で、ナチス以外の「悪人」を枢軸国であるイタリア人にすることで共感を煽り、興行収入を最大化しようという意図があったという。

■ **might as well**
ここでの might as well は You might as well throw it away.（そいつは捨てたほうがいい）のように「ぜひというわけではないが～してもよい」とか、You might as well eat it up.（そいつをたいらげなさい）といった具合に、穏やかな命令を表して使われる用法。なお、この表現は通例、疑問文、否定文、あるいは否定的文脈では用いられない。

■ **frank**
「率直に言うと」という意味で他にも、to be frank[direct] with you、frankly [speaking]、to speak frankly、let me be directなどといったフレーズもよく使われる。

■ **outlaw**
= ban; prohibit; forbid

■ **hasty**
= without much thought; impulsive; rash; reckless; thoughtless

FERRARI : You two will want to discuss this. Excuse me, I'll be at the bar.

Ferrari leaves.

LASZLO : No, Ilsa, I won't let you stay here. You must get to America. And believe me, somehow I'll get out and join you...

ILSA : But, Victor, if the situation were different. If I had to stay and there were only a visa for one, would you take it?

LASZLO : Yes, I would.

ILSA : Yes, I see. When I had trouble getting out of Lille, why didn't you leave me there? And when I was sick in Marseilles and held you up for two weeks and you were in danger every minute of the time, why didn't you leave me then?

LASZLO : I meant to, but something always held me up.

Ilsa nods and smiles.

LASZLO : I love you very much, Ilsa.

ILSA : Your secret will be safe with me. Ferrari is waiting for an answer.

Ferrari is talking to a waiter.

FERRARI : Not more than fifty francs.

Laszlo and Ilsa approach Ferrari.

LASZLO : We've decided, Signor Ferrari. For the present we'll go on looking for two exit visas. Thank you very much.

FERRARI : Well, good luck. But be careful. You know that you're being shadowed?

you two あなたたち2人 ⊖

somehow どうにかして, 何とかして ⊖

Lille リール ⊖

hold up 止める, 妨げる

mean ～するつもりだ

Your secret will be safe with me ⊖

not more than （数詞の前で）せいぜい

decide 決める ⊖

for the present 当分は ⊖

go on ～ing ⊖

good luck 幸運を祈る ⊖

shadow 後を尾ける

フェラーリ　：おふたりでお話し合いになりたいでしょう。失礼しますよ。わしはバーにいますから。

フェラーリは立ち去る。

ラズロ　：だめだよ、イルザ、君をここに留めておくわけにはいかない。アメリカへ行かなければ。それに、信じてくれ、何とか私もここを抜け出し、君に追いつくから。

イルザ　：でも、ヴィクター、もし立場が逆だったとしたら。もし私のほうが残らなければいけなくて、ビザが1人にしかなかったら、あなたはそれを取る？

ラズロ　：ああ、取るよ。

イルザ　：そう、わかったわ。私がリールを出るときにトラブルがあったわよね、そのとき、どうして私を置き去りにしなかったの？　それに、私がマルセイユで病気になり、あなたを2週間も足止めした、おかげであなたはその間ずっと危険にさらされていたのに、どうして私をおいて発たなかったの？

ラズロ　：そうするつもりだったけれど、いつも何か僕を阻むものがあってね。

イルザは頷き、微笑む。

ラズロ　：君をこよなく愛しているよ、イルザ。

イルザ　：あなたの秘密は誰にも言わないわ。フェラーリが返事を待っているわよ。

フェラーリはウェイターに話している。

フェラーリ　：せいぜい50フランだな。

ラズロとイルザがフェラーリに近づく。

ラズロ　：決めました、フェラーリさん。当面は出国ビザを2枚探し続けることにします。ありがとうございました。

フェラーリ　：では、幸運を祈ります。しかし、ご用心ください。あなた方が尾行されているのはご存じでしょうな？

■ **you two**
youは単複同形であるため、twoをつけることで、「あなたたち2人で」と強調する。例えば2人の人を相手にCould you help me here?(手伝ってくれますか？)と聞くとどちらに話しかけているのか判断できない時がある。そういったときに、ここでのように数をつけ意図をはっきりさせる。Could one of you help me here?(どちらかおひとり手伝ってくれますか?)、Could you two help me here?(おふたりとも手伝ってくれますか？)。

■ **somehow**
ここでのように方法が不明であるときのほか、理由が不明であるというとき、つまり「どういうわけか」という意味でも使える。
ex. I find him cute somehow.(なんとなく彼が可愛く思える)

■ **Lille**
フランス北部、ベルギー国境近くの都市で、ノード県の県都。ド・ゴール将軍の生地として有名。

■ **Your secret will be safe with me.**
文字どおりには「私に関してはあなたの秘密は安全です」の意で、つまり「あなたの秘密を漏らしません」と言っている。相手に対して自分の口の堅さを伝え、安心させる際に使われる表現。

■ **decide**
= make up one's mind

■ **for the present**
for the time being とか for a while の意味で使われる文語的表現。
ex. Let's forget about it for the present.(そのことはしばらく忘れることにしましょう)

■ **go on -ing**
= continue to...
「go on + 動名詞」の型で、「～をし続ける」の意。
ex. Jane went on working till late at night.(ジェーンは夜遅くまで仕事を続けた)

■ **Good luck.**
= Good luck to you.; I wish you well.
相手に対して幸運を祈る際の表現で、Best of luck! とか Lots of luck! という場合もある。これに対する答えは Thank you. や Thanks. が一般的。なお、乾杯の言葉として使われたり、皮肉で「どうせだめだろうが、まあせいぜい頑張れよ」の意で使われたりもする。

LASZLO : Of course. It becomes an instinct.

FERRARI : I observe that you in one respect are a very fortunate man, Monsieur. I am moved to make one more suggestion. Why? I do not know, because it cannot possibly profit me. Have you heard about Signor Ugarte and the Letters of Transit?

LASZLO : Yes, something.

FERRARI : Those Letters were not found on Ugarte when they arrested him.

LASZLO : Do you know where they are?

FERRARI : Not for sure, Monsieur. But, I will venture a guess that Ugarte left those Letters with Monsieur Rick.

Ilsa gasps.

LASZLO : Rick?

Laszlo also turns to look at Ilsa.

FERRARI : He is a difficult customer, that Rick. One never knows what he'll do, or why. But, it is worth a chance.

LASZLO : Thank you very much. Good day.

ILSA : Good-by, and thank you for your coffee, Signore. I shall miss that when we leave Casablanca.

FERRARI : Gracious of you to share it with me. Good day, Mademoiselle, Monsieur.

LASZLO : Good day.

Laszlo and Ilsa leave. Ferrari swats a fly.

instinct 本能 ⊙
observe 気づく, 認める →p.191
move 感動させる
suggestion 提案
profit 利益になる ⊙
Not for sure ⊙
venture a guess 推量をする, 見当を付ける
venture 思い切って〜する ⊙
guess 推測
gasp ハッと息をのむ, 恐怖であえぐ
customer 相手, やつ ⊙
it is worth a chance ⊙
Good day こんにちは, さようなら ⊙
miss ないのを寂しく思う
Gracious of you to ⊙
swat 〜をピシャリと打つ
fly ハエ, ブユ, アブ ⊙

ラズロ　：もちろん。本能となってしまいましてね。

フェラーリ：わしの見たところ、ある点では、あなたは非常に幸せな方ですな、ムッシュー。心を動かされましたので、もう1つ入れ知恵をしてさしあげましょう。なぜなのか自分にもわかりませんがね。というのも別段わしの得になどならんわけですから。ウガーテ氏と通行証のことはお聞きになってますかな？

ラズロ　：ええ、多少は。

フェラーリ：ウガーテが逮捕されたとき、その通行証を持っていなかったんですよ。

ラズロ　：それがどこにあるかご存じなのですか？

フェラーリ：確かではありませんがね、ムッシュー。しかし、ウガーテはその通行証をリックに預けたものとわしはにらんでいます。

イルザは息をのむ。

ラズロ　：リック？

ラズロも振り向いてイルザに目をやる。

フェラーリ：あのリックという男は、難しい相手でしてね。何をしでかすか、またなぜそうするのか、誰にも見当がつかんのです。しかし、あたってみる価値はありますよ。

ラズロ　：どうもありがとう。では。

イルザ　：さようなら、それからコーヒーをごちそうさまでした。カサブランカを離れたら、きっと恋しくなるお味でしたわ。

フェラーリ：お付き合いくださって、わしこそ礼を言います。では、マドモアゼル、ムッシュー。

ラズロ　：さようなら。

ラズロとイルザは去る。フェラーリはハエをピシャッと叩く。

■ **instinct**
ex. Migrating birds have a strong homing instinct.（渡り鳥には強い帰巣本能がある）

■ **profit**
「利益」という意味の名詞としても使う。
ex. Profit and Loss statement（PL、損益計算書）

■ **Not for sure**
I do not know for sure の省略された型で、I'm not completely certain といったところ。

■ **venture**
= express at the risk of denial or criticism; dare to say
元々は「冒険」を意味するadventureから頭語が消えて生まれた語である。名詞や形容詞としては、venture capitalなどのように「危険を伴う〔試み〕」などという意味で使われる。

■ **customer**
商売の取引の有無にかかわらず、ここでのようにdifficultなど、特徴を表す形容詞を伴って「～なやつ」という意味で使う口語表現。男女問わず使えるが、男性に対して使うことの方が多い。
ex. He is a tricky customer.（油断ならないやつだ）、I don't trust what he says because he's a slippery customer.（あいつは当てにならないやつだから、彼の言うことを私は信用しない）

■ **it is worth a chance**
= it is worth trying; it is potentially beneficial and should therefore be attempted

■ **Good day.**
日中の出会い、別れの挨拶として使われるフォーマルな表現だが、今日では廃れつつある。

■ **Gracious of you to**
= It's gracious of you to; You are gracious to

■ **fly**
ズボンの前チャックもこう呼ぶ。
ex. Your fly is open.（社会の窓が開いていますよ）

対独レジスタンス運動

占領軍や圧政に対する組織化された抵抗運動を意味するレジスタンス運動は第二次世界大戦中、ナチス・ドイツの占領国すべて（ポーランド、ノルウェー、デンマーク、オランダ、ベルギー、ルクセンブルク）で起こったが、「レジスタンス」といえばフランスにおける対独レジスタンス運動（1940 − 1944）を指すことが多い。これは多くのフランス人によって、1789年の大革命と並び多大な犠牲の上に国民自ら自由を獲得した、フランス史に燦然（さんぜん）と輝く出来事と認識されている。当時フランス国内外で運動に自ら参加した、あるいは弾圧を逃れて外国に亡命した多数の文化人によって、または同盟国であるイギリス、アメリカを通じて、そしてフランスの解放者ド・ゴール本人によって繰り返し綴られ語られたレジスタンス活動は、あまりに有名なエピソードに満ちている。

1940年6月のパリ陥落直後にロンドンに亡命したド・ゴールが、「自由フランス国民委員会」を結成、6月18日夕刻にBBC放送から祖国の同胞に向けて「フランスの抵抗の火を消してはならない」と呼びかけたラジオ演説はよく知られている。しかし、実際にこの演説を聞いたフランス人はごく少数であり、大多数の国民は圧倒的敗戦という衝撃のただ中にいた。連合国も当初、亡命政府には冷淡であった。

やがて、個人のレベルで反独的な態度を表明する抵抗者たちが現れる。伝統的なフランス解放のシンボル、「ロレーヌ十字」（「自由フランス」の公式シンボルになる）を身につけ、「ド・ゴール万歳」のスローガンや反政府パンフレットを配布する者、抵抗を呼びかける秘密新聞を発行し過激な破壊活動に身を投じる者も現れる。ゲシュタポによるこれら反独行動の弾圧が激化するにつれ、かえって世論を引きつけるための集団示威行動が頻発するようになる。

亡命中のド・ゴール自身はイギリスの援助を得て、北アフリカ戦線で「自由フランス軍」を指揮していた。一方、フランス本国においては、分裂して統率の取れなかった多くの地下抵抗組織が、主義・信条の差を超えて統合し、やがて武力を伴う反独・反ヴィシー体制の攻撃的な勢力となっていく。その困難な過程で、多くの有名・無名の活動家たちが逮捕・拷問により犠牲となった。そのうち最も有名な人物が、ド・ゴールに続く「自由フランス」のナンバー 2、ジャン・ムーランである。彼はド・ゴールの代理として敏腕を発揮し、1943 年 5 月、全フランスの 16 組織を統合した全国評議会（CNR）を招集するが、その直後にゲシュタポによって逮捕、拷問の末死亡する。彼はレジスタンスの英雄として、フランスでジャンヌ・ダルクに匹敵する救国の殉職者とみなされている。

1944 年 6 月 6 日、ついに連合軍によるノルマンディー上陸作戦が開始される。山岳ゲリラ戦に長けたレジスタンス、マキ団がこれに協力し、彼らは自由フランス軍にも加わった。自由フランス軍の勢力は全世界で 40 万人にも達していた。ド・ゴールは、同年 8 月 25 日のパリ解放の翌日パリに入城、エトワール凱旋門からノートルダム大聖堂まで凱旋パレードを行い、シャンゼリゼ大通りを埋めつくしたパリ市民から熱烈な喝采を浴びた。首都開放を持って 4 年間にわたる対独レジスタンス運動は終了する。この間、犠牲となったフランス国民の数は 15 万人余に上る。後半の短期間ではあったが、政治的、宗教的信念の異なる人々が祖国解放の希望を自己犠牲の上に共有したという記憶は、長い歴史的検証を経てなお、戦後フランス人の国民意識に大きく作用し続けている。

宮本　節子（相模女子大学）

Lady Luck

23 *EXT. RICK'S CAFE - NIGHT - The outdoor neon sign is lit up.*

INT. RICK'S CAFE - NIGHT - The dark European pickpocket is standing at the bar with another potential English victim.

pickpocket スリ
potential 可能性〔見込み・将来性〕がある
victim 被害者, 犠牲者, 被災者
Here's to you 君に乾杯
'd better

DARK EUROPEAN: Here's to you, sir.
ENGLISH MAN: Good luck.
DARK EUROPEAN: I'd better be going.
ENGLISH MAN: (to Sacha) And, m...my check please.
DARK EUROPEAN: I have to warn you sir. I beseech you.

The dark European steals the Englishman's wallet.

steal 盗む
wallet 財布

DARK EUROPEAN: This is a dangerous place. Full of vultures, vultures everywhere. Thanks for everything.
ENGLISH MAN: Good-by.
DARK EUROPEAN: Good-by, sir. It has been a pleasure to meet you.

It has been a pleasure to meet you お会いできて光栄でした

The dark European bumps into Carl as he hurries away.

bump into ぶつかる
hurry away 急いで立ち去る

DARK EUROPEAN: I'm sorry.

Carl quickly feels all his pockets and is relieved that his wallet has not been stolen. Strasser leads his German soldiers into the bar.

feel 探る
relieved 安心した, 安堵した

Rick sits at a table alone. Carl brings him a bottle and a glass. Carl scolds Rick.

scold 叱る

CARL: Monsieur Rick, you are getting to be your best customer.

get to be ～になる

運命の女神

DVD　01 : 30 : 18

□□□□□□

屋外—リックのカフェ—夜—外のネオンサインが輝いている。

屋内—リックのカフェ—夜—褐色の肌をしたヨーロッパ人のスリが、別の犠牲者になりそうな英国人とバーに立っている。

褐色の欧州人: ご健康をお祈りして。
英国人男性　: 幸運を。
褐色の欧州人: 私はもう行かなければ。
英国人男性　: (サシャに) では、か、勘定をお願いする。
褐色の欧州人: あなたにご忠告しておかなければなりません。お願いですから、よく聞いてください。

褐色の欧州人は英国人の男性の札入れを盗む。

褐色の欧州人: ここは危険なところです。ハゲタカだらけ、どこもかしこもハゲタカでいっぱいなのです。いろいろありがとうございました。
英国人男性　: さようなら。
褐色の欧州人: さようなら。お目にかかれてよかったです。

褐色の欧州人は、急いで逃げていくとき、カールに追突する。

褐色の欧州人: すみません。

カールは急いですべてのポケットを探り、札入れが盗まれていないことに安心する。シュトラッサーがドイツ人兵士を率いてバーに入ってくる。

リックが1人でテーブルに座っている。カールはリックに酒とグラスを運ぶ。カールはリックに小言を言う。

カール　　　: ムッシュー・リック、あなたは店一番の上得意になりつつありますよ。

■ **victim**
become[fall] victim to～の形で「～の被害者になる、犠牲者になる」という意。
ex. My son fell victim to the school bullying.(息子は学校でのいじめの被害者になってしまった)

■ **Here's to you.**
一般的な乾杯の言葉で Here's to your health.(君の健康を祝して乾杯)といった具合に「Here's to + 対象となるもの」の型で使われる。

■ **'d better**
= had better
さらにくだけた口語表現では had を完全に省略してYou better stay here.(君はここにいたほうがいい)のようになる。

■ **steal**
stealは不規則動詞で、過去形はstole、過去分詞はstolenである。

■ **wallet**
ex. large wallet[breast wallet][long wallet](長財布)、bifold wallet(二つ折り財布)、trifold wallet(三つ折り財布)、zippered wallet(ファスナー付き財布)
cf. coin purse(小銭入れ)
walletは主にお札やカードを入れる薄いもの。purseはハンドバッグという意味でも使われるため、慣習的にwalletは男性の持つもの、purseは女性が持つものというイメージがあった。

■ **It has been a pleasure to meet you.**
別れの際のフォーマルな表現。その他、同意の表現に It's been a real pleasure.、It's a pleasure to have met you.、It was a pleasure meeting you. がある。またこれらよりは気楽な表現として Nice talking to you.、Nice meeting you.、It was good to see you. などがある。

■ **scold**
特に子供などに対して、ガミガミと口うるさく小言を言う叱り方。

■ **get to be**
= become

Carl leaves. Renault arrives and sits across from Rick.

RENAULT : Well! Drinking! I'm very pleased with you. Now you're beginning to live like a Frenchman.

RICK : That was some going-over your men gave my place this afternoon. We just barely got cleaned up in time to open.

RENAULT : Well, I told Strasser he wouldn't find the Letters here. But, I told my men to be especially destructive. You know how that impresses Germans? Rick, have you got those Letters of Transit?

RICK : Louis, are you Pro-Vichy or Free French?

Renault chuckles.

RENAULT : Serves me right for asking a direct question. The subject is closed.

RICK : Looks like you're a little late.

RENAULT : Hmm?

Rick gestures towards Yvonne, who is walking in with a GERMAN OFFICER. She glances back at Rick as she passes his table.

RICK : So, Yvonne's gone over to the enemy.

RENAULT : Who knows? In her own way she may constitute an entire second front. Well, I think it's time for me to flatter Major Strasser a little. I'll see you later, Rick.

Renault leaves. Yvonne sits beside a FRENCH OFFICER at the bar.

YVONNE : Sacha!

GERMAN OFFICER: French seventy-fives.

be pleased with　～が気に入る, ～に喜ぶ, ～に満足する

some　相当な, かなりの
going-over　徹底的検査
your man →p.233
barely　かろうじて
in time　間に合って ⊃

destructive　破壊的な

Pro-Vichy ⊃
Free French　自由フランス ⊃

Serves me right...question ⊃
direct　直接の
subject　話題
look like　～のようだ

Who knows　誰にもわからない, 何とも言えない ⊃
in one's own way　自分らしい〔なりの〕方法〔やり方〕で ⊃
constitute　組織する, 構成する
second front ⊃
flatter　こびる, お世辞を言う

French seventy-five　フランス軍の75ミリ砲 ⊃

カールは去る。ルノーがやってきて、リックの向かいに腰を下ろす。

ルノー　：おや、飲んでるね！　これは嬉しいね。いよいよ君もフランス人みたいな生き方を始めたわけだ。

リック　：今日の午後、君の部下はかなり徹底的に、俺の店を捜索してくれたな。開店時間までにかろうじて掃除が間に合ったほどだ。

ルノー　：なあにね、私はシュトラッサーに、ここでは通行証は見つからないと言ったんだ。しかし、部下にはとりわけ破壊的にやるように命じたわけだ。それがどれだけドイツ人の心を打つかわかってるだろう？　リック、君は例の通行証を持ってるのかね？

リック　：ルイ、君はヴィシー側なのか、それとも自由フランス側なのか？

ルノーはくすっと笑う。

ルノー　：直接的な質問をしたための当然の報いだな。この話題は終わりだ。

リック　：少々手遅れだったようだな。

ルノー　：え？

リックはドイツ人将校と歩いてくるイヴォンヌのほうを示す。彼女はテーブルを通り過ぎるときにちらっとリックを振り返る。

リック　：なるほど、イヴォンヌは敵方に回ってしまったな。

ルノー　：それはわからんさ。彼女は彼女なりのやり方で第2の戦線をはっているのかもしれない。さて、シュトラッサー少佐に少しばかりお世辞を言ってくるとしよう。また後でな、リック。

ルノーは立ち去る。イヴォンヌはバーでフランス人将校の横に座る。

イヴォンヌ：サシャ！

ドイツ人将校：フレンチ'75を。

■ **in time**
= not too late
一般には John returned in time for his favorite television show.（ジョンはお気に入りのテレビ番組に間に合うように帰ってきた）といった具合に in time for で使われるが、He arrived in time to catch the plane.（彼は飛行機に間に合うように着いた）のように、不定詞を従えることもある。

■ **Pro-Vichy**
ここでの Vichy はヴィシー政府（p.32のコラム参照）。ヴィシーは第二次世界大戦中の非占領フランスにおける臨時首都所在地で、1940-44年までPhilippe Pétain（p.25）によって対独協力の政府が置かれた。これがヴィシー政府。なお、pro- は「（党派、制度、思想などに）賛成の、支持の」の意。anti-は「（党派、制度、思想などに）反対の」となる。

■ **Free French**
第二次世界大戦中ロンドンに設立されたド·ゴール将軍を首班とするフランスの臨時政府（1940-44）で、別名を Fighting French という。

■ **Serves me right...question.**
I deserve your rebuke because I asked an impudent question. ほどの意。なお、serve one right は、It serves you right.（ざまあ見ろ、いい気味だ）に見られるとおり、be a just and deserved punishment のこと。

■ **Who knows?**
= Who knows the answer to that question?; Perhaps, or perhaps not.

■ **in one's own way**
ex. Leave him alone. He will do the job in his own way.（放っておいてやれ。あいつはあいつのやり方でやるさ）、He is useful in his own way.（彼は彼なりに役に立っているよ）

■ **second front**
frontとは部隊が向かい合って戦闘を交えている最前線のことだが、第2戦線の場合は敵の兵力を分散させるために主要戦線から離れた地域に設ける戦線のことで、つまり敵の力をそぐための分断作戦。

■ **French seventy-five**
ただし、ここでは第一次世界大戦中パリのアンリ·バーで誕生したジンベースのレモン風味のシャンパン·カクテル。「ダイヤモンド·フィズ」ともいう。→p.136コラム参照。

YVONNE : **Put up a whole row of 'em, Sacha, starting here and ending here.**

GERMAN OFFICER: **We will begin with two.**

FRENCH OFFICER: Écoutez! Vous êtes pas une française, vous, d'aller avec les Boches comme ça?

YVONNE : De quoi vous mêlez-vous?

A customer laughs in the background.

FRENCH OFFICER: Je me mêle parce que je suis français, moi, eh ben quoi!

GERMAN OFFICER: Un moment...

YVONNE : C'est pas votre affaire!

FRENCH OFFICER: C'est l'affaire de qui?

GERMAN OFFICER: **No, no, no, no. One minute!**

The German pulls the Frenchman around to face him.

GERMAN OFFICER: **What did you say? Would you kindly repeat it?**

FRENCH OFFICER: **What I said is none of your business.**

GERMAN OFFICER: **I will make it my business.**

The German Officer slaps the French Officer in the face. The Frenchman punches the German. They grapple.

YVONNE : Arrêtez! Je vous en prie! Je vous en prie! Arrêtez!

Everyone in the room feels tense and stands. Rick pushes the German away from the Frenchman. He addresses both soldiers.

RICK : **I don't like disturbances in my place. Either lay off politics or get out.**

The French Officer is pulled away by his comrades.

FRENCH OFFICER: Sale Boche! Un jour, on aura notre revanche!

Strasser and Renault observe the scene.

---

put up 見せる, 掲げる
row 列

以下の明朝体はフランス語(本欄は英語訳)

Listen! You are not a Frenchwoman, you, to go with the Krauts like that?

Kraut ドイツ人 ➲

Why are you butting in this?

butt in 干渉する, 横やりを入れる, 口を挟む

I'm butting in because I am French! All right? What?

One moment. ➲

It's none of your business!

Whose business is it?

kindly 親切にも

none of one's business ～の知ったことではない ➲

I will make it my business ➲

slap someone in the face 平手打ちをする, ひっぱたく, ビンタする

grapple 取っ組み合う

Stop! I beg of you! I beg of you! Stop!

I beg of you お願いします ➲

tense 緊張した, 張り詰めた

either A or B AかBかどちらか

lay off ～を止める ➲

comrade 同僚, 仲間, 同志 ➲

Dirty Boche! Someday we'll have our revenge!

dirty 汚れた, 嫌な, 汚らわしい

Boche ➲

have one's revenge (人に)仕返し〔復讐〕する ➲

イヴォンヌ ：１列にずらっと並べてよ、サシャ、ここからここまで。

ドイツ人将校：最初は２本だ。

フランス人将校：おい、君。そんなふうにドイツ野郎といちゃついて、君はフランス人じゃないのかね？

イヴォンヌ ：何でまた人のことに口出しするのよ？

背景で客が笑う。

フランス人将校：僕がフランス人だからだよ、悪いかね！

ドイツ人将校：ちょっと待った…

イヴォンヌ ：あんたには関係のないことよ。

フランス人将校：じゃあ誰になら関係あるってんだい？

ドイツ人将校：こら、こら、こら、おい。ちょっと待て！

ドイツ人将校がフランス人を引き寄せ自分のほうを向かせる。

ドイツ人将校：今何と言った？　もう一度言ってもらおうじゃないか。

フランス人将校：僕が何と言おうと君の知ったことじゃない。

ドイツ人将校：俺の知ったことにしてやろうじゃないか。

ドイツ人将校はフランス人将校の顔に平手打ちを食らわす。フランス人はドイツ人を殴る。彼らはつかみ合う。

イヴォンヌ ：やめて！　お願い！　お願いだから！　やめて！

部屋にいる誰もが緊張して、立ち上がる。リックはドイツ人をフランス人から引き離す。彼は２人の兵士に呼びかける。

リック ：俺の店での騒ぎはごめんだ。政治の話をやめるか、それとも出ていくかのどちらかにしてもらおう。

フランス人将校は仲間に連れ出される。

フランス人将校：ドイツ野郎め！　いつか思い知らせてやる！

シュトラッサーとルノーがその光景を見ている。

■ **Kraut**
ドイツ語で「キャベツ」を意味する。ドイツの名物料理ザワークラウトに由来する俗語で第一次世界大戦の時から使われ始めたドイツ人に対する蔑称。

■ **One moment.**
= Just a moment.; Wait a moment, please.
moment に代わって minute や second も使われる。

■ **none of one's business**
= mind your own business
ここでのbusinessは「ビジネス、商売、会社」ではなく、「個人的な事情、事柄」という意味。同義のmind your own businessは直訳すると「あなた自身のことに気を遣いなさい」、つまりどちらの表現も「他人のことは放っておいて」「口出ししないで」「大きなお世話」という意味になる。

■ **I will make it my business**
フランス軍兵士の言った none of your business をもじった表現。

■ **I beg of you.**
= I beg you.
ofを入れたほうがよりフォーマルな表現。

■ **lay off**
= stop...; give up
ex. You are coughing a lot lately. You'd better lay off the cigarettes.（君は近頃しょっちゅう咳をしているね。タバコをやめたほうがいい）

■ **comrade**
発音は［kάmræd］。

■ **Boche**
ドイツ系の人、ドイツ兵を指す差別語。

■ **have one's revenge**
= get one's revenge; take one's revenge →p.202
revengeは恨みを晴らすためにする行為で、日本語のように「再挑戦する」といったニュアンスは（スポーツのrevenge match〔リベンジマッチ〕を除いて）一切ない。
ex. I will have my revenge on my brother's killer.（私は兄を殺したやつに復讐する）
cf. I was so nervous on stage, my mouth went dry and I couldn't sing well. I will practice hard and try again next month.（ステージでとっても緊張して、口がカラカラになって上手く歌えなかった。たくさん練習して来月リベンジ〔再挑戦〕するの）

STRASSER: You see, Captain, the situation is not as much under control as you believe.

not as much...as ⊙
under control 支配下に, 統制のとれた

Strasser and Renault sit down at a long table with some other officers.

RENAULT : My dear Major, we are trying to cooperate with your government. But we cannot regulate the feelings of our people.

cooperate 協力する
regulate 規制する

STRASSER: Captain, are you entirely certain which side you're on?

entirely 完全に ⊙
certain ～を確信している ⊙

RENAULT : I have no conviction, if that is what you mean. I blow with the wind, and the prevailing wind happens to be from Vichy.

conviction 信念
blow 吹く
the prevailing wind ⊙
prevailing 有力な, 優勢な ⊙

STRASSER: And if it should change?

RENAULT : Well, surely the Reich doesn't admit that possibility?

possibility 可能性

Renault lights a cigarette.

Renault lights a cigarette ⊙

STRASSER: We are concerned about more than Casablanca. We know that every French province in Africa is honeycombed with traitors, waiting for their chance. Waiting, perhaps, for a leader.

province 属州
be honeycombed with ⊙
traitor 反逆者

RENAULT : A leader? Like Laszlo?

STRASSER: Uh hum. I have been thinking. It is too dangerous if we let him go. It may be too dangerous if we let him stay.

RENAULT : I see what you mean...

Carl is waiting on the LEUCHTAGS, a middle-aged couple.

以下の明朝体はドイツ語(本欄は英語訳)

CARL : Ich bin schon wieder, Herr Leuchtag. Ich habe Ihnen den besten cognac gebracht. Trinken nur die Angestellten.

I'm back again. I brought you the finest brandy. Only the employees drink it.
brandy ⊙

MR. LEUCHTAG: Thank you, Carl.

Carl pours and hands them drinks.

シュトラッサー: ほら、大尉、君が信じているほどここの情勢は統制がとれていないではないか。

シュトラッサーとルノーはほかの将校が座っている長テーブルに腰を下ろす。

ルノー: 少佐殿、我々はあなた方の政府に協力しようと努めています。しかし、我が国民の感情まで取り締まることはできません。

シュトラッサー: 大尉、君はどちら側なのかちゃんとわかっているのかね？

ルノー: 私には信念がないのです、もしそういう意味でおっしゃっているのならね。私は風の吹くまま身をまかす主義で、今のところはたまたまヴィシーから強い風が吹いていますので。

シュトラッサー: では万一それが変わったら？

ルノー: だが、帝国は断固としてその可能性を容認しないでしょう？

ルノーはタバコに火をつける。

シュトラッサー: 我々はカサブランカだけのことだけを心配しているわけではないのだ。アフリカにあるフランス領はいずこも反逆者どもでウヨウヨしており、やつらはチャンスを窺っている。おそらく、リーダーを待っているのだろう。

ルノー: リーダーを？　ラズロのような？

シュトラッサー: そうだ。ずっと考えていたんだがね。あの男を行かせるのはあまりにも危険だ。ここに留めておくのも、やはり危険すぎるのかもしれない。

ルノー: おっしゃっていることはわかります…

カールが中年のカップル、ロイヒターク夫妻に給仕をしている。

カール: また来ましたよ、ロイヒタークさん。一番上等のコニャックをお持ちしました。従業員しか飲めないものでしてね。

ロイヒターク氏: ありがとう、カール。

カールは酒を注いで彼らに渡す。

■ **not as much...as**
この表現を書き換えるとすれば、You see, Captain, the situation is not so much under control as out of control. といったところ。

■ **entirely**
= completely; absolutely; totally; wholly

■ **certain**
ex. I'm not absolutely certain I locked the door.（ドアの鍵を閉めたか完全には確信が持てない）

■ **the prevailing wind**
= the strongest wind
ここでの wind は political orientation（政治的志向）のこと。

■ **prevailing**
ex. The prevailing view among experts is that the Conservatives will win the next election.（専門家の間では、次の選挙は保守党が勝つというのが通説だ）

■ **Renault lights a cigarette.**
ルノーは作中でタバコを吸う場面が多いが、実はルノー役を演じたクロード・レインズ自身は愛煙家ではない。煙を肺に入れないよう細心の注意を払い、口の中にためておき、しばらくの後吐き出すという方法を取っていたという。本作でアカデミー賞助演男優賞にノミネートされた彼の"隠れた"名演技にもぜひご注目。

■ **be honeycombed with**
honeycombが「ハチの巣のように穴だらけにする、くい込む」を意味するところから、That area is honeycombed with holes because of the construction of the subway.（その地域は地下鉄工事で穴だらけだ）のように、「～でいっぱいの」の意で用いられる。

■ **brandy**
果実を発酵させたものを蒸留して得た酒。一般にはブドウを原料としたものを単に brandy と呼び、ほかの果実を原料としたものはその原料名を冠して apple brandy とか cherry brandy と呼ぶ。
カールがドイツ語のセリフで言うcognacはフランス、シャレント県のコニャックの町を中心とする一定の地域内で収穫されたブドウから厳格な規制のもとに造られたブランデーのことで、アルコール分は40～48％。なお、原料となるブドウは果肉に酸が多く、糖分の少ないフォルブランシュ、コロンバー、サンテミリオンが主である。

CARL : Für Frau Leuchtag.

MR. LEUCHTAG: Thank you, Carl.

CARL : Für Herrn Leuchtag.

MR. LEUCHTAG: Carl, sit down. Have a brandy with us.

以下の明朝体はドイツ語（本欄は英語訳）
For Mrs. Leuchtag.
For Mr. Leuchtag.

MRS. LEUCHTAG: To celebrate our leaving for America tomorrow.

CARL : Oh, thank you very much. I thought you would ask me, so I brought the good brandy, and a third glass!

celebrate 祝う

Carl places a glass on the table for himself and sits down.

MRS. LEUCHTAG: At last the day's came.

MR. LEUCHTAG: Frau Leuchtag and I are speaking nothing but English now.

MRS. LEUCHTAG: So we should feel at home when we get to America.

CARL : A very nice idea.

MR. LEUCHTAG: To America.

MRS. LEUCHTAG: To America.

CARL : To America.

at last ついに ➲
the day's came ➲
nothing but ただ，～だけ ➲
feel at home 心休まる，くつろいだ ➲
To America ➲

The three clink their glasses together.

MR. LEUCHTAG: Liebchen, sweetness heart, what watch?

Mrs. Leuchtag looks at her watch.

MRS. LEUCHTAG: Ten watch.

MR. LEUCHTAG: Such much?

liebchen （独）愛しい人，恋人，妻
sweetness heart ➲
what watch ➲
Ten watch ➲
Such much ➲

Carl is a bit discomfited with their mangled English, but smiles at them.

CARL : You will get along beautifully in America.

discomfit （人）を当惑させる
mangle めちゃくちゃにする
get along うまくやっていく

24 *Annina comes from the gambling room. Renault greets her.*

RENAULT : How's lady luck treating you?

How's lady luck treating you ➲
treat もてなす，待遇する ➲

カール　　　：ロイヒタータ夫人に。
ロイヒターク夫人：ありがとう、カール。
カール　　　：ロイヒタークさんに。
ロイヒターク氏：カール、かけて。一緒にブランデーを飲んでください。
ロイヒターク夫人：明日、私たちがアメリカへ発つのを祝って。

カール　　　：これは、ありがとうございます。そうおっしゃってくださると思って、上等のブランデーをお持ちしました、それにグラスももう１つね！

カールはグラスをテーブルに置き、腰掛ける。

ロイヒターク夫人：やっとこの日が来たのね。
ロイヒターク氏：家内と私は、今は英語しかしゃべらないんですよ。
ロイヒターク夫人：アメリカに着いたとき、楽なようにとね。

カール　　　：とてもいい考えですね。
ロイヒターク氏：アメリカに。
ロイヒターク夫人：アメリカに。
カール　　　：アメリカに。

３人はグラスをカチンと合わせる。

ロイヒターク氏：ねえ、お前、甘い人、何時計？

ロイヒターク夫人は腕時計に目をやる。

ロイヒターク夫人：10時計。
ロイヒターク氏：そんなにたくさん？

カールは彼らのめちゃくちゃな英語に少し当惑するが、微笑む。

カール　　　：おふたりとも、アメリカではきっとうまくやっていけますよ。

アニーナが賭博室から出てくる。ルノーが挨拶する。

ルノー　　　：ツキはいかがですかな？

■ **at last**
= finally; at the end
ex. At last he knew the meaning of love.（ついに彼は愛の意味を知った）、His innocence was proved at last.（彼の無実はついに証明された）

■ **the day's came**
正しくは the day has come と言うべきところ。英語が未熟なための単純な文法ミス。

■ **nothing but**
ex. She has been eating nothing but apples for a couple of weeks. She says it's her way of losing weight...（この1、2週間彼女はりんごしか食べていない。彼女なりの減量法らしい…）

■ **feel at home**
ex. He knows how to make his guests feel at home.（彼はお客様にくつろいでもらう方法を知っている）

■ **To America.**
乾杯の際の表現で、Let's drink to America. とか Let's drink a toast to America. あるいは Here's to America. のこと。

■ **sweetness heart**
単純な間違いで、愛する人に対する親愛の気持ちを込めた正しい呼びかけは sweetheart。他に、darling、honey、love、dear、petなども同様の呼びかけとして使える。

■ **what watch?**
正しくは、what time is it? と言うべきところ。

■ **Ten watch.**
正しくは、Ten o'clock. と言うべきところ。

■ **Such much?**
正しくは、So late? と言うべきところ。

■ **How's lady luck treating you?**
= Are you having any luck?
ここでは Are you winning or losing at the gambling table? の意で用いられたもの。なお、lady luck は「幸運の女神」。

■ **treat**
ex. Treat others the way you want to be treated.（あなたがそうして欲しいと思うように人に接しなさい＝人に優しくされたいなら人に優しくしなさい、自分がされて嫌なことは他人にしてはいけません）

Annina sadly drops her head.

RENAULT : Ah, too bad. You will find him over there.

Renault points to his left. Annina walks to Rick's table.

ANNINA : Monsieur Rick?
RICK : Yes?
ANNINA : Could I speak to you? For just a moment, please?
RICK : How did you get in here? You're under age.
ANNINA : I came with Captain Renault.
RICK : Ah, I should've known.
ANNINA : My husband is with me, too.
RICK : He is? Well, Captain Renault is getting broad-minded. Sit down.
ANNINA : Thank you.

She sits.

RICK : Will you have a drink? Ah, of course not. Do you mind if I do?

Annina shakes her head. Rick pours himself another drink.

ANNINA : Oh, no. Monsieur Rick, what kind of a man is Captain Renault?
RICK : Ah, he's just like any other man. Only more so.
ANNINA : No, I mean... i...is he trustworthy? Is his word...?
RICK : Oh, just a minute. Who told you to ask me that?
ANNINA : He did. Captain Renault did.
RICK : I thought so. Where's your husband?
ANNINA : At the roulette table, trying to win enough for our exit visas. Well, of course he's losing.

Annina ⊖
drop one's head がっくりとうなだれる, 頭を垂れる
under age 未成年の ⊖
I should've known ⊖
broad-minded 寛大な, 心の広い ⊖
Do you mind if I do ⊖
Only more so ⊖
trustworthy 信頼できる

アニーナは悲しげに首をうなだれる。

ルノー　：おや、お気の毒に。彼ならあそこにいますよ。

ルノーは自分の左側を指さす。アニーナはリックのテーブルへと歩いていく。

アニーナ　：ムッシュー・リック？
リック　：何か？
アニーナ　：お話をしたいのですが。少しだけ、どうか。

リック　：どうやってここへ入った？　君は未成年だろう。

アニーナ　：ルノー大尉と一緒に来ました。
リック　：なるほど、俺が馬鹿だった。
アニーナ　：夫も一緒に来ています。
リック　：ご主人も？　これは、ルノー大尉も太っ腹になったもんだ。座りなさい。
アニーナ　：ありがとう。

彼女は座る。

リック　：１杯やるかね？　そうだ、もちろん飲むわけないよな。構わないかな、俺が飲んでも。

アニーナは首を振る。リックはもう１杯酒を注ぐ。

アニーナ　：ええ。ムッシュー・リック、ルノー大尉はどういう方ですか？
リック　：ああ、ほかの男と変わらないやつさ。もっと俗っぽいくらいだ。
アニーナ　：いえ、私が言っているのは…　あの方は信用できる方でしょうか？　口にされたことは…
リック　：おい、ちょっと待った。誰がそのことを俺に聞けと言ったのかね？
アニーナ　：あの方が。ルノー大尉がおっしゃいました。
リック　：そうだと思った。君のご主人はどこにいる？
アニーナ　：ルーレットをしています。出国ビザのために必要なお金を稼ごうとして。もちろん、負けていますわ。

■ **Annina**
Anninaを演じたJoy Pageにとって本作が映画デビュー作。両親ともに演技の世界に身をおいていたが、デビューのきっかけを与えたのは、母親の再婚相手でワーナー・ブラザースのトップJack L. Warner。未成年という設定通り、撮影当時、彼女は18歳だった。また本作ではブルガリア人という設定だが、アメリカ生まれである。なお実際には本作に出演しているアメリカ生まれの俳優は彼女を含め、主演のハンフリー・ボガート、サム役のドーリー・ウィルソンの3名のみである。

■ **under age**
後ろに数字をつけ「～歳未満の」という表現としても使える。
ex. Children under age 13 are not allowed to enter.（13歳未満のお子様はご入場いただけません）
なお、「～歳以下」を表す場合、13 years or underなどといった表現ができる。

■ **I should've known**
ここにおける should は You should have told me.（私に言ってくれればよかったのに）と同様、「should have ＋過去分詞」の型で、過去の動作、状態に対する後悔を表したもの。

■ **broad-minded**
= liberal; open-minded; permissive; tolerant
⇄ narrow-minded; intolerant

■ **Do you mind if I do?**
この表現は Do you mind if I call you tonight?（今夜電話してもいいですか？）のように、「～してもいいでしょうか」の意を表して相手の許諾を得る場合の一般的なものである。くだけた口語にあっては Mind if I smoke?（タバコを吸ってもいいかな？）といった具合に Do you が省略される。なお、「構いません」と言うときには I don't [mind]. で（そのためここでアニーナは首を横に振って、Oh no.と言っている）、「困ります」の場合には Yes, I do [mind]. である。また、Do you mind? となると、相手の失礼なあるいは不快な態度や行為に怒りを表して Please stop that!（やめてください）の意味で使われる表現。

■ **Only more so**
リックのジョークで、ルノーの俗物性を暗示したもの。

RICK : How long have you been married?

ANNINA : Eight weeks. We come from Bulgaria.

: Well, things are very bad there, Monsieur. The devil has the people by the throat. So Jan and I, we... we did not want our children to grow up in such a country.

> The devil has the people by the throat ⊃
> we did not want our children to grow up in such a country ⊃
> grow up 成長する

RICK : And, so you decided to go to America.

ANNINA : Yes. But we have not much money, and traveling is so expensive and difficult. It was much more than we thought to get here. And, then Captain Renault sees us and he is so kind. He wants to help us.

> expensive 高い, 高価な ⊃

RICK : Yes. I'll bet.

> I'll bet きっとそうでしょう, 違いない ⊃

ANNINA : He tells me he can give us an exit visa. But... but we have no money.

RICK : Does he know that?

ANNINA : Oh, yes.

RICK : And he is still willing to give you a visa?

> be willing to 喜んで〜する

ANNINA : Yes, Monsieur.

RICK : And you want to know...?

ANNINA : Will he keep his word?

> keep one's word 約束を守る

RICK : He always has.

> He always has ⊃

ANNINA : Oh, Monsieur, you are a man. If someone loved you... very much, so that your happiness was the only thing that she wanted in the world, but she did a bad thing to make certain of it, could you forgive her?

> you are a man ⊃
> happiness 幸福
> to make certain of it ⊃

RICK : Nobody ever loved me that much.

ANNINA : And he never knew. And the girl kept this bad thing locked in her heart. That would be all right, wouldn't it?

> lock 閉じ込める, しまい込む

RICK : Do you want my advice?

ANNINA : Oh yes, please.

リック　：君たち、結婚してどれくらいになるのかな？

アニーナ　：８週間です。私たちはブルガリアからやってきました。

：それはもう、あそこはとてもひどい状況なんです、ムッシュー。悪魔が人々の喉を締めつけています。それでヤンと私は、私たち…　私たちはそんな国で自分たちの子供に育ってほしくなかったものですから。

リック　：それで、アメリカに行こうと決心したわけだ。

アニーナ　：ええ。でも私たち、そんなにお金を持っていません、おまけに旅はずいぶんお金のかかる厄介なものです。ここまで来るのに、思っていたよりはるかに費用がかかってしまいました。で、そんな折、ルノー大尉が私たちに会ってくださり、とても親切にしてくださいまして。助けてやろうとおっしゃるのです。

リック　：ああ。そうだろうとも。

アニーナ　：私たちに出国ビザを出してもよいとおっしゃっています。でも…　でも、私たちにはお金がありません。

リック　：彼はそのことを知ってるのか？

アニーナ　：ええ、そうです。

リック　：それでも出国ビザを出してやろうと？

アニーナ　：そうです、ムッシュー。

リック　：それで君が知りたいというのは…

アニーナ　：あの方は約束を守るでしょうか？

リック　：これまではいつも守ってきた。

アニーナ　：ああ、ムッシュー、あなたは男性です。もし誰かがあなたのことを…　すごく愛していて、あなたの幸せだけがその人がこの世で願っている唯一のことだとしたら、でも、それを手に入れるために悪いことをしてしまったとしたら、あなたはその女性のことを許せるでしょうか？

リック　：俺をそれほど愛してくれた人は誰もいない。

アニーナ　：そして彼はそのことをまったく知らない。また、その女性もその過ちを胸にしまい続けるとしたら。それなら、大丈夫ですよね？

リック　：俺の忠告を聞きたいのかね？

アニーナ　：ええ、お願いします。

■ **The devil has the people by the throat.**
devil は「悪魔」、throat は「喉」の意で、Life is very bad for our people. ほどの意。1935年2月16日、ブルガリアの首相に就任したボグダン・フィロフはドイツの主張に傾き、41年3月1日には日独伊三国同盟に加わった。これによりドイツ軍隊はギリシャとユーゴスラビアに対する作戦活動の根拠地を設定するために国内に入ることが認められたのである。

■ **we did not want our children to grow up in such a country.**
アニーナのセリフは「子供が育つ環境」に主眼を置いているが、「アニーナたちが子供を育てる環境」に着目するならば、we did not want to raise our children in such a country.（私たちはそんな国で自分たちの子供を育てたくなかった）と言い換え可能。

■ **expensive**
= high-priced; costly; dear; steep
⇄ low-priced; economical; reasonable; cheap

■ **I'll bet.**
= I'm sure.
リックの皮肉で、I'm sure Renault wants to help you if you pay him with your body. が言外の意味。

■ **He always has.**
= He has always kept his word.
現在完了を使い、「これまでのところ、彼は約束を守ってきた」という表現にすることで、今回も約束を守ると保証はできないという意味を含意している。

■ **you are a man.**
男性としての立場からアドバイスが欲しいと伝えるために、あえて当然のことを述べたセリフ。

■ **to make certain of it**
ここでは to insure your happiness や to make you happy の意。make certain of は「～をよく確かめる、を確保する」。

RICK : **Go back to Bulgaria.**

ANNINA : **Oh, but if you knew what it means to us to leave Europe, to get to America! Oh, but if Jan should find out, he is such a boy. In many ways I... I am so much older than he is.**

mean 意味する, 意味がある, 重要性を持つ, 大事である ➲

boy 少年, 子供のような人 ➲

RICK : **Yes, well, everybody in Casablanca has problems. Yours may work out. You'll excuse me.**

work out 解決する ➲

ANNINA : **Thank you, Monsieur Rick.**

25 *Rick leaves the table and Annina remains sadly alone. Rick takes the reservation list from the HEADWAITER, PAUL and reads it. He quickly looks toward the entrance and sees Laszlo and Ilsa entering the cafe. Rick greets them.*

RICK : **Good evening.**

LASZLO : **Good evening. You see, here we are again.**

RICK : **I take that as a great compliment to Sam. I suppose he means to you, Paris of... well, happier days.**

take ➲
compliment 賛辞

ILSA : **He does. Could we have a table close to him?**

LASZLO : **And as far away from Major Strasser as possible.**

as...as possible できる限り〜

RICK : **Well, the geography may be a little difficult to arrange.**

geography 地理

Rick snaps his fingers motioning for Paul.

snap one's fingers 指をパチンと鳴らす
motion 身振りで合図する

RICK : **Paul, table thirty.**

PAUL : **Yes sir.** (to Laszlo and Ilsa) **Right this way, if you please.**

if you please ➲

RICK : **I'll have Sam play "As Time Goes By." I believe that's your favorite tune?**

favorite 好きな, お気に入りの ➲
tune 曲 ➲

ILSA : **Thank you.**

リック　：ブルガリアに帰りたまえ。

アニーナ　：ああ、でも私たちにとってヨーロッパを出て、アメリカへ行くことがどういうことか、わかっていただけたら！　ああ、ただ万が一ヤンにわかってしまったら。あの人はまだ子供ですもの。いろんな点で、私、私は彼よりずっと大人なんです。

リック　：そうだな、しかし、カサブランカにいる人間は皆、問題を抱えている。君のは解決するかもしれない。失礼するよ。

アニーナ　：ありがとうございました、ムッシュー・リック。

リックはテーブルを去り、アニーナは悲しげな様子で1人残る。リックはボーイ長のポールから予約リストをつかみ取って、それに目を通す。彼はすばやく入り口のほうへ目をやり、カフェに入ってくるラズロとイルザを見る。リックは彼らを迎える。

リック　：こんばんは。

ラズロ　：こんばんは。ほら、また来ましたよ。

リック　：サムへの大いなる賛辞と受け取っておきましょう。彼がパリの…　そうですね。幸せだった日々を思い出させるというわけですかな。

イルザ　：そうですわ。彼の近くのテーブルを取っていただけます？

ラズロ　：それにシュトラッサー少佐からできるだけ離れたところを。

リック　：さて、そいつは配置からして少々難しいようだが。

リックは指をパチッと鳴らして、ポールに合図する。

リック　：ポール！　30番テーブルに！

ポール　：かしこまりました。（ラズロとイルザに）どうぞ、こちらへ。

リック　：サムに「時の過ぎゆくままに」を弾かせましょう。たしか、あなたのお気に入りの曲でしたね？

イルザ　：ありがとう。

■ **mean**
ex. What you taught me means a lot to me.（あなたが教えてくれたことは私にとって大きな意味を持っている）、You mean to hurt me, but your words mean nothing to me.（私を傷つけようとしているのだろうけど、君の言葉は私には何の意味も持たない）

■ **boy**
ここでは年齢的な若さ以外の未熟さも含めた表現。
ex. Boys will be boys.（諺：男はいくつになっても少年のまま）

■ **work out**
Their marriage did not work out.（彼らの結婚はうまくいかなかった）からもわかるとおり、work out は have a good result とか be solved の意味で使われる一般的な表現。なお、Things will work themselves out in the end. という言い方をよく耳にするが、これは「悩むことはない、そのうち何とかなるもんさ」とのニュアンスで、悩んでいる人に対して使われる慰めの言葉。

■ **take**
ここでの take は「S + take + O + M」の型で、You must not take these facts lightly.（これらの事実を軽く考えてはいけない）のように、「～として受け止める」の意。また、You should take things as they are.（物事をあるがままに受け止めるべきです）といった具合にMにas句または節がくることもよくある。

■ **if you please**
= if you would; if you would, please
I'll take another cup of tea, please.（失礼してもう1杯お茶をいただきましょう）のように、「何とぞ、差し支えなければ」の意を表して使われる表現で、please より丁寧な言い方。なお、I want you to do it now, if you please!（今すぐにしてくださいな、本当に）といったふうに、怒り、驚きなどを表して使われることもある。しかし、その場合には声の調子が異なるので容易に察しがつくだろう。

■ **favorite**
= preferred; beloved; precious; treasured

■ **tune**
tuneは歌詞のある曲ない曲どちらにも使える。厳密に言えば、songは歌詞があるもののみを指し、歌詞がないものはpieceという。

Laszlo and Ilsa follow Paul. Rick whispers to Sam at the piano. Laszlo and Ilsa sit at their table as Sam begins to play "As Time Goes By." Paul comes to take their order.

whisper 囁く

LASZLO : **Two cognacs, please.**
PAUL : **Cognac.**

INT. RICK'S GAMBLING ROOM - NIGHT - Rick enters. He notices Jan is losing badly.

EMIL : Marquons les jeux, Mesdames et Messieurs. Les jeux sont faits! La partie continue! Mesdames et Messieurs, marquons les jeux. Les jeux sont faits, marquons les jeux! Les jeux sont faits! Le huit en plein! On payé en plein le huit! (to Jan) **Do you wish to place another bet, sir?**

以下の明朝体はフランス語（本欄は英語訳）
Let's make the bets, ladies and gentlemen. Betting is finished! The game continues! Ladies and gentlemen, let's make the bets. Betting is finished, let's make the bets! Betting is finished! Number Eight straight up! Eight straight up wins!

straight up

JAN : **No, no, I guess not.**

Annina approaches from behind and watches. Rick leans over to Jan.

RICK : **Have you tried twenty-two tonight?** (to Emil) **I said, twenty-two.**

Rick and Emil exchange looks. Emil understands what Rick wants him to do. He spins the wheel.

exchange looks 顔を見合わせる〔見交わす〕
spin ～を回転させる
wheel （ルーレットの）ホイール

EMIL : Marquons les jeux, Mesdames et Messieurs! Les jeux sont faits.

Let's make the bets, ladies and gentlemen! Betting is finished.

Jan quickly places the last of his chips on twenty-two.

EMIL : La partie continue. Marquons les jeux. Fini! Vingt-deux! Noir, pair et passe. Vingt-deux!

The game continues. Let's make the bets. Finished! Twenty-two! Black, even and high. Twenty-two!

Jan is given a pile of chips. Carl is in the background, happily watching. Renault watches with growing alarm.

RICK : **Leave it there.**

even 偶数
high ハイ，（価格などが）高い〔上の〕
a pile of 山のような，～の山
growing 増大する
alarm 警戒，不安
leave ～のままにしておく

ラズロとイルザはポールに従う。リックはピアノを弾いているサムに耳打ちする。ラズロとイルザがテーブルにつくとサムは「時の過ぎゆくままに」の演奏を始める。ポールが彼らの注文を取りにやってくる。

ラズロ　：コニャックを2つ、お願いします。

ポール　：コニャックですね。

屋内—リックの賭博場—夜—リックが入ってくる。彼はヤンがひどく負けているのに気がつく。

エミール　：お賭けください、皆様。賭けは成立しました！　勝負を続けます！　皆様、お賭けください。賭けは成立です。お賭けください！　賭けは成立しました！　8の1点賭けです！　8を1点賭けとしてお支払いします！（ヤンに）もう一度お賭けになりますか？

ヤン　：いや、いや、やめとこう。

アニーナが背後から近づいて見つめる。リックはヤンのほうに体を傾ける。

リック　：今夜、もう22は試してみたかね？（エミールに）22と言ったんだ。

リックとエミールは顔を見合わせる。エミールはリックが自分に何をしてほしいと望んでいるのかを理解する。彼はルーレット盤を回す。

エミール　：お賭けください、皆様！　勝負は成立しました。

ヤンは最後のチップをただちに22の上に置く。

エミール　：勝負を続けます。お賭けください。締め切りました！　22！　黒、偶数、後半。22です。

ヤンはチップの山を受け取る。背景で、カールは嬉しそうに見つめている。ルノーは警戒心を募らせてじっと見ている。

リック　：そのままにしておけ。

■ **whisper**
ここでは「耳打ちする」と訳されているように、通常whisperは相手に伝えることを目的とした話し方というニュアンスが強い。似たような話し方には、他にも以下のようなものがある。murmur：whisperと同様、「囁く」という意味だが、コンサートホールなどの会場で、不特定多数の人がそれぞれ抑えた声で話す「囁き声、ざわめき」という名詞としても使う。→p.188ト書き参照。mutter：不満などを自分にだけ聞こえる程度の音量でぶつくさと言う話し方。mumble：子供が怒られた時などにする、聞き手にとって不明瞭なボソボソとした話し方。

■ **straight up**
= single number
全数字の中から特定の数字1つだけに賭けること。配当が一番高い。他の賭け方はsplit［bet］（スプリット、2点賭け：テーブル上の隣り合った2つの数字に賭けること）、street　［bet］（ストリート、3点賭け：横一列に並んだ数字3つ、または0か00を含んだ3つの数字に賭けること）、corner［bet］（コーナー、4点賭け：4つの数字の中心にチップを置き、4つの数字に賭けること）など、テーブル上の数字が書かれているエリアを利用したこれらの賭け方を inside bet という。それ以外のエリアを使った賭け方を outside bet といい、それらには dozen bet［section bet］（ダズン・ベット：1st 12（1〜12の数字）、2nd 12（13〜24の数字）、3rd 12（25〜36の数字）のグループごとに賭けること）、Odd　Even（オッド・イーブン：偶数か奇数かに賭けること）、Red　Black（レッドブラック：赤か黒かに賭けること）などがある。

■ **wheel**
ルーレットのホイールの種類は、アメリカンスタイルとヨーロピアンスタイルが主流。アメリカンスタイルは0〜36までに00（double　zero）を加えた38区分、ヨーロピアンスタイルは0〜36までの37区分。アメリカンスタイルの方が、客よりカジノ側が有利になる。

■ **even**
⇄ odd（奇数）

■ **high**
⇄ low
ルーレットでは1〜18がlow、19〜36がhigh。0や00は含まれない。

Jan places the chips again on number twenty-two. Emil spins the wheel. Rick signs a form one of his staff hands him.

以下の明朝体はフランス語（本欄は英語訳）

EMIL : Marquons les jeux, Mesdames et Messieurs. Les jeux sont faits! Marquons les jeux. La partie continue. Marquons les jeux. Les jeux sont faits! Rien ne va plus! Vingt-deux! Noir, pair et passe.

Let's make the bets, ladies and gentlemen. Betting is finished! Let's make the bet. The game continues! Let's make the bet. Betting is finished, let's make the bets! Betting is finished! No more bets! Twenty-two! Black, even and high.

Annina smiles gratefully. Rick leans close to Jan.

gratefully 感謝して，喜んで，ありがたく

RICK : **Cash it in and don't come back.**

cash in 現金化する，換金する

EMIL : Rien ne va plus, Messieurs. Fini!

No more bets, gentlemen. Finished!

Rick steps away. A suspicious CUSTOMER confronts Carl.

step away 離れる
confront 立ち向かう，突きつける ⊙

CUSTOMER: **Say, you sure this place is honest?**

say ⊙
honest 正当な ⊙

CARL : **Honest? As honest as the day is long!**

as...as day is long ⊙

Rick walks up to talk to Emil.

EMIL : Rien ne va plus!

No more bets!

RICK : **How we doing tonight?**

How we doing 調子はどう? ⊙

EMIL : **Well, a couple of thousand less than I thought there would be.**

a couple of 2, 3の〜 ⊙

Rick smiles slightly and begins to exit towards the bar. Annina intercepts Rick at the door.

intercept 〜を途中で捕まえる，妨害する

EMIL : Rien ne va plus! Trente-quatre! Rouge, pair et passe.

No more bets! Thirty-four! Red, even and high.

ANNINA : **Monsieur Rick, I... I... Oh!**

Annina kisses Rick on the cheek and hugs him.

RICK : **He's just a lucky guy.**

guy 男，やつ

As Annina walks away, Carl comes up to Rick, smiling.

ヤンは再びそのチップを22番の上に置く。エミールはルーレット盤を回す。リックは従業員に渡された伝票にサインする。

エミール　：お賭けください、皆様。勝負は成立です！　お賭けください。勝負を続けます。お賭けください。勝負は成立しました！　もう賭けられません。22です！　黒、偶数、後半です。

アニーナは喜んで微笑む。リックはヤンのほうにかがみ込む。

リック　：現金に換えて、二度と来るんじゃない。

エミール　：もう賭けられませんよ、お客様。締め切りです！

リックは立ち去る。疑り深い客がカールに食ってかかる。

客　：おい、本当にここはいかさまをやってないんだろうね？

カール　：いかさまですって？　いかさまなんて絶対にありません！

リックはエミールのところへ歩いていき、話しかける。

エミール　：もう賭けられませんよ。

リック　：今夜の調子はどうだ？

エミール　：ええ、私が思っていたより2000フランほど少ないようです。

リックはかすかに微笑んで、バーのほうへと退出を始める。ドアのところでアニーナがリックをつかまえる。

エミール　：もう賭けられません！　34！　赤、偶数、後半です。

アニーナ　：ムッシュー・リック、わ、私…　ああ！

アニーナはリックの頬にキスをし、彼を抱きしめる。

リック　：彼はただついていただけさ。

アニーナが歩き去ると、カールが微笑みながらリックのところへくる。

■ **confront**
ex. Counsellors encourage victims of crime to confront their emotions.（カウンセラーは犯罪被害者に自身の感情と向き合うよう励ます）、He went speechless, when I confronted him with this evidence.（この証拠を突きつけると、彼は言葉を失った）

■ **say**
相手の注意を引いたり、驚き、喜び、抗議などを表して「ちょっと、まあ、よかった、何だそれは」といった意味で使われる。

■ **honest**
= fair; fair and square; even-handed

■ **as...as the day is long**
= extremely
honest の強意的直喩。As honest as the sun ever shone on. と言う場合もある。なお、強意的直喩とは、あらゆる性質の度合いを強めるために用いられるもので、一般的には He is as busy as a bee.（彼はものすごく忙しい）といった具合に、「as + 形容詞 + as + 名詞」の形式をとるものが多い。ちなみにこの表現はシェークスピアの『空騒ぎ』の "There live we as merry as the day is long" というセリフに由来している。

■ **How we doing?**
= How are we doing?
口語的にareが省略されている。How are you doing?と違い、自分も含まれたweを使うことで、同じ店で働いている仲間という意識、一体感を滲ませるセリフとなっている。

■ **a couple of**
この表現は特に Give me a call in a couple of days.（2、3日したら電話ください）のように時間、We walked a couple of miles in the morning.（我々は朝、2、3マイル歩いた）といった具合に距離、あるいは金額などに関して用いられる一般的なもので、正確に「2つの」の意味を表す場合と、曖昧に「2、3の」を表す場合がある。また She gave him a couple dollars.（彼女は彼に2、3ドルやった）のように of を省略する場合もあるが、この言い方は主としてくだけた口語に見られる米国語法。

CARL : Monsieur Rick, may I get you a cup of coffee?
RICK : No, thanks, Carl.
CARL : Monsieur Rick...
EMIL : Rien ne va plus! Rien ne va plus, Madame! Rien ne va plus, Madame! Vingt-huit! Noir, pair et passe.

以下の明朝体はフランス語(本欄は英語訳)
No more bets! No more bets, ma'am! No more bets, ma'am! Twenty-eight! Black, even and high.

Rick leaves the room; Carl following. Renault tries to follow as well but Jan and Annina stop him. Jan tries to hand Renault a large pile of money.

JAN : Captain Renault, may I...
RENAULT : Oh, n... n... not here, please. Um, come to my office in the morning. We'll do everything businesslike.
JAN : We'll be there at six.
RENAULT : I'll be there at ten. I am very happy for both of you. Still, it's very strange that you won. Well, maybe not so strange. I'll see you in the morning.
ANNINA : Thank you so much, Captain Renault.

businesslike 事務的に, 職業的に ⊙
I am very happy for both of you ⊙
still それでも

INT. RICK'S CAFE - Carl whispers to Sacha. Sacha rushes to Rick.

Sacha ⊙
Sacha rushes to Rick ⊙

SACHA : Boss, you have done a beautiful thing!

Sacha kisses Rick on both cheeks.

RICK : Go away, you crazy Russian.

Carl pulls away Rick's glass of brandy. Rick glares at him. Carl gives it back to him. Renault marches toward Rick.

glare にらみ付ける

RENAULT : As I suspected, you're a rank sentimentalist.
RICK : Yeah, why?
RENAULT : Why do you interfere with my little romances?

suspect たぶん〜と思う, 疑う ⊙
rank 最高位の, 抜群の ⊙

カール　：ムッシュー・リック、コーヒーをお持ちしましょうか？

リック　：いらないよ、カール。

カール　：ムッシュー・リック…

エミール　：もう賭けられません！　もう賭けられませんよ、マダム！　賭けられません、マダム！　28！　黒、偶数、後半です。

リックが部屋を去る。カールが後を追う。ルノーも後を追おうとするが、ヤンとアニーナが呼び止める。ヤンはルノーに札束を渡そうとする。

ヤン　：ルノー大尉、よろしいですか…

ルノー　：あ、いやいや、ここではよしてくれんかね。そうだな、朝、私のオフィスへ来てくれたまえ。すべてビジネスライクでいこう。

ヤン　：6時に伺います。

ルノー　：私が行くのは10時だ。君たち2人には実に喜ばしいことだ。しかし、君が勝てたとはまったく不思議だね。まあ、そんなに不思議でもないか。では、明日の朝、お会いしましょう。

アニーナ　：本当にありがとうございました、ルノー大尉。

屋内―リックのカフェ―カールがサシャに耳打ちする。サシャがリックのところに駆けていく。

サシャ　：ボス、素晴らしいことをなさいましたね！

サシャはリックの両頬にキスをする。

リック　：あっちへ行け、この気違いロシア人め。

カールはリックのブランデーのグラスを遠ざける。リックはカールをにらみつける。カールはグラスをリックのほうへ戻す。ルノーがリックに向かってズカズカと歩いてくる。

ルノー　：僕がにらんだとおり、君はとんでもない人情家だよ。

リック　：そうか、なぜ？

ルノー　：何で僕のささやかなロマンスを邪魔するんだね？

■ **businesslike**
-likeという接尾辞は、「～のような」という意味を付加する。
ex. She believes everything with childlike simplicity.（彼女は子供のような単純さで何でも信じてしまう）、That creatures are said to have both humanlike and apelike features.（その生き物は、人間のような特徴と猿のような特徴を併せ持つと言われています）

■ **I am very happy for both of you**
I'm happy for you.（よかったですね）は相手の成功、幸運などに対する喜びを言い表す、または祝福する表現で、Good for you.（でかした）などとともに頻繁に使われる。

■ **Sacha**
サシャ役には当初別のロシア人俳優の起用が予定されていたが、その人物にはユーモアが欠けているとして却下された。代わりに白羽の矢がたったのは、主演ハンフリー・ボガートの飲み仲間だったLeonid Kinskeyである。ここでリックはサシャをcrazy Russianと一蹴するが、Kinskeyの実際のあだ名もMad Russianだったという。

■ **Sacha rushes to Rick.**
駆け寄る途中サシャは聞き取れない程度の言葉を母国語のロシア語で呟く。それを大まかに英訳すると“Wow, what a man. That's remarkable!”（ああ、なんというお方だ。素晴らしい！）という意味だそう。

■ **suspect**
同じく「疑う」と訳せる動詞にdoubtがあるが、二つの意味は真逆である。例えば I suspect (that) he knows the truth.は「彼は真実を知っているのではと疑う」のようにthat以下を肯定する意味だが、一方 I doubt (that) he knows the truth.とすれば「彼は真実を知らないのではないかと疑う（彼が真実を知っているということを疑う）」とthat以下を否定する意味になる。

■ **rank**
= complete; absolute; conspicuous; outstanding; perfect

RICK : Put it down as a gesture to love.

RENAULT : Well, I'll forgive you this time. But, I'll be in tomorrow night with a breath-taking blonde. And, it'll make me very happy if she loses. Uh, hmm.

26 *Renault walks away. Laszlo approaches.*

LASZLO : Monsieur Blaine, I wonder if I could talk to you?

RICK : Go ahead.

LASZLO : Well, isn't there some other place? This is rather confidential, what I have to say.

RICK : In my office.

LASZLO : Right.

INT. RICK'S OFFICE - NIGHT - Laszlo is sitting on a chair, talking to Rick.

LASZLO : You must know it's very important I get out of Casablanca. It's my privilege to be one of the leaders of a great movement. You know what I've been doing. You know what it means to the work, to the lives of thousands and thousands of people, that I be free to reach America and continue my work.

RICK : I'm not interested in politics. The problems of the world are not in my department. I'm a saloon-keeper.

LASZLO : My friends in the underground tell me, that you've quite a record. You ran guns to Ethiopia. You fought against the fascists in Spain.

RICK : What of it?

LASZLO : Isn't it strange that you always happened to be fighting on the side of the underdog?

Put it down as... ⊙

breath-taking かたずをのむような, あっと言わせるような ⊙
blonde ブロンドの人 ⊙

rather かなり, だいぶ, 少々, やや, むしろ →p.211
confidential 秘密の, 内緒の ⊙

must ～に違いない ⊙

movement 運動

be not in one's department ⊙
department 管轄, 専門

the underground ⊙
underground 地下組織の, 秘密の, 反体制の, アングラの
record 経歴
fascist ファシスト

What of it それがどうした? ⊙

underdog 負けた人, 不正の犠牲者

リック　：愛のまねごとだと言いたまえ。

ルノー　：まあ、今回は勘弁してやろう。しかし、明日の夜、息を飲むようなブロンドの女性を連れてくる。そこでだ、もし彼女が負けてくれれば、僕としてはすごく幸せ、というわけだ。うん！

ルノーは立ち去る。ラズロが近づいてくる。

ラズロ　：ムッシュー・ブレイン、少しお話しできないでしょうか？

リック　：どうぞ。

ラズロ　：その、どこかほかの場所はありませんか？　私の話というのは少々内密なことでして。

リック　：俺のオフィスで。

ラズロ　：結構です。

屋内―リックのオフィス―夜―ラズロが椅子に座って、リックに話している。

ラズロ　：私がカサブランカを出ることが大変重要だということはご承知のことと思います。偉大な運動のリーダーの１人であることは私にとって名誉なことです。私がしてきたことはあなたもご存じでしょう。私が無事にアメリカにたどり着き、仕事を続けることが、何百万という人々の仕事や生命にとって、どんなに重要なことか、おわかりいただけるはずです。

リック　：俺は政治に興味などない。世界の抱える問題は、俺のおはこじゃないんでね。俺は酒場の主人だ。

ラズロ　：地下運動をしている友人によると、あなたはかなりの経歴をお持ちだ。エチオピアには銃を密輸。スペインではファシストと戦われた。

リック　：それが何だと？

ラズロ　：いつも負ける側に味方して戦ってきたというのは、偶然にしては妙な話ではありませんか？

■ **Put it down as...**

= ascribe it to...; say that it is...; you may consider it to be...; assume that it is...

「S + put + O1 + down + as + O2」の型で、「SがO1をO2とみなす」の意。

ex. They put him down as a fool.（みんな彼のことを馬鹿だと思った）

■ **breath-taking**

ハイフンを使わずbreathtakingともする。

ex. Our hotel offers a breathtaking view from every room.（当ホテルでは、すべての部屋から息をのむような美しい景色をご覧いただけます）

■ **blonde**

従来、名詞としては男性にはblond、女性にはblondeを用いるのが一般的だとされてきたが、この使い分けはそれほど厳密には守られてはいない。いずれの発音も[blɑ́nd]である。

■ **confidential**

= secret; classified; intimate; private

■ **must**

「～に違いない」という推量を表す時は、ここでのknowや、be、believe、have、like、hateのような状態動詞とあわせて用いることが多い。

ex. He must like her because he talks about her non-stop.（彼は彼女のことが好きに違いないわ、だって彼女のことばかり話しているんだもの）

■ **be not in one's department**

= be not one's department; be not one's concern; be not a task which someone is responsible for; be not one's responsibility

ex. Taking care of the garden is not my department.（庭の世話は私の仕事じゃない）

■ **the underground**

the ＋ 形容詞で「～な人々（ある特定のグループの人々）」を意味する。

■ **What of it?**

= What does it matter?; Why treat it as if it were important?; Why do you think that this is any of your business?

"I hear you've been having a little trouble at the office?" "What of it?"（「君、会社で少々もめてるって聞いてるけど？」「それがどうしたってんだ？」）の例に見られるように少々粗雑な表現で、嫌悪、軽蔑などを表して用いられる。So what? に同じ。

RICK : Yes, I found that a very expensive hobby, too, but then I never was much of a business man.

LASZLO : Are you enough of a business man to appreciate an offer of a hundred thousand francs.

RICK : I appreciate it, but I don't accept it.

LASZLO : I'll raise it to two hundred thousand.

RICK : My friend, you can make it a million francs, or three, my answer would still be the same.

LASZLO : There must be some reason why you won't let me have them.

RICK : There is. I suggest that you ask your wife.

LASZLO : I beg your pardon?

RICK : I said, ask your wife.

27 *Laszlo looks puzzled.*

LASZLO : My wife?

RICK : Yes.

The sound of male voices raised in song is heard. Rick, following the sound of the voices, goes out to the cafe, leaving Laszlo.

INT. RICK'S CAFE - Germans stand around the piano singing "Die Wacht am Rhein."

GERMANS : Es braust ein Ruf wie Donnerhall
Wie Schwertgeklirr und Wogenprall
Zum Rhein, zum Rhein, zum deutschen Rhein
Wer will des Stromes Hüter sein?
Lieb Vaterland, magst ruhig sein
Lieb Vaterland, magst ruhig sein
Fest steht und treu die Wacht
Die wacht am Rhein, fest steht und treu
Die Wacht, die Wacht am Rhein
Lieb Vaterland, magst ruhig sein

hobby 趣味

much of a ⊃

appreciate 評価する，判断する

raise 上げる

million 百万の

suggest 提案する，勧める ⊃

Die Wacht am Rhein （独）⊃

Rhein ⊃

以下の明朝体はドイツ語（本欄は英語訳）

The cry resounds like thunder's crash,
Like ringing sword and waves that clash,
To the Rhine, to the Rhine, go to German Rhine,
Who'll guard our River, hold the line?
Dear fatherland, put your mind at rest,
Dear fatherland, put your mind at rest,
firm and faithful stands the watch,
The watch at the Rhine, firm and faithful stands,
The watch, the watch at the Rhine,
Dear fatherland, put your mind at rest

リック　：そう。ずいぶん金のかかる道楽だということもわかったよ。しかし、俺はいつだって大したビジネスマンではなかったからね。

ラズロ　：10万フランと申し上げたら、それを正しく評価するだけのビジネスマンとしての器量はおありでしょう。

リック　：その価値はわかるが、受け取りはしない。

ラズロ　：20万に上げましょう。

リック　：いいかね、100万フランにしようが300万にしようが、俺の答えは同じことだ。

ラズロ　：私にあれを譲らないのには何か理由があるはず。

リック　：ある。奥さんにお聞きになればいい。

ラズロ　：何ですって？

リック　：奥さんにお聞きなさい、と言ったんだ。

ラズロは戸惑う。

ラズロ　：私の妻に？

リック　：そうだ。

張り上げて歌う男の声が聞こえてくる。声の音を追ってリックは、ラズロを残してカフェへと出ていく。

屋内—リックのカフェ—ドイツ人たちがピアノの回りに立って、「ラインの守り」を歌っている。

ドイツ人たち：響きわたる雷鳴の音、
ぶつかり合う太刀と寄せる波音
ラインへ、ラインへ、ドイツのラインへ

この水の流れを守るは誰ぞ
愛する祖国よ、平和であれ
愛する祖国よ、平和であれ
守りは堅固にして忠節、
ラインの守りは、堅固にして忠節なり
守りよ、ラインの守り
愛する祖国よ、平和であれ

■ **much of a**
この表現は John is not much of a scholar.（ジョンは大した学者ではない）のように、「大した、相当の、ものすごい」を意味して、通例、否定文、疑問文で用いられる。なお、much of の後には単数可算名詞がくる。

■ **suggest**
ここでのように「提案する」という意味で使われる場合、that節の動詞は時制にかかわらず、原形もしくはshould+動詞の形になる。他にもadvise、demand、require、insist、orderのように提案・要望・命令などを意味する場合のthat節で同様のことが起こる。
ex. I suggested that the match [should] be called off.（試合は中止するよう提案した）、I demand that he apologize me.（彼が私に謝ることを要求する）
しかしながら、「提案する」以外の意味「～を示す」という使い方の場合にはこのルールは適用されない。
ex. The evidence suggests that he is the murderer.（その証拠は彼が殺人者であることを示している）

■ **Die Wacht am Rhein**
= The Watch on the Rhine
Max Schneckenburger（1819-49）作詞、Karl F. Wilhelm（1815-73）作曲のマーチで、1854年に発表された。アメリカの劇作家 Lillian Hellman（1905-84）はこの音楽をもじって反ナチの戯曲 Watch on the Rhine（1941）を書いている。1943年、Herman Shumlin 監督により映画化（邦題『ラインの監視』）。なお、1944年のアカデミー賞では、本作のハンフリー・ボガートを破って、『ラインの監視』に主演したポール・ルーカスが主演男優賞を受賞している。

■ **Rhein**
スイスアルプスを起点に、ヨーロッパ数カ国を流れる国際河川。全長1,233キロメートルのうちドイツを流れるのは698キロメートル。ドイツ語の河川のほとんどは女性名詞であるのに対し、ライン川、マイン川、ネッカー川などごく少数の川だけは男性名詞。ドイツ人がこの川を「父なるライン」と呼ぶ理由の1つ。それと対をなすように、ドナウ川は「母なるドナウ」と呼ばれる。

Laszlo and Rick watch from the staircase. Laszlo angrily marches to the orchestra.

LASZLO : Play "La Marseillaise." Play it!

Some of the men in the orchestra look toward Rick.

GERMANS : Lieb Vaterland
Magst ruhig sein

Rick nods. As the orchestra starts to play the first few bars, half the room jumps up, and joins in, singing.

LASZLO : Allons, enfants de la patrie
GERMANS : Fest steht und treu die Wacht
LASZLO : Le jour de gloire est arrive
Contre nous, de la tyrannie
GERMANS : Die Wacht am Rhein

The two patriotic songs overlap and clash.

LASZLO : (with the people) L'étendard sanglant est levé
L'étendard sanglant est levé
GERMANS : Die Wacht, die Wacht
FRENCH CHORUS : Entendez-vous dans les campagnes
Mugir ces féroces soldats?
Ils viennent jusque dans nos bras
Égorger nos fils, nos compagnes

The Germans have given up trying to drown out the rest of the people. Yvonne and Laszlo sing with all their hearts. Ilsa breathes deeply. She smiles proudly at Laszlo.

FRENCH CHORUS : Aux arms, citoyens!
Formez vos bataillons!
Marchons! Marchons!
Qu'un sang impur
Abreuve nos sillons!

staircase 階段 ⊙
orchestra オーケストラ, 管弦楽団 ⊙

以下の明朝体は諸外国語(本欄は英語訳)
Dear fatherland,
put your mind at rest(独)

Rick nods ⊙

Let us go, you children of the motherland(仏)
firm and faithful stands the watch(独)
The day of glory has arrived, Against us, the tyranny's(仏)
glory 栄光, 名誉, 誇り
tyranny 独裁政治, 暴政, 圧政
The watch at the Rhine(独)
patriotic 愛国的な, 愛国心の強い
overlap (〜と)重なる, 重なり合う
Bloody banner is raised
Bloody banner is raised(仏)
Bloody 血に染まった, 血だらけの
banner 国旗, 軍旗, 旗印 ⊙
The watch, the watch(独)
Oh, do you hear in our fields, the roar of those fierce fighting men? They come right here into our midst to slaughter sons, wives (仏)
fierce どう猛な, 凶暴な, 残忍な
midst 〜の真ん中に ⊙
slaughter 虐殺する ⊙
give up 諦める ⊙
drown out (大きな音が小さな音を)かき消す
with all their hearts 心を込めて, 心から ⊙
To arms, oh citizens! Form up in serried ranks! Let us march! Let us march! And drench our fields with their tainted blood! (仏)
in serried ranks 密集隊列で
serried ぎっしり並んだ
rank 隊列
drench 水浸しにする, びしょぬれにする
tainted 汚れた

ラズロとリックは階段から見ている。ラズロは腹立たしげにオーケストラのところへ歩いていく。

ラズロ　:「ラ・マルセイエーズ」を弾いてくれ。弾くんだ！

オーケストラの何人かがリックのほうを見る。

ドイツ人たち: 愛する祖国よ
平和であれ

リックは頷く。オーケストラが最初の数小節を弾き始めると、部屋にいる人の半分ほどが立ち上がり、歌に加わる。

ラズロ　: いざ、祖国の子らよ
ドイツ人たち: 守りは堅固にして忠節なり
ラズロ　: 栄光の日は来れり
我らに向かって、圧政の
ドイツ人たち: ラインの守り

２つの愛国歌が重なってぶつかり合う。

ラズロ　: (人々とともに) 血に染む旗が上げられたり

血に染む旗が上げられたり
ドイツ人たち: 守り、守り
フランス人たち: 聞こえるだろう、戦場に
かの暴虐な兵士の叫びが
あやつらは我々の腕の中までやってきて
我らの妻子を殺さんとす

ドイツ人たちはほかの連中の歌声を圧倒することを諦めている。イヴォンヌとラズロは心を込めて歌う。イルザは深く息を吸う。彼女はラズロに誇らしげに微笑みかける。

フランス人たち: 武器を手に取れ、人々よ
隊伍を組め
進め！　進め！
あやつらの汚れた血をば
畑に注がしめ

■ **staircase**
handrail（手すり）などを含んだ「屋内にある階段」。stairsは「上下の階をつなぐ階段」で、屋外に設置される非常階段は、emergency stairs などと呼ぶ。steps は石段など単に階段状になっているものを指す。

■ **orchestra**
ex. chamber orchestra（室内管弦楽団 *小編成のオーケストラ）
cf. strings（弦楽器）、brass（金管楽器）、woodwind（木管楽器）、percussion（打楽器）

■ **Rick nods.**
リックが頷くことでこの感動的な名場面が始まる。だが実際は、リック役のハンフリー・ボガートは、ある時突然スタジオに呼ばれて頷くように指示されただけで、撮影当時はそれが何の意味を持つのか知る由もなかったという。

■ **banner**
転じて、ウェブページ上で広告を目立つように使われた画像を、バナーと呼ぶようになった。英語では「旗」と区別するため、web banner や banner ad ということも。*adはadvertisement（広告）の略語。

■ **midst**
= middle
やや古めかしく文語的。発音は［mídst］。

■ **slaughter**
屠殺という意味でも使われる。
ex. slaughter house（屠殺場）
cf. manslaughter*（初めから殺意があったわけではない殺人）、murder（謀殺、殺意を持った殺人）*slaughter（虐殺）という語がついているものの、後者のmurderより罪が軽い。

■ **give up**
ex. He made up his mind to give up smoking.（彼は禁煙することに決めた）

■ **with all their hearts**
Mary welcomed her visitors with all her heart.（メアリは尋ねてきた客を心から迎えた）のように with deep feeling とか with great enthusiasm の意味で使われる。なお、Jane wanted the doll with her heart and soul.（ジェーンはその人形を喉から手が出るほどほしがった）といった具合にwith all one's heart and soul とする場合もある。

Everyone, except the Germans, begin to applaud and cheer. Yvonne, whose face is exalted, deliberately faces the alcove, where the Germans are watching. She shouts at the top of her lungs.

YVONNE : Vive la France! Vive la démocratie!
CROWD : Vive la France! Vive la démocratie!

Strasser rises from his chair and approaches Renault.

STRASSER: **You see what I mean? If Laszlo's presence in a cafe can inspire this unfortunate demonstration, what more will his presence in Casablanca bring on. I advise that this place be shut up at once.**

RENAULT : **But everybody's having such a good time.**
STRASSER: **Yes, much too good a time. The place is to be closed.**
RENAULT : **But I have no excuse to close it.**
STRASSER: **Find one.**

Strasser marches away. A number of French officers raise their glasses with Laszlo.

FRENCH OFFICER: Santé, Monsieur.
LASZLO : Santé.

Renault blows his whistle.

RENAULT : **Everybody is to leave here immediately! This cafe is closed until further notice! Clear the room, at once!**

The crowd murmurs and begins to leave. Rick comes up to Renault.

RICK : **How can you close me up? On what grounds?**
RENAULT : **I am shocked, shocked to find that gambling is going on in here!**

Emil approaches and hands Renault a pile of money.

except ～を除いて ⊙
applaud 拍手する
cheer 喝采する, 歓声を上げる
exalted 喜びでいっぱいの, 有頂天の
deliberately わざと, 意図的に
alcove アルコーブ, 壁のくぼみ
at the top of one's lungs ⊙
以下の明朝体はフランス語(本欄は英語訳)
Long Live France! Long Live Democracy!
presence 存在
inspire 鼓舞する ⊙
unfortunate 遺憾な, 不適当な
bring もたらす
shut up 閉鎖する
at once すぐに, ただちに
much too good a time ⊙
be to ～する予定である ⊙
excuse 弁解, 言い訳
a number of 多数の, たくさんの, 複数の ⊙
To your health, sir. ⊙
To your health.
further さらなる ⊙
notice 通知
Clear the room ⊙
murmur 囁く, ざわめく
grounds 根拠, 理由 →p.221
shock 驚く

ドイツ人を除く誰もが拍手喝采を送り、声援を送り始める。顔を高揚させたイヴォンヌは、ドイツ人たちが見つめているアルコーブのほうへ故意に顔を向ける。彼女は声を限りに叫ぶ。

イヴォンヌ　：フランス万歳！　民主主義万歳！
群衆　：フランス万歳！　民主主義万歳！

シュトラッサーは椅子から立ち上がるとルノーに近寄る。

シュトラッサー：私の言っている意味がわかったかね？　ラズロがカフェにいるだけで、このような不適当なデモンストレーションが引き起こされるなら、彼がカサブランカに留まっていたら、いったいどれだけの騒ぎを招くことになるだろう。この店をただちに閉鎖するよう勧告する。
ルノー　：しかし、皆、こんなに楽しんでいるというのに。
シュトラッサー：そうだ、あまりにも楽しみすぎておる。ここは閉鎖だ。
ルノー　：しかし、閉鎖する口実がありません。
シュトラッサー：見つけたまえ。

シュトラッサーはさっさと歩き去る。多くのフランス人将校たちはラズロと乾杯する。

フランス人将校：乾杯、ムッシュー。
ラズロ　：乾杯。

ルノーは警笛を鳴らす。

ルノー　：全員、即刻ここから退去せよ。追って通達があるまで、このカフェは閉鎖する！　ただちに退去せよ。

群衆は小声で不満をもらし、去り始める。リックはルノーのところへ行く。

リック　：よくも閉鎖できるもんだな。何を根拠に？

ルノー　：僕はショックを受けた、ここでギャンブルが行われていることを知って、ショックを受けたんだよ！

エミールがやってきてルノーに札束を渡す。

■ **except**
= apart from; aside from

■ **at the top of one's lungs**
= as loud as one can; very loudly; with the greatest possible sound
ex. John was singing at the top of his lungs.（ジョンは声を張り上げて歌っていた）

■ **inspire**
= encourage; stimulate; cause; urge; produce

■ **at once**
= immediately; without delay; right now

■ **much too good a time**
much は too、rather などの程度詞を修飾する。
ex. She is much too honest.（彼女はあまりに正直すぎる）

■ **be to**
やや形式張った表現。その役割からbe toで1つの助動詞と捉えると覚えやすい。
ex. A meeting is to be held on Monday.（会議が月曜日に開催されます）、You are to attend the meeting.（あなたはその会議に出席することになっています）

■ **a number of**
= many; a lot of
「多くの」の意味であるのか、単に「複数の」という意味であるのかは文脈によるため、largeやsmallなどをつけ、数をある程度明確にすることもある。
ex. a large number of people（多くの人々）、a limited number of tickets（限られた数のチケット）

■ **To your health.**
英語でも一般的に使われる乾杯の音頭。「あなたの健康を祝して乾杯！」の意。

■ **further**
farの比較級。主に物事の度合いや程度について、あるいは比喩的な表現で用いる。一方、もう1つの比較級fartherは物理的な距離における「より遠くへ」を意味する。発音はそれぞれfurther [fə́ːrðər]、farther [fɑ́ːrðər]。
ex. This is our lowest quotation. I'm afraid we can't go further.（これが私たちの最安値のお見積もりです。申し訳ございませんがこれ以上は出せません）、Why did that paper plane fly farther than others?（なぜあの紙飛行機は他のより遠くへ飛んだのか？）

■ **Clear the room**
= Empty the room; Leave the room

EMIL : Your winnings, sir.
RENAULT : Oh, thank you very much.

Renault takes his money.

RENAULT : Everybody out at once!

Strasser approaches Ilsa.

STRASSER: Mademoiselle, after this disturbance, it is not safe for Laszlo to stay in Casablanca.

ILSA : This morning you implied it was not safe for him to leave Casablanca.

STRASSER: That is also true. Except for one destination. To return to Occupied France.
ILSA : Occupied France?
STRASSER: Um-hmm. Under a safe conduct from me.
ILSA : Of what value is that? You may recall what German guarantees have been worth in the past.
STRASSER: There are only two other alternatives for him.
ILSA : What are they?
STRASSER: It is possible the French authorities will find a reason to put him in the concentration camp here.
ILSA : And the other alternative?
STRASSER: My dear Mademoiselle, perhaps you have already observed that in Casablanca human life is cheap. Good night, Mademoiselle.

Strasser walks away. Ilsa is furious. Some guests call a waiter.

CUSTOMER: (v.o.) Garçon.
WAITER : (v.o.) Oui, M'sieurs?

winnings 勝った金 ⊙
Strasser シュトラッサー ⊙
imply ほのめかす ⊙
except for ～を除いては
destination 目的地
occupied 占領された
conduct 管理, 案内
what value is that ⊙
value 値打ち, 価値
recall 思い出す ⊙
guarantee 保証
in the past 昔, 過去に ⊙
alternative 代替手段
authority 当局
observe 気づく, 認める ⊙
furious 激怒した, 憤慨した

以下の明朝体はフランス語(本欄は英語訳)
Waiter.
M'sieur ⊙
Yes, sir?

エミール　: あなたのお勝ちになった分です。
ルノー　: ああ、どうもありがとう。

ルノーは金を受け取る。

ルノー　: 全員、ただちに退去だ！

シュトラッサーはイルザに近づく。

シュトラッサー: マドモアゼル、この騒ぎの後では、ラズロにとってカサブランカに留まることは安全ではありませんぞ。
イルザ　: 今朝あなたは、彼がカサブランカを去ることは安全ではないという意味のことを言われましたが。
シュトラッサー: それもまた事実です、ただ１つの目的地を除いては。フランス占領地域へ戻ることですな。
イルザ　: 占領地域のフランスですって？
シュトラッサー: さよう。私の安全な護送のもとにです。
イルザ　: そんなものに何の値打ちがあるでしょう？　過去においてドイツ人の約束にどれほどの値打ちがあったか、思い出してみるといいわ。
シュトラッサー: それ以外に彼に残された道は２つしかないのです。
イルザ　: それらは何ですの？
シュトラッサー: フランス当局がここの収容所に彼を入れる理由を見つけ出すことはありえますな。

イルザ　: そしてもう１つは？
シュトラッサー: いいかな、マドモアゼル、たぶんすでにご覧になったことと思うが、カサブランカでは人間の命は安いものです。おやすみ、マドモアゼル。

シュトラッサーは去る。イルザは憤慨する。客たちがウェイターを呼ぶ。

客　: (画面外) ウェイター。
ウェイター　: (画面外) はい、ムッシュー？

■ winnings
ギャンブルなどの賭け事で得た金を指す場合は通例複数形となる。

■ Strasser
本作の悪役シュトラッサーを演じたコンラート・ファイトはドイツ生まれ。ドイツ演劇界でも彼の反ナチの姿勢は知れ渡っていて、さらに妻がユダヤ人であったことからナチスのSSに追われ、亡命し、アメリカへたどり着いた。本作の出演契約には「悪玉として配役されること」が条件に含まれていた。そうすることで、自分なりの戦争への協力ができると確信していたという。シュトラッサーをはじめ、ナチスの兵士を演じたのは実際のところ、ナチス・ドイツから逃れてきたドイツ系ユダヤ人が大半を占めていた。

■ imply
= indicate; suggest; hint; insinuate; mean

■ what value is that?
= what is that worth?

■ recall
= remember; recollect; call[bring]~ to mind
recall/recollect/call[bring]~ to mindが「意識的に思い出す」というニュアンスであるのに対し、rememberは「忘れずに覚えている、記憶に留めている」というニュアンス。

■ in the past
期間を特定し、「これまで～の間に(で)」として使うこともできる。
ex. in the past 24 hours(この24時間以内に)、in the past 2 days(この2日間に)、in the past 3 weeks(この3週間に)、in the past 4 months(この4カ月間に)、in the past 5 years(この5年間に)

■ observe
observeは「観察した結果気づく」、noticeは「ちらっと見て気づく」、perceiveは「匂いや音など五感で気づく」。つまりここでは「人命が軽く扱われているような現場を目撃しているはず」ということを示唆している。

■ M'sieur
= Monsieur (p.27)

Laszlo takes Ilsa by the arm and escorts her out of the cafe.

ILSA : **What happened with Rick?**
LASZLO : **We'll discuss it later.**

Ilsa and Laszlo exit the cafe.

"Which man should I love more…?"

『カサブランカ』の撮影は台本も完成していない状況で開始され、脚本を仕上げながら撮影したという話は、数多いこの映画の裏話の中でも大変興味深い。それまで自国のスウェーデンで活躍し、ハリウッドでの映画出演はこの作品が初めてであったイルザ役のイングリッド・バーグマンは、結末の決まっていない状況にかなりの不満を持っていたらしい。脚本を手がけた1人であるハワード・コッチは、没年の1995年、あるインターネット上の番組で、バーグマンが自分のところにやってきて"Which man should I love more…?"と尋ねたというエピソードを語っている。おそらく同じ質問を監督のカーティスやプロデューサーのウォリスにも投げかけていたに違いない。

バーグマンを悩ませた未完結の脚本は、*Everybody Comes to Rick's* という舞台劇がもとになっている。リックというアメリカ人男性がパリでロイスというアメリカ人女性と恋に落ちるが、その相手が別の男性の囲われ者であることを知り失意のあまり自分自身の家族を捨て、カサブランカに行きカフェを開く。ある日、その女性が反ナチ運動のリーダー、ヴィクター・ラズロと共にカフェに現れる。リックに説得されロイスはラズロと一緒にリスボン行きの飛行機に乗るが、リック自身はシュトラッサーにより刑務所に連れていかれる。

場面設定や話の大筋はおおよそ映画に引き継がれているものの、ナチの手から逃れて自由のために戦う政治的緊張感や駆け引き、愛

ラズロはイルザの腕をとりカフェの外へ連れていく。

イルザ　：リックとの話はどうなったの？
ラズロ　：後で話そう。

イルザとラズロはカフェを出ていく。

国心を絡ませた崇高なロマンスの要素などは、脚本担当のエプスタイン兄弟やコッチ、監督のカーティスやプロデューサーのウォリス、ボガートの提案、その他大勢の人々の意見を取り入れ、試行錯誤の過程で生まれたものだ。その辺りの事情は曽根田憲三著『アメリカ文学と映画』（開文社、1999）に詳しい記述がある。

物語の結末をどうつけるかはさまざまな意味で大問題であった。イルザが夫を裏切ってリックと亡命すれば保守的な当時の風潮にそぐわないし、ラズロが空港で殺されてリックとイルザが結ばれればメロドラマに終わってしまったかもしれない。事態を丸く収めたのは、撮影所に向かう車を運転中にエプスタイン兄弟が思いついた“Round up the usual suspects.”（p.240）であった。これによってリックが刑務所に連行されるような後味の悪い結末を回避し、撮影後の編集段階で加えられたリックのセリフ“Louis, I think this is the beginning of a beautiful friendship.”（p.242）にもつながっていく。

撮影に乗り気でなかったバーグマンは、晩年にイギリスで行なった講演前の映画上映の際に初めて作品を観たという。さらに、2003年、この映画の60周年を記念してボガートの最後の妻と息子、そしてバーグマンの3人の娘が集まり、過去のエピソードを語る企画があった。その中でバーグマンの娘の1人であるピア・リンドストロームが語ったところによると、「『カサブランカ』が話題に上ると、そのたびに母の表情が険しくなった」というから、よほど撮影現場の経験が苦々しく記憶に刻まれていたに違いない。

高橋　順子（多摩大学）
*所属は執筆当時

Destiny

28 *INT. HOTEL - LATER - Laszlo and Ilsa walk up the stairway to the door of their room.*

INT. HOTEL ROOM - Laszlo turns on the lights. Ilsa sets her things down in another room and returns to the main room. Laszlo goes to the window and sees somebody outside who is spying on them.

LASZLO : Our faithful friend is still there.

ILSA : Victor, please don't go to the underground meeting tonight.

LASZLO : I must. Besides, it isn't often that a man has the chance to display heroics before his wife.

ILSA : Don't joke. After Major Strasser's warning tonight, I am frightened!

LASZLO : To tell you the truth, I'm frightened, too. Shall I remain here in our hotel room, hiding? Or shall I carry on the best I can?

ILSA : Whatever I'd say, you'd carry on. Victor, why don't you tell me about Rick? What did you find out?

LASZLO : Apparently he has the Letters.

ILSA : Yes?

LASZLO : But no intention of selling them. One would think if sentiment wouldn't persuade him, money would.

ILSA : Did he give any reason?

LASZLO : He suggested I ask you.

ILSA : Ask me?

LASZLO : Yes, he said, uh, "Ask your wife." I don't know why he said that.

set down 荷物を置く, 下ろす
one's things 所持品, 身の回り品 ⊖
spy 密かに監視する, 見張る

faithful 忠実な ⊖

besides その上に, さらに
display 見せる, 表す ⊖
heroic 英雄的行為 ⊖

joke 冗談を言う ⊖
frighten 怖がらせる

to tell you the truth 実を言うと ⊖
remain 残る
shall I carry on the best I can ⊖
carry on 続ける, 行う
whatever たとえ〜でも

apparently 明らかに ⊖

no intention of selling ⊖
intention 意向, 意志
One would think... money would ⊖
sentiment 感情
persuade 説得する ⊖

運命

DVD 01 : 15 : 35

□□□□□□

屋内—ホテル—しばらく後—ラズロとイルザは階段を上って、自分たちの部屋のドアまで来る。

屋内—ホテルの部屋—ラズロは明かりをつける。イルザは彼女の持ち物を別室に置き、メインルームへ戻ってくる。ラズロは窓のところへ行くと、外で彼らを見張っている人物に目をやる。

ラズロ　：私たちの忠実な友人はまだあそこにいる。

イルザ　：ヴィクター、お願いだから、今夜、地下組織の会合へ行くのはやめて。

ラズロ　：行かなければならないんだ。それに、男が妻の前で勇敢な姿を披露するチャンスなど、そうそうあるもんじゃないからね。

イルザ　：冗談はよして。今夜、シュトラッサー少佐に警告されてから、私、怖いの。

ラズロ　：実を言うと、私も怖い。ホテルの部屋に隠れたままでいようか？　それとも精一杯やり続けていこうか？

イルザ　：私が何と言おうと、あなたはやり続けるわ。ヴィクター、リックのことを話してよ。何がわかったの？

ラズロ　：明らかに彼は通行証を持っている。

イルザ　：それで？

ラズロ　：しかし、それを売る気はまったくない。普通なら、情に訴えて説得できなくても、金でならできると思うところだ。

イルザ　：何か理由を言ったの？

ラズロ　：君に聞け、と言っていた。

イルザ　：私に聞けと？

ラズロ　：そうだ。彼は「奥さんにお聞きなさい」と言った。なぜ彼がそんなことを言ったのか、私にはわからないが。

■ **one's things**
= one's belongings

■ **faithful**
= reliable; devoted; sincere; steady; loyal

■ **display**
= demonstrate; exhibit; reveal; show

■ **heroic**
ここでは名詞だが、heroic act[conduct][deed]（英雄的行為、勇敢な行い）と形容詞として使われることも多い。

■ **joke**
= kid; pull one's leg*直訳すると「足を引っ張る」だが日本語の慣用句のように「邪魔をする」という意味はない。
ex. I'm only joking[kidding][pulling your leg].（ただの冗談だよ）

■ **to tell you the truth**
= to be quite frank with you; I'll tell you the truth, without trying to hide anything

■ **shall I carry on the best I can?**
shall I continue as well as I can? といったところ。

■ **apparently**
= obviously; clearly; evidently; plainly

■ **no intention of selling**
文頭にHe hasが省略されたもの。I have no intention of studying science.（私は科学を勉強するつもりなどない）のようにintentionがno、an、anyなどと用いられる場合にはof doingとなり、My intention is to study science.（私の目的は科学を勉強することです）といった具合にone's intentionとなった場合にはintentionは単数で、to doの型をとる。

■ **One would think...money would.**
Surely one of these two reasons (money or sentiment) would convince him to sell the letter. ほどの意。

■ **persuade**
= cause to believe; affect; reason; satisfy

Ilsa finds it impossible to look at him. She looks away. Laszlo turns off the light switch, making the room dark except for the dim light that comes from the shaded windows. Ilsa sits on the edge of the bed.

find someone(something) ～

make O C

shaded window

on the edge of　～のふち〔端〕に

LASZLO : **Well, our friend outside will think we've retired by now. I'll be going in a few minutes.**

retire　寝る

He sits on the edge of the bed next to Ilsa. A silence falls between them and grows strained.

strain　(神経を)ピンと張る, 緊張させる

LASZLO : **Ilsa, I...?**
ILSA : **Yes?**
LASZLO : **When I was in the concentration camp, were you lonely in Paris?**

lonely　寂しい, 孤独の

ILSA : **Yes, Victor. I was.**
LASZLO : **I know how it is to be lonely. Is there anything you wish to tell me?**

wish　～したい

ILSA : **No, Victor, there isn't.**
LASZLO : **I love you very much, my dear.**
ILSA : **Yes. Yes, I know. Victor, whatever I do, will you believe that I... that...**
LASZLO : **You don't even have to say it. I'll believe. Good night, dear.**
ILSA : **Good night.**

He kisses her on the cheek and starts to leave. Ilsa calls after him.

call after　～の後ろから呼びかける

ILSA : **Victor!**
LASZLO : **Yes, dear?**

Ilsa comes to Laszlo at the door.

ILSA : **Be careful.**
LASZLO : **Of course I'll be careful.**

イルザには彼を見ることができない。彼女は顔をそむける。ラズロは明かりのスイッチを消し、部屋を暗くする。日除けを引いた窓から入ってくる薄明かりがあるだけだ。イルザはベッドの端に腰を下ろす。

ラズロ　：さて、これで外にいる私たちの友人は、私たちがもう床についたと思うだろう。もう2、3分したら行くことにする。

彼はベッドの端のイルザの横に座る。2人の間に沈黙が落ち、緊張が高まる。

ラズロ　：イルザ、私が…
イルザ　：え？
ラズロ　：私が強制収容所にいたとき、君はパリで寂しかったかい？
イルザ　：ええ、ヴィクター。寂しかったわ。
ラズロ　：寂しいってことがどんな気持ちか、私にはわかるよ。何か私に言いたいことはあるかい？
イルザ　：いいえ、ヴィクター、何もないわ。
ラズロ　：私は君をとても愛しているよ。
イルザ　：ええ。ええ、わかってるわ。ヴィクター、私が何をしようと、信じてほしい…　私は…　あの…
ラズロ　：そんなことは言わなくてもいい。私は信じるよ。おやすみ。
イルザ　：おやすみなさい。

彼は彼女の頬にキスして、出かけ始める。イルザが後ろから呼びかける。

イルザ　：ヴィクター！
ラズロ　：何だい？

イルザは戸口のラズロのところへ来る。

イルザ　：気をつけて。
ラズロ　：もちろん、気をつけるとも。

■ **find someone(something) ～**
find something[someone]+形容詞で「もの〔人〕を～だと思う、～だと感じる」という表現になる。ここでのように不定詞をつけ、形式目的語のitを説明することができる。
ex. I find it easy.（これは簡単だと思うよ）、I find him boring.（彼は退屈な人だと思う）、I find it enjoyable to read his novels.（彼の小説を読むのは楽しいと思う）

■ **make O C**
「目的語（O）を補語（C）にする」という意味の第5文型〔S+V+O+C〕。
ex. This song always makes me positive.（この歌はいつも私を前向きにする）、The coach promised me that he would make me captain.（監督は僕をキャプテンにすると約束した）

■ **shaded window**
shadeは名詞として使えば「（窓に取り付ける）ロールスクリーン、ブラインド」。ここでは「光から遮る」という意味の動詞の過去分詞を形容詞として使い「ブラインドを取り付けた窓」としている。

■ **on the edge of**
ex. Don't put your cup on the edge of the table.（カップをテーブルの端に置かないで）
また、比喩的に「～の寸前〔瀬戸際〕で、まさに～しようとして、～しかけて」の意味でも使える。
ex. The company is on the edge of bankruptcy.（会社は倒産寸前だ）

■ **retire**
= go to bed

■ **lonely**
= feeling friendless; forlorn; alone; isolated; lone; lonesome; solitary

■ **wish**
wishは仮定法でよく使われることからも「実現の可能性が低い望み」に対して使われるが、ここでのようにwantの丁寧な言い換えとして使われることも多い。特にビジネスの場面などでよく見られる。
ex. I wish to express my thanks for your cooperation.（ご協力に感謝の意を表したい）、If you wish to discuss it further, please do not hesitate to contact me.（さらに話し合いたいようでしたら、遠慮なくご連絡ください）

He kisses her on the cheek and goes out the door. She closes the door, then hurries to look out the window. She watches Laszlo disappear down the narrow street. Ilsa gets her jacket and purse from the other room and exits the hotel room.

disappear 姿を消す ⊙

INT. RICK'S CAFE - Carl is bent over ledgers busy figuring out the numbers. Rick enters the room and sits next to him.

ledger 元帳
figure out 計算して答えを出す, 算定する

CARL : **Well, you are in pretty good shape, Herr Rick.**
RICK : **How long can I afford to stay closed?**
CARL : **Oh, two weeks, maybe three.**
RICK : **Well, maybe I won't have to. A bribe has worked before. In the meantime, everybody stays on salary.**
CARL : **Oh, thank you, Herr Rick. Sacha will be happy to hear it. I owe him money.**

you are in pretty good shape ⊙
afford ～する余裕がある, できる ⊙
bribe 賄賂
in the meantime その間に
everybody stays on salary ⊙
stay on 引き続き留まる
salary 給料 ⊙
owe 負う, 借りがある ⊙

RICK : **Now, you finish locking up, will you, Carl?**
CARL : **I will. Then I am going to the meeting of the...**
RICK : **Now, don't tell me where you're going.**
CARL : **I won't.**
RICK : **Good night.**
CARL : **Good night, Mr. Rick.**

29 *Rick walks up the staircase to his apartment.*

INT. RICK'S APARTMENT - Rick opens the door to his apartment and turns on a small lamp. Ilsa is standing by the window.

RICK : **How did you get in?**
ILSA : **The stairs from the street.**
RICK : **I told you this morning you'd come around. But, this is a little ahead of schedule. Well, won't you sit down?**

stairs 階段
you'd ⊙
come around やってくる
a little ahead of schedule ⊙
ahead 先んじて
schedule 予定, 計画

Ilsa walks toward Rick.

彼は彼女の頬にキスをしてドアから出ていく。彼女はドアを閉め、急いで窓の外を見に行く。彼女はラズロが細い通りから姿を消すのを見守る。イルザは隣の部屋から上着とハンドバッグを取ってくると、ホテルの部屋を出る。

屋内—リックのカフェ—カールは身をかがめ元帳とにらめっこしながら、数字の計算に精を出している。リックが部屋に入ってきて、彼の隣に座る。

カール　：まあ、店の景気はかなり良好ですよ、リック様。

リック　：店を閉めたままで、どのぐらいやっていける？
カール　：そう、2週間か、ひょっとしたら3週間。
リック　：そうだな、ことによるとその必要はないかもしれん。前は賄賂で片がついたからな。その間、皆の給料はこれまでどおりだ。

カール　：それはありがとうございます、リック様。それを聞いたらサシャも喜びますよ。私は彼に金を借りていますので。
リック　：では、戸締りを済ませてくれないか、カール？
カール　：そうします。その後、私は会合のほうへ…

リック　：おい、どこに行くか、俺に言うな。
カール　：言いません。
リック　：おやすみ。
カール　：おやすみなさい、リック様。

リックは自分のアパートへと階段を上る。

屋内—リックのアパート—リックはアパートのドアを開け、小さなランプをつける。窓のそばにイルザが立っている。

リック　：どうやって入った？
イルザ　：通りの階段から。
リック　：今朝、俺は君が来るだろうと言ったけど、しかし、こいつは予定より少々早いな。まあ、かけないかね？

イルザはリックのほうへ歩く。

■ **disappear**
動詞につけて「反対の動作」を表す接頭辞dis-がappear（現れる）と組み合わさった語。
cf. agree（賛成する）⇄ disagree（反対する）、arm（武装する）⇄ disarm（武装解除する）、believe（信じる）⇄ disbelieve（疑う）、like（好む）⇄ dislike（嫌う）

■ **you are in pretty good shape**
Your finances show a positive balance. ほどの意。be in good shape（体調がよい）は be in good condition のことで、しばしばfinancially、economically、physicallyあるいはmentally といった副詞を伴って用いられる。
cf. be in bad shape（調子が悪い）
ex. I'm in bad shape now.（今、調子が悪い）

■ **afford**
ex. I can't afford to spend any more money this week.（今週はもうこれ以上お金を使う余裕がない）、Having bought the house, they couldn't afford to furnish it.（家を買ったが、家具を備え付ける余裕はなかった）、I can't afford to get sick!（病気になっている余裕はない！）

■ **everybody stays on salary.**
the salary of each person will not be reduced. といったところ。

■ **salary**
ラテン語salarium「兵士に支給された塩を買うための手当」が語源と言われている。基本的には月収などの「固定給」を指し、時間給など労働時間に応じた「賃金」はwage、一般的な「給料」はpayで表す。

■ **owe**
= be in debt to
⇄ lend
I owe a large amount of money to the bank.（私は銀行に相当の借金がある）とか、How much do I owe you?（あなたにおいくら払えばいいですか？）のように、「（人などに金銭上の）借りがある、支払う義務がある」の意。

■ **you'd**
= you would

■ **a little ahead of schedule**
= sooner than expected

ILSA	: Richard, I had to see you.	
RICK	: So, it's Richard again? We're back in Paris.	
ILSA	: Please!	
RICK	: Your unexpected visit isn't connected by any chance with the Letters of Transit? It seems as long as I have those Letters, I'll never be lonely.	unexpected 思いがけない，不意の ⊙ connected 関係のある ⊙ by any chance 万一 as long as 〜する限り，〜なら
ILSA	: You can ask any price you want, but you must give me those Letters.	
RICK	: I went all through that with your husband. It's no deal.	go through 済ませる，やり通す It's no deal ⊙
ILSA	: Well, I know how you feel about me, but I'm asking you to put your feelings aside for something more important.	put aside 追い払う，忘れる
RICK	: Do I have to hear again what a great man your husband is? What an important cause he's fighting for?	cause ⊙
ILSA	: It was your cause, too. In your own way, you were fighting for the same thing.	
RICK	: I'm not fighting for anything anymore, except myself. I'm the only cause I'm interested in.	

Rick walks towards the window and opens the louver door. Ilsa comes close to him.

louver door よろい戸 ⊙

ILSA	: Richard! Richard, we loved each other once. If those days meant anything at all to you...	once 一度，かつて
RICK	: I wouldn't bring up Paris if I were you. It's poor salesmanship.	bring up （話題を）持ち出す，話題にする ⊙ if I were you 私があなたなら ⊙ It's poor salesmanship ⊙ salesmanship 販売術
ILSA	: Please, please listen to me. If you knew what really happened. If you only knew the truth.	If you only knew the truth ⊙

イルザ　：リチャード、どうしてもあなたにお会いしなければならなかったの。

リック　：なるほど、またリチャードか。パリの時代に戻ったわけだ。

イルザ　：お願い。

リック　：君の思いがけない訪問は、ひょっとして、例の通行証と関係あるんじゃないだろうな？　あの通行証を持ってる限り、俺が孤独になることは絶対になさそうだ。

イルザ　：好きな値段をつければいいわ、でも、通行証はどうしても私に譲ってちょうだい。

リック　：そのことは君のご主人と充分に話し合ったよ。取り引きはしない。

イルザ　：ねえ、あなたが私のことをどう思ってるかはわかっているわ、でも、お願いだから、もっと大切なことのために、その感情をしばらく忘れていただきたいの。

リック　：君のご主人がどんなに偉大な人物か、また聞かされなきゃならないのかね？　どんなに重要な目的のために、ご主人が戦っているのかをさ。

イルザ　：それはあなたの目的でもあったはずよ。あなたなりのやり方で、同じ目的のために戦っていたわ。

リック　：俺はもう何のためにも戦っちゃいない、自分のため以外はね。俺が興味を抱いている目的は自分だけさ。

リックは窓のほうへ歩いていくとよろい戸を開ける。イルザが彼に近づいてくる。

イルザ　：リチャード！　リチャード、私たち、一度は愛し合ったじゃない。もしあの頃のことがあなたにとって少しでも意味があるなら…

リック　：俺が君だったら、パリのことは持ち出さないね。下手な手口だ。

イルザ　：お願い、お願いだから聞いてちょうだい。本当は何があったか、あなたにわかってもらえたら、事実を知ってさえもらえたら。

■ **unexpected**
= astonishing; sudden; impulsive; abrupt

■ **connected**
= related; associated; affiliated

■ **It's no deal.**
ここでは I refuse to agree. や I refuse to help you. の意。相手との deal（取引）や話し合いでことが決まった場合には It's a deal. もしくは You've got a deal.（これで決まった）を用いる。

■ **cause**
この語は通例、What's the cause of the accident?（その事故の原因は何だった？）のように、「ある結果を必然的に生み出す原因」の意で使われるが、ここでは社会的な運動における「目的、理想、大義」のこと。

■ **louver door**
louverの発音は［lú:vər］。

■ **bring up**
ex. Who brought up the subject?（この話題を持ち出したのは誰？）
またraise（育てる）の意味で使われることもある。
ex. It's not easy to bring up twins on her own.（女手一つで双子を育てるのは簡単ではない）、He had old-fashioned ideas on how to bring up children.（彼は子育てについて古臭い考えを持っていた）

■ **if I were you**
仮定法のためbe動詞はwereの形になる。こうすることで、現実ではない仮定の話であることを聞き手に伝えている。だが、もしも話し手が「決してあり得ない話ではない」と思っている場合、口語ではwasを使う場合もある。
ex. If I were[was] a popstar（もし私がポップスターだったら＊wasの場合、話し手は仮定の話ではあるものの、ポップスターになる可能性が全くないとは思っていない）

■ **It's poor salesmanship.**
My memory of Paris will not convince me to help you. といったところ。

■ **If you only knew the truth**
この表現は If only I had money, I could buy that.（私にお金がありさえすれば、あれが買えるのに）からもわかるとおり、「if only + S + V」で強い願望の気持ち、その願望の実現性が乏しい諦め、残念さを表して、「ただSがVしてくれたらなあ」との意味で使われる。

RICK : I wouldn't believe you, no matter what you told me. You'd say anything now, to get what you want.

no matter what たとえ〜でも ➲

Rick walks away. Ilsa stands still for a moment then approaches him.

stand still じっと立っている ➲

ILSA : You want to feel sorry for yourself, don't you? With so much at stake, all you can think of is your own feeling. One woman has hurt you, and you take your revenge on the rest of the world. You're a... you're a coward and weakling.

feel sorry かわいそうだと思う, 哀れに思う
With so much at stake ➲
at stake 危機に瀕して ➲

hurt 傷つける
revenge 報復, 復讐
rest 残り
coward 臆病者, 卑怯者 ➲
weakling 虚弱者, 泣き虫

Tears build up in her eyes and she begins to cry.

build up 高める, 増大させる ➲

ILSA : No. Oh, Richard, I'm sorry. I'm sorry, but... but you... you are our last hope. If you don't help us, Victor Laszlo will die in Casablanca.

RICK : What of it? I'm gonna die in Casablanca. It's a good spot for it.

spot 場所

Rick turns away to light a cigarette. Ilsa also turns away.

RICK : Now, if you'll...

Rick turns around to see Ilsa pointing a gun at him.

ILSA : All right, I tried to reason with you. I tried everything. Now, I want those Letters. Get them for me.

reason 説き伏せる

RICK : I don't have to. I got 'em right here.

ILSA : Put them on the table.

RICK : No.

ILSA : For the last time, put them on the table.

for the last time 最後に ➲

リック　：君が何て言おうと、俺は信じないね。ほしいものを手に入れるためなら、今の君は何でも言うさ。

リックは歩き去る。イルザは一瞬立ちつくすが、やがて彼に近づいていく。

イルザ　：あなた、自分自身を哀れみたいんでしょ？　これほど多くが危機に瀕しているというのに、あなたには自分の気持ちのことしか考えられない。1人の女があなたの心を傷つけたからって、あなたは全世界に復讐するってわけね。あなたは、あなたは卑怯者、弱虫よ。

彼女の目に涙がにじみ、ついに彼女は泣き始める。

イルザ　：違うの。ああ、リチャード、ごめんなさい。ごめんなさい、でも、でも、あなたが…　あなたが私たちの最後の頼みなの。あなたが助けてくれなければ、ヴィクター・ラズロはカサブランカで死んでしまうのよ。

リック　：それがどうした？　俺もカサブランカで死ぬつもりだ。死ぬにはいいところさ。

リックはタバコに火をつけるために背を向ける。イルザも歩き去る。

リック　：だから、もし君が…

リックが振り向くと、彼女が彼に銃を向けているのが目に入る。

イルザ　：わかったわよ、あなたにわからせようと、努力はしたわ。あらゆる手は尽くした。さあ、通行証をちょうだい。取ってきて。

リック　：その必要はない。ここにある。

イルザ　：テーブルに置くのよ。

リック　：いやだね。

イルザ　：これが最後よ、テーブルの上に置いて。

■ **no matter what**
ex. Don't listen to him, no matter what he says.（彼が何を言おうと、耳を貸してはいけない）、Call me when you get there, no matter what the time is.（何時になろうと着いたら電話して）、I'll do it no matter what.（何があっても私はやる）

■ **stand still**
ここのstillはHe is still talking to her.（彼はまだ彼女に話しかけている）のような「まだ、今なお」といった意味ではなく「じっと動かないで、静止して」という意味の副詞である。
ex. sit still（じっと座っている）、hold a camera still（カメラをじっと構える）
また、形容詞として使うこともできる。
ex. still image[picture]（静止画）　still life（静物、静物画）、　still　water（水 *sparkling　water（炭酸水）に対してガスなしの水のこと）

■ **With so much at stake**
ここでの with は譲歩の with で、With all his faults, I still love him.（彼にはたくさん欠点があるけれど、それでも彼のことを愛している）のように、「～を所有しているにもかかわらず」とか、With all her anger, she said nothing about it.（彼女はあんなに怒っていたのに、その件については何も言わなかった）といった具合に「～だけれども」の意味を持つ。

■ **at stake**
ex. The family honor is at stake in this match.（この試合に一族の名誉がかかっている）、Thousands of lives will be at stake if emergency aid does not arrive in the city soon.（もし緊急援助がすぐに街につかないようなら、何千人もの命が危険に晒される）

■ **coward**
= a person who doesn't have the courage to face danger or pain; chicken; weakling; wimp; yellow

■ **build up**
= develop; increase
ここでは涙が下まぶたに溜まっていく様。

■ **for the last time**
ここでは This is the final warning. とか I will not tell you again. といったニュアンスで使われたもの。なお、反対の意を表す表現は for the first time である。

RICK : **If Laszlo and the cause mean so much to you, you won't stop at anything. All right, I'll make it easier for you.**

you won't stop at anything ➲

He walks straight up to the barrel of the gun. He looks Ilsa in the eyes.

barrel 銃身 ➲

RICK : **Go ahead and shoot. You'll be doing me a favor.**

You'll be doing me a favor ➲
do someone a favor ➲

Ilsa lowers the gun. Tears come to her eyes.

lower 下げる, 落とす ➲

ILSA : **Richard, I tried to stay away. I thought I would never see you again, that you were out of my life.**

stay away 離れる, 寄りつかない

Ilsa sobs and sighs deeply. She turns away from Rick and walks to the window. Rick walks up beside her. She collapses into his arms.

sob すすり泣く ➲
collapse 崩れ落ちる

ILSA : **The day you left Paris, if you knew what I went through! If you knew how much I loved you, how much I still love you.**

if you knew what I went through ➲

They kiss passionately.

EXT. RICK'S APARTMENT - LATER - A searchlight on a rooftop slowly circles the dark neighborhood, moving over Rick, who is standing at his open window.

searchlight サーチライト
circle 回る
neighborhood 近所, 近隣, 自宅周辺, 地区, 地域, 区域 ➲

RICK : **And then?**

30 *INT. RICK'S APARTMENT - NIGHT - Rick turns back to Ilsa.*

ILSA : **It wasn't long after we were married that Victor went back to Czechoslovakia. They needed him in Prague, but there the Gestapo were waiting for him. Just a two-line item in the paper, "Victor Laszlo apprehended. Sent to concentration camp."**

line 行
item （新聞記事などの）一項
paper 新聞

リック　：ラズロとその目的とやらがそんなに君にとってそんなに大切なら、君はどんなことだってやるだろう。よろしい、君にとってやりやすくしてやろうじゃないか。

彼は銃身に向かってまっすぐに歩いていく。彼はイルザの目を見つめる。

リック　：さあ、撃ちたまえ。そうしてくれれば俺も助かる。

イルザは銃を下ろす。彼女の目に涙が浮かぶ。

イルザ　：リチャード。あなたから離れていようとしたのよ。あなたには二度と会うまいと…　私の人生から消え去った人だと思っていたの。

イルザはすすり泣き、深いため息をつく。彼女はリックから顔をそむけ、窓のところへ歩いていく。リックは彼女の隣に歩み寄る。彼女は彼の腕の中に崩れるように倒れる。

イルザ　：あなたがパリを出ていった日、私がどんな思いを味わったかわかってもらえたら！　あなたをどんなに愛していたか、今でもどんなに愛しているか、わかってもらえたら。

彼らは情熱的にキスをする。

屋外—リックのアパート—しばらく後—屋上のサーチライトが開け放たれた窓辺に立っているリックの上を通り過ぎ、暗闇に包まれた近隣をゆっくりと旋回する。

リック　：で、それから？

屋内—リックのアパート—夜—リックはイルザのほうに振り返る。

イルザ　：ヴィクターがチェコスロバキアに戻ったのは私たちが結婚して間もなくだったわ。彼は必要とされてプラハへ行ったのだけど、そこにはゲシュタポが待っていたの。新聞にはたった２行の記事だけ、「ヴィクター・ラズロ逮捕。強制収容所へ送られる」ってね。

■ **you won't stop at anything**
= you will stop at nothing; you will do anything

■ **barrel**
cf.　muzzle（銃口）、trigger（引き金）、magazine／cylinder（弾倉／回転弾倉）、

■ **You'll be doing me a favor.**
ここでは You will help me if you kill me. ほどの意。

■ **do someone a favor**
do someone a favor は Will you do me a favor?（あなたにお願いがあるんですが）のように、「人のために尽くす、人の願いを聞き入れる」の意。

■ **lower**
⇄ raise
ex. Could you lower your voice a bit?(少し声を落としてもらえますか?)

■ **sob**
sobは嗚咽したりしゃくり上げたり、声をあげたりする泣き方。
cf.　cry（「泣く」の一般的な語）、weep/shed　tears（涙を流す*涙に重点を置いた表現）、wail（嘆き叫ぶ、声を上げて泣く*泣き声に重点を置いた泣き方）、whimper（ベソをかく、ぐずるように泣く）

■ **if you knew what I went through**
go through は「（苦しさなどを）経験する、体験する」の意。If you knew what I suffered, you would forgive me. といったところ。このように you would 以下の帰結節は、話の内容、様子などから話し手、聞き手ともにわかっているため省略されることが ある。

■ **neighborhood**
接尾辞-hoodは「性質・状態・階級・身分・境遇など」を表す抽象名詞、または「そういったものを共有する集まり、集団」を表わす集合名詞を作る。
ex. childhood（子供の境遇＝幼少期、子供時代）、bachelorhood（独身の状態＝独身生活）、manhood（男性であること、男性らしさ、壮年期）、womanhood（女性であること、女性らしさ）、brotherhood（仲間、会員の集団＝組合、協会）

ILSA	: I was frantic. For months I tried to get word. Then it came. He was dead, shot trying to escape. I was lonely. I had nothing. Not even hope. Then I met you.	frantic 狂乱した ⊙ word ⊙ He was dead,...Then I met you ⊙
RICK	: Why weren't you honest with me? Why did you keep your marriage a secret?	honest 正直な ⊙ marriage 結婚

Rick sits next to Ilsa on the couch.

ILSA	: Oh, it wasn't my secret, Richard. Victor wanted it that way. Not even our closest friends knew about our marriage.	
	: That was his way of protecting me. I knew so much about his work, and if the Gestapo found out I was his wife, it would be dangerous for me and... and for those working with us.	protect 守る
RICK	: And when did you first find out he was alive?	alive 生きて
ILSA	: Just before you and I were to leave Paris together. A friend came and told me that Victor was alive. They were hiding him in a freight car on the outskirts of Paris. He was sick. He needed me. I wanted to tell you but I... I didn't dare. I knew... I knew you wouldn't have left Paris, and the Gestapo would have caught you. So I... Well... Well, you know the rest.	freight car 貨物輸送車 outskirts 町はずれ, 郊外 ⊙ I didn't dare ⊙
RICK	: Well, it's still a story without an ending. What about now?	ending 結末, 終わり
ILSA	: Now? I don't know. I know that I'll never have the strength to leave you again.	strength 力, 強さ ⊙
RICK	: And Laszlo?	

イルザ　: 私は気が変になりそうだった。何か月もの間、消息を知ろうと努力をしたわ。その後、知らせが来たの。逃げようとして撃たれて死んだってね。私は孤独だった。私には何ひとつなかったわ。希望さえもよ。そんなとき、あなたに出会ったの。

リック　: なぜ俺に正直に言わなかった？　なぜ結婚のことを秘密にしていた？

リックはソファのイルザの横に座る。

イルザ　: ああ、それは私が秘密にしていたことじゃないの、リチャード。ヴィクターがそう望んだのよ。私たちの親友ですら、私たちが結婚していることは知らなかったわ。

: それが私を守るための彼なりのやり方だったの。私は彼の仕事のことをよく知っていたから、私が彼の妻だとゲシュタポに知られれば、私もそれに…　それに私たちと一緒に仕事をしている人たちも、危険な目に遭うでしょう。

リック　: それで彼が生きていると初めてわかったのはいつだった？

イルザ　: あなたと私が一緒にパリを発とうとした直前だったわ。友人が来て、ヴィクターが生きていると教えてくれたの。彼はパリ郊外の貨車の中にかくまわれていたのよ。病気で、私が必要だった。あなたに話したかったけど、でも、私、私、どうしてもできなかったの。もし話したら、あなたはパリを離れないだろうし、そうなれば、あなたがゲシュタポに捕まってしまうことがわかっていたから。だから私…　えーと…　えーと、その後は知ってるわね。

リック　: だが、それでもまだ、結末のない話だね。今はどうなんだ？

イルザ　: 今？　わからない。わかっているのはもう一度あなたと別れる力は私にはないってことだわ。

リック　: すると、ラズロは？

■ **frantic**
= distressed; distracted; distraught; beside oneself; insane

■ **word**
news、message、report　の意味で使われる場合には単数形でしばしば無冠詞。

■ **He was dead,...Then I met you.**
既婚女性が別の男性と恋をすることを映画で描いたり、示唆することが不適切であると見做された時代において、イルザの衝撃の告白Victor Laszlo is my husband. And was, even when I knew you in Paris.（p.152）というセリフは、検閲から問題視された。しかしこのHe was dead,... Then I met you.というセリフがあったおかげで、イルザ自身には「不倫」という認識がなかったと判断され削除を免れたという。

■ **honest**
honest はTo be honest with you, I don't think it will be possible.（正直言って、それは不可能だと思います）とか、Let's be honest with each other.（お互い隠し事はなしにしようじゃないか）といった具合に人に対して「正直な」の場合、通例、前置詞はwith、また相手が物事の場合は John is honest in all he does.（ジョンは何事をするにも誠実である）、John is honest about his feelings toward her.（ジョンは彼女に対する気持ちをはっきり言う）のようにin あるいは about となる。

■ **outskirts**
同じく郊外を表す語にsuburbがある。outskirtsは「中心から離れてはいるものの市内、町内」で、つまり境目にあるエリアである。suburbは同じく中心から離れているエリアだが、市外も含まれ、また多くの場合住宅街を指す。

■ **I didn't dare**
= I was afraid to; I lacked courage to

■ **strength**
発音は［stréŋkθ］。

ILSA : Oh, you'll help him now, Richard, won't you? You'll see that he gets out? Then he'll have his work. All that's he's been living for.

You'll see that he gets out ⊖

Rick leans back against the couch and puts his arm around Ilsa.

RICK : All except one. He won't have you.

Ilsa places her head in his shoulder.

ILSA : I can't fight it any more. I ran away from you once. I can't do it again. Oh, I don't know what's right any longer. You have to think for both of us, for all of us.

any longer もはや，これ以上 ⊖

RICK : All right, I will. Here's looking at you, kid.

Here's looking at you, kid ⊖

Rick looks at Ilsa. Ilsa smiles.

ILSA : I wish I didn't love you so much.

I wish I didn't ⊖

31 *EXT. RICK'S CAFE - NIGHT - Laszlo and Carl hurry toward a side entrance of Rick's Cafe. A car filled with many policemen passes by.*

CARL : I think we lost them.

lose まく，引き離す ⊖

LASZLO : Yes, I'm afraid they caught some of the others.

I'm afraid... （好ましくないことについて）〜と思う，のようだ

CARL : Come inside. Come.

INT. RICK'S CAFE - NIGHT - Carl and Laszlo go to the bar.

CARL : Come, Mr. Laszlo. I will help you, immediately.

LASZLO : Thank you.

CARL : I will give you some water.

INT. RICK'S APARTMENT - NIGHT - Rick hears Carl's voice, walks to the door and cautiously peers out. He turns off the light. Ilsa comes up behind him, but he motions her away. Rick steps out of his apartment and calls to Carl from the stairway.

peer じっと見る

イルザ　：ねえ、これで彼のこと助けてくれるでしょう、リチャード？　彼を脱出させてくれるわよね？　そうすれば彼は彼の仕事ができる、彼の生き甲斐のすべてが。

リックはソファにもたれかかると、イルザに腕を回す。

リック　：１つだけを除いてな。彼は君を失うことになる。

イルザは彼の肩にもたれかかる。

イルザ　：もう気持ちには逆らえない。あなたから一度は逃げてしまったけど、もうそんなことはできないわ。ああ、何が正しいことなのか私にはもうわからない。私たち２人のために、私たち皆のためにあなたが考えてくれなくちゃ。

リック　：わかった、そうしよう。君の瞳に乾杯。

リックはイルザを見つめる。イルザは微笑む。

イルザ　：こんなにあなたを愛さなければよかったのに。

屋外—リックのカフェ—夜—ラズロとカールがリックのカフェの通用口へ急いで向かう。たくさんの警官を乗せた車が通りすぎる。

カール　：あいつらをどうやらまいたようですね。

ラズロ　：そうだな。残念ながら何人かは捕まってしまったが。

カール　：中へお入りください。さあ。

屋内—リックのカフェ—夜—カールとラズロはバーのほうへ行く。

カール　：さあ、ラズロさん。すぐに手当てをしましょう。

ラズロ　：ありがとう。

カール　：水をお持ちします。

屋内—リックのアパート—夜—リックはカールの声を耳にして、ドアまで歩いていくと、注意深く外をのぞき見る。彼は明かりを消す。イルザが彼の背後へ来るが、彼は彼女に離れるようにと手で合図する。リックはアパートから歩いて出ると、階段のところからカールに大声で呼びかける。

■ **You'll see that he gets out**

ここでのseeは「（that以下になるように）手はずをする、取り計らう」。なおthat節内が未来のことを表す場合でも、未来を表す助動詞は使わない。see to it thatの形も用いられる。

ex. Can you see [to it] that the fax is sent this afternoon?（午後にファックスが送られるように手配してもらえる?）

■ **any longer**

I don't trust you any longer.（もう君を信用していない）のように　not...any longer は I no longer trust you. のように言い換えることができる。

■ **Here's looking at you, kid.**

この映画の中で「乾杯」の意味で使われてから、名セリフとして人気がある（p.244コラム「君の瞳に乾杯！」参照）。同意の表現に　Here's mud in your eye!、Here's to you（p.161）［your health］［your luck］etc.!、Bottoms up!、Down the hatch!、Cheers! それに改まった場所で使われる I would like to propose a toast!、I propose a toast to（＋対象となる人物または事柄）がある。

■ **I wish I didn't**

I wish my father were alive now.（私の父が生きていればなあ）のように、「S ＋ wish ＋ 仮定法過去」は現在の事柄に関する実現不可能な願望を表して、「～であればいいのにと思う」を意味して使われる。また、I wish you would be more careful.（もう少し気をつけてくれないかな）のように、節内に動詞 would を伴って要求を示すこともある。なお、I wish I had bought that car.（あの車を買っていたらなあ）に見られるような仮定法過去完了の場合は、過去の事柄に関する実現不可能な願望を表す。

■ **lose**

ここでは He succeeded in losing his pursuers.（彼は追っ手をまくことに成功した）のように「追っ手をまく」の意で使われたもの。なお lose は I lost my bag yesterday.（昨日バッグをなくした）のように「なくす、紛失する」、I lost my job today.（今日失業した）のように「失う」、I lost my way in the woods.（森の中で道に迷った）のように「（方向、位置などを）失う、迷う」、My watch loses a minute a day.（私の時計は1日に1分遅れる）のように「（時計が）遅れる」などの意味で使われることが多い。

RICK : Carl, what happened?

CARL : The police break up our meeting, Herr Rick! We escaped in the last moment.

RICK : Come up here a minute.

CARL : Yes, I come.

Carl walks toward the staircase.

RICK : I want you to turn out the light in the rear entrance. It might attract the police.

CARL : But Sacha always puts out that light.

RICK : Tonight he forgot.

CARL : Yes, I come. I will do it.

Carl comes upstairs. He sees Ilsa.

RICK : I want you to take Miss Lund home.

CARL : Yes, sir.

INT. RICK'S CAFE - NIGHT - Rick goes down the staircase. He walks toward Laszlo who is sitting at the bar nursing a gash on his forearm.

LASZLO : It's nothing, just a little cut. We had to get through a window.

RICK : Oh, this might come in handy.

Rick makes Laszlo a drink.

LASZLO : Thank you.

RICK : Had a close one, eh?

LASZLO : Yes, rather.

RICK : Don't you sometimes wonder if it's worth all this? I mean what you're fighting for?

LASZLO : We might as well question why we breathe. If we stop breathing, we'll die. If we stop fighting our enemies, the world will die.

The police break up our meeting ⊙
break up 解散させる, 追い散らす
in the last moment 土壇場で, ぎりぎりで
Yes, I come ⊙
turn out 消す ⊙
rear entrance 裏口 ⊙
rear 後方の, 後部の, 後ろの ⊙
attract 引きつける
put out 消す
nurse 看病する, 看護する
gash 長く深い切り傷
forearm 前腕
cut 切り傷 ⊙
get through ～を通り抜ける
come in handy 役に立つ ⊙
Had a close one, eh ⊙
a close one 危ないところ, 危機一髪
close 際どい
rather かなり, だいぶ, 少々, やや, むしろ ⊙
Don't you sometimes...all this ⊙
We might as well...why we breathe ⊙

リック　：カール、何があったんだ？
カール　：警察が私たちの会合に踏み込んできましてね、リック様！　私たちは土壇場で逃げ出してきました。
リック　：ちょっとここへ上がってきてくれ。
カール　：はい、今行きます。

カールは階段のほうに歩いていく。

リック　：裏口の明かりを消してもらいたいんだ。警察の目につくかもしれないのでね。
カール　：でも、あの明かりはサシャがいつも消していますが。
リック　：あの男、今晩は忘れたんだ。
カール　：はい、まいります。私がいたします。

カールは2階へ上がる。彼はイルザを見る。

リック　：お前にミス・ランドを家まで送ってほしいんだ。
カール　：はい。

屋内—リックのカフェ—夜—リックは階段を降りていく。彼はバーに座って前腕の切り傷の手当てをしているラズロのほうへ歩いていく。

ラズロ　：何でもない、ちょっとした切り傷です。窓から出なくてはならなかったのでね。
リック　：さあ、これが役に立つでしょう。

リックはラズロに酒を作る。

ラズロ　：ありがとう。
リック　：危ないところだったわけですな、え？
ラズロ　：ええ、いささかね。
リック　：はたしてこれだけのことをする価値があるかと、時々考えることはないですか？　つまり、あなたの戦っている目的のことですよ。
ラズロ　：私たちがなぜ呼吸するかを問うようなものでしょう。呼吸をやめれば、私たちは皆死にます。敵との戦いをやめれば、世界が滅びるのです。

■ **The police break up our meeting**
正しくは The police broke up our meeting となるべきところ。

■ **Yes, I come.**
正しくはYes, I am coming.またはYes, I will come.となる。

■ **turn out**
= put out
どちらも「火を消す」という意味。スイッチがついた電気の灯には turn off や switch offが使われることが多い。

■ **rear entrance**
= back entrance; back door

■ **rear**
= back
rearとbackは物の後部、背面を指す語としてほぼ全ての場合で言い換えが可能。ただし、体に対して使った場合、backは、肩から腰にかけての背面＝背中を指すのに対し、rearはお尻を指す。

■ **cut**
単に皮膚の表面が切れてしまった浅い切り傷。gashはより深い切り傷。scratchは擦り傷、引っかき傷。abrasionは皮膚がずるっと剥けた状態の擦り傷。

■ **come in handy**
= be useful

■ **Had a close one, eh?**
= You had a narrow escape?

■ **rather**
程度を表す副詞ratherは「かなり、だいぶ」と訳される時もあれば「少々、やや」などと訳される時もあるほど、範囲が広い語。これはもともと「かなり」悪い状態のものを控えめに表したいという意図で「少々」として使われ始めたからである。いずれにしてもratherを使うときは何かしら比較対象があり、「それと比べると〜だ」、またその比較対象が明確でない場合でも「むしろ〜だ」というニュアンスであることを覚えておきたい。

■ **Don't you sometimes...all this?**
Do you ever wonder if the cause is worth the danger and effort? といったところ。ここでの it は cause、つまり the fight for freedom のこと。

■ **We might as well...why we breathe.**
might as well は「〜するようなものだ」。単刀直入に表現すればYour question is senseless. あるいは Your question is as senseless as to ask if we should continue to breathe. といったところ。

RICK : And what of it? Then it'll be out of its misery.

LASZLO : Do you know how you sound, Monsieur Blaine? Like a man who's trying to convince himself of something he doesn't believe in his heart. Each of us has a... destiny. For good or for evil.

RICK : Yes, I get the point.

Rick lights a cigarette.

LASZLO : I wonder if you do. I wonder if you know that you're trying to escape from yourself and that you'll never succeed.

RICK : You seem to know all about my destiny.

LASZLO : I know a good deal more about you than you suspect. I know, for instance, that you are in love with a woman. It is perhaps a strange circumstance that we both should be in love with the same woman.

Rick stares at Laszlo.

LASZLO : The first evening I came into this cafe, I knew there was something between you and Ilsa. Since no one is to blame, I... I demand no explanation. I ask only one thing. You won't give me the Letters of Transit. All right. But, I want my wife to be safe. I ask you as a favor... to use the Letters to take her away from Casablanca.

RICK : You love her that much?

LASZLO : Apparently you think of me only as the leader of a cause. Well, I'm also a human being. Yes, I love her that much.

misery　不幸, 惨めさ
sound ⊙
convince　納得させる
destiny　運命
for good or for evil　善かれ悪しかれ ⊙
get　わかる
a good deal　たくさん, 多量に
for instance　例えば
circumstance　状況
Since no one is to blame ⊙
demand　要求する
explanation　説明
ask...as (for) a favor　～にことを頼む
that much ⊙

リック　：で、それが何です？　そうすれば惨めさからは解放されるでしょう。

ラズロ　：その言葉がどういうふうに聞こえるか、おわかりですか、ムッシュー・ブレイン？　心の底では信じていない何かを、自分自身に納得させようとしている人間のようですよ。我々にはそれぞれ…　運命というものがあるのです。善かれ悪しかれ、ね。

リック　：ええ、それはわかりますよ。

リックはタバコに火をつける。

ラズロ　：本当におわかりかは疑問だが。あなたは自分から逃げようとしておられるが、絶対に逃げられはしないのだということが、はたしてわかっておいでなのか私には疑問ですね。

リック　：あなたは俺の運命について、すべてご存じのようですな。

ラズロ　：あなたが思っている以上に、あなたのことはよく知っていますよ。例えば、あなたがある女性に恋していることも知っています。私たちが2人とも、同じ女性に惚れているというのも、奇妙な巡り合わせでしょう。

リックはラズロを見つめる。

ラズロ　：初めてこのカフェへ来た晩に、あなたとイルザの間に何かがあったことに気づきました。誰のせいでもないのだから、説明は求めません。ただ1つだけお願いをしたい。あなたは私に通行証を譲ってくれませんね。いいでしょう。しかし、妻は安全でいてほしいのです。あなたにお願いしたい…　その通行証を使って彼女をカサブランカから連れ出していただきたい。

リック　：それほどまでに彼女のことを愛しておられる？

ラズロ　：どうやらあなたは、私のことを、主義に生きるリーダーとしか見ていないようだ。しかし、私とて人間です。ええ、それほどまでに彼女を愛しているのです。

■ sound
この語は His voice sounds funny today.（今日の彼の声はおかしい）のように、補語を伴って「〜に響く、〜に聞こえる」とか His story sounds true.（彼の話は本当らしい）といった具合に「（声などから判断して）〜らしく聞こえる、〜の印象を与える」の意を表す。また、本文の（You sound）like a man... は、You sound like my mother.（あなたは私の母のような口をきく）と同様、「sound like ＋ O」の構文。これらいずれの場合も主語には音を出すもの、また口頭で述べられた意見、考え、計画などがくる。

■ for good or for evil
2つ目のforを省略したfor good or evilやwhether（〜かどうか、〜であろうとなかろうと）をつけたwhether for good or［for］evil という言い方もよく聞かれる。

■ Since no one is to blame
＝Since no one is at fault
since は「〜だから」、be to blame は「（誰それが）悪い、責めを負うべきである」の意。

■ that much
ここに見られるとおり much は She spends so much money on books.（彼女は書籍に多くのお金を使う）、She talks too much.（彼女はしゃべりすぎる）、あるいは How much do you want?（どれだけほしいですか？）といった具合に、how、as、so、too、very、this、that などを前に置いて「〜だけの量、〜くらい」の意を表す。

Abruptly, the front door of the cafe is forced open. French officers walk into the lighted area, and address Laszlo.

FRENCH OFFICER: Monsieur Laszlo?

LASZLO : Yes?

FRENCH OFFICER: You'll come with us. We have a warrant for your arrest.

LASZLO : On what charge?

FRENCH OFFICER: Captain Renault will discuss that with you later.

RICK : It seems that destiny has taken a hand.

Laszlo looks at Rick who smiles ironically. In dignified silence, Laszlo and the police officer walk toward the door. Rick's eyes follow them. He smiles grimly.

warrant for one's arrest 逮捕状 ⊃

charge 罪

take a hand 手を出す, 参加する, 関与する ⊃

ironically 皮肉交じりに

grimly 厳格に, 残忍に, 険しい顔をして, 顔をゆがめて

Cocktail No.3: OLD FASHIONED

Glass:

old-fashioned glass

Ingredients:

45 ml Bourbon whiskey
2 Dashes Angostura Bitters
(orange slice and cocktail cherry)
1 sugar cube
Few dashes plain water

Directions:

1. *Place the sugar cube in old-fashioned glass and saturate with bitters, add a dash of plain water.*
2. *Stir until dissolved.*
3. *Fill the glass with ice cubes and add whiskey.*
4. *Garnish with an orange slice and a cocktail cherry.*

突然、カフェの表のドアがこじ開けられる。フランス人将校たちが照らし出された場所に足を踏み入れ、ラズロに呼びかける。

フランス人将校: ムッシュー・ラズロですね？
ラズロ　　　: そうだが？
フランス人将校: ご同行願います。逮捕状が出ております。

ラズロ　　　: 何の容疑で？
フランス人将校: それについてはルノー大尉が後ほどお話しになられるでしょう。
リック　　　: 運命が手を出してきたようですな。

ラズロは皮肉っぽい笑みを浮かべるリックを見る。厳かな沈黙の中をラズロと警察官はドアのほうへと歩いていく。リックの目は彼らを追う。彼はにやりと笑う。

■ **warrant for one's arrest**
= arrest warrant [warrant of arrest] for someone
warrant of authority（権限の保証）、warrant to search a house（家宅捜索令状）、などのように「(行為・権利などを保証する)証明書、令状」という意味。

■ **take a hand**
It is thought that terrorists had a hand in this explosion.（この爆破にはテロリストが関与していると考えられている）のように、have a hand in... の型で使われることが多い。なお、I play the piano every day to keep my hand in.（私は腕が落ちないようにピアノの練習をしている）といった具合にkeep one's hand in の場合は「～の練習を続ける、腕を落とさない」という意味。

カクテル3：オールド・ファッションド

グラス：
ロック・グラス

材料：

バーボン・ウイスキー	45 ml	角砂糖	1個
アンゴスチュラ・ビターズ	2振り（約2 ml）	水	少量

（オレンジスライス、砂糖漬けのチェリー）

作り方：
1. ロック・グラスに角砂糖を入れ、アンゴスチュラ・ビターズを振りかけ、染み込ませる。水を加える。
2. 角砂糖が溶けるまで混ぜる。＊作り手によっては、溶かしきらずに、飲み手の好みで溶かしながら飲んでもらう提供方法もある。
3. グラスに氷を詰め、バーボン・ウイスキーを注ぐ。
4. オレンジスライスと砂糖漬けのチェリーを飾る。

The Plane to Lisbon

32 *INT. RENAULT'S OFFICE - MORNING - Rick is talking with Renault, who is signing a paper for Casselle.*

RICK : But you haven't any actual proof, and you know it. This isn't Germany or occupied France. All you can do is fine him a few thousand francs and give him thirty days. You might as well let him go now.

actual 現実の, 実際の
proof 証拠

RENAULT : Ricky, I'd advise you not to be too interested in what happens to Laszlo. If by any chance you were to help him to escape...

you were to help ⊙

RICK : What makes you think I'd stick my neck out for Laszlo?

RENAULT : Because, one, you've bet ten thousand francs he'd escape. Two, you've got the Letters of Transit. Now don't bother to deny it. And, well, you might do it simply because you don't like Strasser's looks. As a matter of fact, I don't like him, either.

he'd ⊙
bother to わざわざ～する ⊙
simply 単に
looks 顔つき

Rick chuckles.

RICK : Well, they're all excellent reasons.

RENAULT : Don't count too much on my friendship, Ricky. In this matter, I'm powerless. Besides, I might lose the ten thousand francs.

Don't count...my friendship ⊙
count on ～に頼る, あてにする
friendship 友情
powerless 無力

リスボン行きの飛行機

DVD　01 : 29 : 00
□□□□□□

屋内—ルノーのオフィス—朝—リックはカッセルのために書類にサインをしているルノーと話している。

リック　：しかし、君は何らしっかりした証拠を握っているわけではないし、それに君もそのことはよくわかってるだろう。ここはドイツでも占領地域のフランスでもない。君にできることといったら、せいぜい数千フランの罰金と30日間の拘留ぐらいなもんだ。それなら今、釈放してやったほうがいいさ。

ルノー　：リッキー、ラズロの身に起こることに、あまり関心を持たないよう忠告しておくぞ。万が一、君が彼の脱出を手助けするなど…

リック　：何で俺がラズロのために危険を冒すと思うんだね？

ルノー　：なぜなら、まず第一に、君は彼が脱出するほうに1万フラン賭けている。第二に、君は通行証を持っている。わざわざ否定するのはよしたまえ。そして、そうだな、ただ単にシュトラッサーの顔つきが気に食わないという理由だけで、君はやりかねないからな。実を言うと僕も彼のことは嫌いだがね。

リックはくすっと笑う。

リック　：なるほど、どれも皆立派な理由だな。

ルノー　：僕の友情をあまりあてにするなよ、リッキー。この件に関しては、僕は無力だ。おまけに、僕は1万フランを取られるかもしれないわけだから。

■ **you were to help**

「S + be + to 不定詞」は They are to be married in June.（彼らは6月に結婚することになっている）のように「予定」、Jack was never to return to his own country.（ジャックは二度と故国には帰らぬ運命だった）のように「運命」、You are to report to the police.（警察にすぐ報告しなければならない）のように「義務」、The dictionary was not to be found.（その辞書はどこにも見つからなかった）のように「可能」、それに If you are to get well soon, you should take this medicine.（早くよくなるつもりなら、この薬を飲むべきだ）といった具合に if 節の中に用いられて「意図」を表す。なお were to は、If you were to steal those, you would be punished severely.（もし仮にあれらのものを盗めば、厳しく罰せられるでしょう）のように条件文の中で用いられて、仮想の予測、予期を表す。

■ **he'd**

= he would

■ **bother to**

しばしばここでのように否定文で「わざわざ～しないで」という意味で使う。

ex. Don't bother to write me back.（返信は不要です）

また似たような意味だが「わざわざ～する気にならない」というニュアンスのイディオムは cannot be bothered である。

ex. I didn't bother to call him.（わざわざ彼に電話するのはやめた）、I couldn't be bothered to call him.（わざわざ彼に電話する気になれなかった）

■ **Don't count...my friendship**

= Do not rely too much upon my friendship; Do not depend excessively on my friendship

本作最後の名セリフLouis, I think this is the beginning of a beautiful friendship.（p.242）への伏線となっている。

RICK : You're not very subtle, but you are effective. I... I get the point. Yes, I have the Letters. And, I intend using them myself. I'm leaving Casablanca on tonight's plane, the last plane.

RENAULT : Huh?

RICK : And I'm taking a friend with me, one you'll appreciate.

RENAULT : What friend?

RICK : Ilsa Lund. That oughta put your mind to rest about my helping Laszlo escape. The last man I want to see in America.

RENAULT : You didn't come here to tell me this. You have the Letters of Transit. You can fill in your name and hers and leave anytime you please. Why are you still interested in what happens to Laszlo?

Renault stands up to walk around the room.

RICK : I'm not. But I am interested in what happens to Ilsa and me. We have a legal right to go, that's true, but people have been held in Casablanca in spite of their legal rights.

RENAULT : What makes you think we want to hold you?

RICK : Ilsa is Laszlo's wife. She probably knows things that Strasser would like to know. Louis, I'll make a deal with you. Instead of this petty charge you have against him, you can get something really big, something that would chuck him in a concentration camp for years. Would be quite a feather in your cap, wouldn't it?

RENAULT : It certainly would. Germany, er, Vichy, would be very grateful.

subtle 巧妙な ⊙
effective 有効な, 効果的な
point 要点
appreciate 感謝する
That oughta put...rest about ⊙
The last man ⊙
fill in 記入する
please したいと思う
legal 合法の, 正当な ⊙
in spite of ～にもかかわらず ⊙
make a deal with ～と取り引きをする
instead of ～の代わりに
petty 些細な, ケチな ⊙
chuck 放り投げる, 捨てる
quite a feather in your cap ⊙
grateful ありがたく思う ⊙

リック　：君の説明は切れ味がよいとは言えないが、効果的だ。要点はわかった。ああ、通行証は持っている。だが、それは自分で使うつもりだ。今晩の飛行機で、俺はカサブランカを発つのさ。最終便だ。

ルノー　：何だって？

リック　：それに友人を1人連れていく、君の気に入りそうな人物をね。

ルノー　：どんな友達だ？

リック　：イルザ・ランドさ。これで君も、俺がラズロの脱出を手助けするんじゃないかと気をもまなくてすむはずだ。俺がアメリカで一番会いたくないやつだからね。

ルノー　：それを言いにここへ来たわけではあるまい。君は通行証を持っている。君と彼女の名前を書き入れて、好きなときに発てるわけだからさ。なぜ、まだラズロの身に興味を持っているんだね？

ルノーは立ち上がって部屋を歩き回る。

リック　：ラズロに興味なんかない。ただ、俺に興味があるのはイルザと俺がどうなるかってことだ。俺たちには発つ法的権利がある、それは確かだ。しかし、人々は法的権利があるにもかかわらずカサブランカでは足止めを食ってきた。

ルノー　：何で我々が君たちを拘留したがると思うんだね？

リック　：イルザはラズロの妻だ。彼女はたぶんシュトラッサーが知りたがっていることを、知っているだろう。ルイ、君と取り引きをしよう。君が彼にかけているこのケチな容疑の代わりに、彼を何年も強制収容所にぶち込めるような、本当にデカイやつをつかむのさ。君にとっても大した お手柄になる、そうだろう？

ルノー　：確かにそうだ。ドイツも、その、ヴィシーも大いに感謝するだろう。

■ **subtle**
発音は［sʌ́tl］でbは無音。

■ **That oughta put...rest about**
put someone's mind to rest about = reassure someone about
oughta は ought to（～のはずである）の省略形で、That ought to stop your worry about といったところ。

■ **The last man**
文頭に He is が省略されたもの。She is the last person I want to talk to.（彼女は私が一番口をききたくない人物だ）とか、That's the last thing I'd do.（そんなことは絶対にしませんよ）のように、「the last ＋ 人または物」で、「最もしそうにない～、～とはとても思えない」の意。なお、The last thing I want is to hurt her.（彼女を傷つけることだけはごめんだ）のように The last... を主語にしたり、くだけた会話にあっては the が落ちることもある。

■ **legal**
= judicial; lawful; rightful; legitimate; authorized

■ **in spite of**
in spite ofの後には名詞(句)がくる。
ex. The plane landed safely in spite of the deep fog.（濃い霧にもかかわらず飛行機は無事着陸した）、She loves him in spite of the fact that he has a severe drinking problem.（彼には深刻な飲酒問題があるという事実にもかかわらず、彼女は彼を愛している）

■ **petty**
= trivial; insignificant; frivolous; minor

■ **quite a feather in your cap**
= quite an accomplishment; an excellent achievement; something to be proud of
It was a feather in her cap to win first prize in the speech contest.（そのスピーチコンテストで1等賞を獲得したとは彼女も大したものだ）といった具合に an honor を意味して使われるイディオム。この一風変わった慣用表現は、かつてアメリカインディアンが戦のときに勇気の象徴として鳥の羽を頭につけていたことに由来すると考えられている。

■ **grateful**
= appreciative; gratified; thankful; obliged

Renault walks around his desk to sit down.

RICK : Then release him. You be at my place a half an hour before the plane leaves. I'll arrange to have Laszlo come there to pick up the Letters of Transit and that'll give you the criminal grounds on which to make the arrest. You get him, and we get away. To the Germans, that last will be just a minor annoyance.

RENAULT : There's still something about this business I don't quite understand. Miss Lund, she's very beautiful, yes... but you were never interested in any woman.

RICK : Hmm, she isn't just any woman.

RENAULT : I see. How do I know you'll keep your end of the bargain?

RICK : I'll make the arrangements right now with Laszlo, in the visitor's pen.

RENAULT : Ricky, I'm gonna miss you. Apparently, you're the only one in Casablanca who has even less scruples than I.

RICK : Oh, thanks.

Renault pushes the buzzer on his desk to notify the guard that Rick is leaving.

RENAULT : Go ahead, Ricky.

Rick rises.

RICK : Oh, and by the way, call off your watchdogs when you let him go. I don't want 'em around this afternoon. I'm taking no chances, Louis. Not even with you.

Rick exits Renault's office.

INT. BLUE PARROT - DAY - Rick and Ferrari sit in a private room.

release　放す, 解放する
You be at my place... ⊙
half an hour　30分
criminal　刑事上の, 犯罪の
grounds　根拠, 理由 ⊙
that last ⊙
minor　重要でない ⊙
annoyance　当惑, しゃくの種
How do I know...the bargain ⊙
one's end of the bargain　(契約などの)一方の当事者としての責任 ⊙
bargain　取引
arrangement　取り決め, 協定
pen　おり, 小さな囲い ⊙
scruple　良心のとがめ, ためらい ⊙
call off　去らせる
watchdog　番犬
I'm taking no chances ⊙

ルノーは歩いて自分の机をぐるっと回り、腰を下ろす。

リック　：じゃあ、彼を釈放しろ。飛行機が出る30分前に、俺の店へ来てくれ。俺はラズロがそこへ通行証を取りにくるように手配する、そうすれば、君が逮捕できるだけの理由ができるだろう。君は彼を捕まえ、俺たちは逃げる。ドイツ人にとってみれば、俺たちのことは、ただのちょっとした気がかりでしかないだろう。

ルノー　：この件に関しては、まだ何か腑に落ちないところがある。ミス・ランド、確かに、彼女はすごい美人だ、そのとおり… だが君は、今までどの女性にも決して興味を持たなかったではないか。

リック　：それはだ、彼女はただの女性ではないからさ。

ルノー　：なるほど。君がその約束を守るということがどうして私にわかる？

リック　：今すぐ面会室でラズロと取り決めをしよう。

ルノー　：リッキー、君がいなくなると寂しくなるだろうな。カサブランカで私以上に何でも平気でやれる人間は、どうやら君だけだからね。

リック　：ああ、ありがとう。

ルノーは机のブザーを押し、護衛警官にリックが帰ることを知らせる。

ルノー　：進めてくれ、リッキー。

リックは立ち上がる。

リック　：ああ、ところで、彼を釈放するときは、番犬は追い払ってくれ。今日の午後は連中にうろうろされたくないんだ。一か八かといったことはごめんだからさ、ルイ。たとえ相手が君でもね。

リックはルノーのオフィスを出る。

屋内—ブルー・パロット—昼—リックとフェラーリは私室に座っている。

■ **You be at my place...**
命令形は動詞の原形で始めると覚えている人も多いと思うが、これは単に「命令の相手は単にyou＝話し相手」と決まっているから。つまりyouが省略されているだけであるため、ここでのようにあえてyouを発話することもある。
ex. You come over.（君、こっちへ来なさい）、Don't you be late.（あなた、遅刻しないでよ）

■ **grounds**
＝ basis; premise; excuse; reason; proof
ここでのように「根拠、理由」を意味するときは、しばしば複数形。

■ **that last**
＝ the last item
ここでは Rick and Ilsa get away の意。

■ **minor**
＝ insignificant; small; petty; trivial
⇄ major; significant; big; important

■ **How do I know...the bargain?**
＝ What assurance have I that you will fulfill our agreement?

■ **one's end of the bargain**
ここのendは物事の「端」という意味。bargain（取引）という二者以上が関係する状態における「自分が担う役割、責任」を表す。

■ **pen**
「おり、囲い」という意味で使う場合、類語との違いは以下の通り。pen：農場などにある四方が柵で囲まれたもの、cage：六面すべてが柵で囲まれたもの（犬・猫のための小型のものや、猛禽類や猛獣を入れる「おり」）、enclosure：サイズや形状にかかわらず使える広意義な「囲い」、(prison) cell：刑務所の「おり、監房」。

■ **scruple**
発音は［skrúːpl］。

■ **I'm taking no chances**
take chances / a chance は、You don't get anywhere in life without taking chances.（思いきって冒険をしてみなければ成功はしないぞ）からもわかるとおり、「思いきってやってみる、一か八かやってみる」の意。つまり本文中の例は否定文であることから「危険を冒したくない」といったところ。

FERRARI : Should we draw up papers or is a handshake good enough?

RICK : It's certainly not good enough, but since I'm in a hurry, it'll have to do.

FERRARI : Ah, to get out of Casablanca and go to America. You're a lucky man.

RICK : Oh, by the way, my agreement with Sam has always been that he gets twenty-five percent of the profits. That still goes.

FERRARI : Humph! I happen to know he gets ten percent. But he's worth twenty-five.

RICK : And Abdul, Carl and Sacha, they stay with the place or I don't sell.

FERRARI : Of course they stay. Rick's wouldn't be Rick's without them.

RICK : Well, so long. And don't forget you owe Rick's a hundred carton of American cigarettes.

FERRARI : I shall remember to pay it to myself.

Rick walks off. Ferrari swats a fly on the table.

33 *EXT. / INT. RICK'S CAFE - NIGHT - A sign on the door reads "Closed, By Order of the Prefect of Police." A hand knocks on the door. Rick puts the Letters of Transit in his jacket pocket and opens the door. Renault comes in.*

RICK : You're late.

RENAULT : I was informed just as Laszlo was about to leave the hotel, so I knew I'd be on time.

RICK : I thought I asked you to tie up your watchdogs.

RENAULT : Oh, he won't be followed here.

Renault looks around the empty cafe.

draw up (文書を)作成する
handshake 握手
be in a hurry 急いでいる
agreement 契約, 協定
profit 利益
That still goes
I happen to know
so long さようなら
carton カートン
be about to まさに～しようしている
on time 時間どおりに
tie up つなぐ, 結ぶ

フェラーリ　：書類を作ろうか、それとも握手だけで充分かな？

リック　：もちろん充分であるはずはないが、急いでいるので、そうするしかないだろう。

フェラーリ　：いやはや、カサブランカを出てアメリカへ行くか。君も運のいい男だ。

リック　：ところで、サムとの契約だが、これまでずっと利益の25％が彼の取り分ということだったんだ。それはそのままだぞ。

フェラーリ　：ふん！　わしはたまたま彼の取り分が10％だということを知っておる。しかし、彼には25％の価値はあるな。

リック　：それからアブドゥルにカールにサシャ、彼らも店に残るからな、でなければ俺は売らないぜ。

フェラーリ　：もちろん、残るさ。彼らがいなけりゃリックの店はリックの店ではなくなってしまう。

リック　：では、お別れだ。それと、忘れるんじゃないぜ、君はリックの店にアメリカタバコ100カートンの借りがあるんだからな。

フェラーリ　：忘れずにわし自身に払っておこう。

リックは歩き去る。フェラーリはテーブルの上のハエをぴしゃりと打つ。

屋外／屋内—リックのカフェ—夜—ドアに「閉店、警視総監の命令により」という標示がかかっている。手がドアをノックする。リックは通行証を上着のポケットにしまい、ドアを開ける。ルノーが入ってくる。

リック　：遅いぞ。

ルノー　：ラズロがホテルを出ようとしているとの知らせを受けたところだったから、間に合うとわかっていたのさ。

リック　：番犬たちをしっかりつないでおくよう頼んだと思ったが。

ルノー　：ああ、彼もここまで尾けられることはないさ。

ルノーは誰もいないカフェを見回す。

■ **handshake**
oral contract（口頭契約）の1つの形態として handshake deal というものがある。実際に拘束力を持たせるためには、その場に第三者を同席させるか、簡易的にでも証拠として認められるような書面を残す必要がある。

■ **be in a hurry**
= be in a rush

■ **That still goes**
= That agreement or condition must continue
ここでのgo は「有効である」の意。

■ **I happen to know**
I happened to see Nancy in that restaurant.（あのレストランで偶然ナンシーに会った）におけるように「S + happen to + 動詞の原形」で「Sが偶然～する」の意を表す。なお、この表現は It...that 節を使って It happened that I saw Nancy in that restaurant. と書き換え可能。また「S + happen to be + 名詞･形容詞句」で、He happened to be a nice person.（彼はたまたま親切な人物だった）のように「たまたま～である」の意を表して使うこともできる。

■ **so long**
= good-by; good-bye

■ **carton**
1 carton（1カートン）= 10 packs（10箱）= 200 cigarettes（タバコ200本）であることが多い。

■ **be about to**
be going to よりも差し迫った未来を表す。そのため、通例、未来時を表す副詞（句）とは一緒に用いない。なお、近接未来の意をさらに強調するために I was just about to call you.（ちょうど君に電話をしようと思っていたんだ）といった具合に、about の前に just を入れることがある。また、I'm not about to buy that old car.（あんな古い車なんか買うつもりはない）のように、否定形 be not about to do になると強い否定的意志（not intend to do）、または弱い否定的意志（be unwilling to do）の意を表す。
ex. I'm about to leave.（私は出発するところです）

■ **on time**
類似表現の in time は、「予定の時間（まで）に間に合って」と時間に幅があるが、on timeは、「ちょうど定刻に、予定の時間ぴったりに」というニュアンスになる。

RENAULT : You know, this place will never be the same without you, Ricky.

this place will never be the same without you →p.247

RICK : Yes, I know what you mean, but I've already spoken to Ferrari. You'll still win at roulette.

I know what you mean ⊙

RENAULT : Is everything ready?

RICK : I have the Letters right here.

Rick taps his breast pocket.

tap　～を軽くたたく

RENAULT : Tell me, when we searched the place, where were they?

RICK : Sam's piano.

Sam's piano ⊙

RENAULT : Serves me right for not being musical.

Serves me...musical ⊙

The sound of a car pulling up is heard.

pull up　車を止める ⊙

RICK : Oh, here they are. You better wait in my office.

You better wait ⊙

Renault walks toward the office.

EXT. RICK'S CAFE - NIGHT - Laszlo pays the cab driver. Ilsa walks ahead toward the entrance to the cafe.

LASZLO : Here.

INT. RICK'S CAFE - NIGHT - Ilsa comes in alone. She is frantic.

ILSA : Richard, Victor thinks I'm leaving with him. Haven't you told him?

RICK : No, not yet.

ILSA : But it's all right, isn't it? You were able to arrange everything?

RICK : Everything is quite all right.

ILSA : Oh, Rick...

RICK : We'll tell him at the airport. The less time to think, the easier for all of us. Please, trust me.

The less time...the easier ⊙

ルノー　：ねえ、君がいなくなると、この場所も今までと同じではなくなってしまうんだろうな、リッキー。

リック　：ああ、君の言いたいことはわかってる、だがフェラーリにはすでに話しておいたさ。君はこれまでどおり、ルーレットで勝てるよ。

ルノー　：すべて準備万端か？

リック　：通行証はここにある。

リックは胸のポケットを軽く叩く。

ルノー　：教えてくれ、我々がここを捜索したとき、そいつはどこにあったんだ？

リック　：サムのピアノさ。

ルノー　：僕が音楽好きじゃなかったための報いを受けたわけだ。

車の止まる音が聞こえる。

リック　：さあ、来たよ。君はオフィスで待っていたほうがいい。

ルノーはオフィスのほうへ歩いていく。

屋外—リックのカフェ—夜—ラズロがタクシーの運転手に代金を払う。イルザはカフェの入り口に向かう。

ラズロ　：これで。

屋内—リックのカフェ—夜—イルザが1人で入ってくる。彼女は取り乱している。

イルザ　：リチャード、ヴィクターは、私が一緒に行くと思っているわ。彼に言っていないの？

リック　：ああ、まだだ。

イルザ　：でも、大丈夫よね？　何もかも手配できたんでしょ？

リック　：何もかも、まったく問題はない。

イルザ　：ああ、リック…

リック　：飛行場で彼にそう話す。考える時間が少ないほうが、俺たち皆にとって楽になる。どうか、俺を信じてくれ。

■ I know what you mean
I know exactly what you are talking about, and I feel the same way about it といったところ。なお、類似した表現に I see what you mean. があるが、これは I understand what you're trying to explain. とか You are quite right. の意。

■ Sam's piano
サムは作中、パリとカサブランカ（リックのカフェ）のシーンで合計2台のピアノを弾いている。実際にはサムは弾きまねをしているだけだが（p.100コラム「永遠のラブソング」参照）、これらのピアノがニューヨークでオークションにかけられると、なんとパリのセットでの1台は60万ドルで、カサブランカのセットでの1台は340万ドルで落札された。合計額の400万ドルは本作制作予算の実に4倍である。

■ Serves me...musical.
= I'm justly punished for not being musical.; I deserve what happened because I am not musical.; My failure to find the letters was my deserved punishment for not being musical.
ここでのmusicalは「音楽好きの」の意。

■ pull up
元は手綱を引き上げて馬を制止するところから、転じて車を停める動きにも使われるようになった。

■ You better wait
= You had better wait
You had better stay here.（君はここにいたほうがいい）に見られるとおり、「had better + do」の型で「～したほうがいい、～すべきだ」のように、忠告とか軽い命令を表す。また、くだけた会話では You better stay here. のように had を省略したり、Better stay here. といった具合に主語が省略されることもある。なお、この表現の否定形はYou had better not see her.（彼女には会わないほうがいい）のように had better not do である。

■ The less time...the easier
「The + 比較級, the + 比較級」の形で、The longer we waited, the more impatient we became.（我々は待てば待つほどいらいらしてきた）といった具合に「～すればするほど～になる」の意。

ILSA : Yes, I will.

Laszlo enters.

LASZLO : Monsieur Blaine, I don't know how to thank you.

RICK : Now, save it. We've still lots of things to do.

I don't know how to thank you →p.247
save it （俗）

Renault peeks through a door to watch and listens to the conversation.

LASZLO : I brought the money, Monsieur Blaine.

RICK : Keep it. You'll need it in America.

LASZLO : But we made a deal.

RICK : Oh, never mind that. You won't have any trouble in Lisbon, will you?

never mind 気にするな

LASZLO : No, it's all arranged.

RICK : Good. I've got the Letters right here, all made out in blank. All you have to do is fill in the signatures.

all made out in blank
blank 空白
All you have to do is
signature 署名, サイン

Rick hands the Letters to Laszlo.

RENAULT : (v.o.) Victor Laszlo!

The three turn toward the voice. Renault approaches them.

RENAULT : Victor Laszlo, you're under arrest.

Ilsa hurries to her husband's side.

RENAULT : On the charge of accessory to the murder of the couriers from whom these Letters were stolen.

accessory 共犯
murder 殺人

Laszlo and Ilsa look at Rick.

イルザ　：ええ、信じるわ。

ラズロが入ってくる。

ラズロ　：ムッシュー・ブレイン、君には何とお礼を言ったらいいか。
リック　：おやめなさい。まだしなければならないことが、たくさんあるのです。

ルノーがドアの隙間からのぞいて成り行きを見つめ、会話を聞いている。

ラズロ　：金は持ってきました、ムッシュー・ブレイン。
リック　：とっておかれることです。アメリカで必要でしょうから。
ラズロ　：だが我々は取り引きをしました。
リック　：さあ、もうそのことは気になさらぬよう。リスボンでは何の問題もないんでしょうね？
ラズロ　：ええ、すべて手配ができています。
リック　：結構。通行証はここにあります、すべて空白のままで。あなたはそこに署名さえすればいいのです。

リックは通行証をラズロに手渡す。

ルノー　：（画面外）ヴィクター・ラズロ！

３人は声のほうを振り向く。ルノーが近づいてくる。

ルノー　：ヴィクター・ラズロ、君を逮捕する。

イルザは夫の隣に急ぐ。

ルノー　：その通行証を奪われた特使殺害の共犯容疑だ。

ラズロとイルザはリックを見る。

■ **save it**
= be quiet
ここでは keep your thanks for a later time ほどの意。

■ **never mind**
= forget it; it's not important

■ **all made out in blank**
the letters are complete except for the names of the users とか blank space has been left where names can be written ほどの意。

■ **All you have to do is**
直訳すると「あなたがしなければならい全ては～」、つまり「あなたがしなければならないことは～だけ」の意。ここでのように動詞の原形がくることもあれば、to不定詞を使ってもよい。
ex. All you have to do is answer a couple of easy questions.（あなたがしなければならないことは簡単な質問に2、3個答えるだけです）

■ **signature**
文書やクレジットカードなどに自分自身でする署名。動詞はsign。なお、有名人のサインにはautographを使う。
ex. Could you sign here?（〔チェックなどに〕ここにサインしていただけますか？）
cf. Can I have your autograph?（〔有名人に〕サインしてもらえますか？）

■ **accessory**
= accomplice（共犯者）
発音は［əksésəri］。日本語では装飾品を表す語としてアクセサリーが浸透しているが、車のシートカバーやフロアマットなどをカーアクセサリーというようにaccessoryは本来、「服飾品、付属品」という意味なので、スカーフやサングラス、手袋なども含まれる。イヤリングや指輪などの宝石のみを指す場合、jewelryが使われる。

RENAULT : Oh, you're surprised about my friend Ricky? The explanation is quite simple. Love, it seems, has triumphed over virtue. Thank...

triumph 勝つ
virtue 美徳，善行

Renault turns toward Rick. He is shocked to see Rick is pointing a gun at him.

RICK : Not so fast, Louis. Nobody's gonna be arrested. Not for a while yet.

for a while しばらくの間

RENAULT : Have you taken leave of your senses?

take leave of one's senses 気が狂う

RICK : I have! Sit down over there!

RENAULT : Put that gun down!

Renault steps toward Rick.

RICK : Louis, I wouldn't like to shoot you, but I will if you take one more step.

RENAULT : Under the circumstances, I will sit down.

under the circumstances

He walks to the table and sits in the chair facing Rick.

RICK : Keep your hands on the table.

RENAULT : I suppose you know what you're doing, but I wonder if you realize what this means?

RICK : I do. We've got plenty of time to discuss that later.

plenty of たくさんの

RENAULT : "Call off your watchdogs," you said!

RICK : Just the same, you call the airport. And let me hear you tell them. And remember, this gun is pointed right at your heart.

just the same

RENAULT : That is my least vulnerable spot.

vulnerable 傷つきやすい，弱い，脆弱な

Renault picks up the receiver and dials a number.

dial 電話をかける，ダイヤルを回す

RENAULT : (into phone) Hello? Is that the airport?

ルノー　：ああ、私の友人、リッキーのことで驚いてるのかな？　説明は実に簡単でね。愛が、どうやら、美徳に勝ったようですな。ありがと…

ルノーはリックを振り向く。彼はリックが自分に銃を向けているのを見て驚く。

リック　：そう早まるな、ルイ。誰も逮捕はされないぜ。まだ、しばらくの間はな。

ルノー　：君、気でも狂ったのか？

リック　：そうさ！　そこに座るんだ！

ルノー　：その銃を下ろすんだ！

ルノーはリックのほうへ向かって歩く。

リック　：ルイ、君を撃ちたくはないが、もう一歩でも近づけば、俺は撃つ。

ルノー　：そういう事情なら、座ることにしよう。

彼はテーブルまで歩いていくと、リックに面と向かって椅子に座る。

リック　：両手はテーブルの上に置いたままだぞ。

ルノー　：君は自分が何をしているかわかっているんだろうが、しかしこれがどういうことになるのか、ちゃんと認識しているのかね？

リック　：そうさ。そのことについて後で話し合う時間は、たっぷりある。

ルノー　：「番犬を追っ払っておけ」とはよく言ったもんだ！

リック　：それはともかく、君が飛行場に電話をするんだ。そして君が指示するところを聞かせてもらおう。いいかね、忘れるんじゃないぞ、この銃は、まともに君の心臓を狙っているんだからな。

ルノー　：そこは私の一番頑丈な場所なんだがね。

ルノーは受話器を取り上げ、ダイヤルを回す。

ルノー　：（電話に）もしもし、飛行場か？

■ **triumph**
He triumphed over fear and jumped into the sea.（彼は恐怖心に打ち勝って、海に飛び込んだ）のように「（恐怖、困難、反対、敵などに）打ち勝つ」の意。発音は [tráiəmf]。

■ **virtue**
発音は [və́:rtʃu:]。

■ **take leave of one's senses**
= lose one's common sense; lose one's ability to reason; become crazy; go mad; behave irrationally

■ **under the circumstances**
= in that case; as things are; in the existing situation; in the present condition
これが under no circumstances になると「いかなることがあっても～ない」を意味し、Under no circumstances you must go to see her.（どんなことがあっても彼女に会いに行ってはいけない）のように使われる。

■ **just the same**
= all the same; nevertheless; still; anyhow
ex. Everyone opposed it, but Jack and Betty married just[all] the same.（みんなは反対したが、それでもジャックとベティは結婚した）、It's just[all] the same to me.（私にすればどちらでも同じことです／どちらでも構いません）、I don't need it anymore. But thank you just[all] the same.（もうそれは必要ありませんが、いずれにせよ感謝します）

■ **vulnerable**
= accessible; susceptible; tender; unguarded; unprotected; unsafe; weak
発音は [vʌ́lnərəbl]。
ex. He took advantage of me when I was at my most vulnerable.（私が1番弱っているときに彼は私を利用したのよ）、Young birds are vulnerable to predators.（雛鳥は捕食者の攻撃を受けやすい）

■ **dial**
スマートフォンが普及した昨今、日本語では「電話をかける」の意味で「ダイヤルを回す」という表現を使うのは死語となりつつあるが、英語では今でも「電話をかける」の意で使われている。

INT. RICK'S CAFE / STRASSER'S OFFICE - NIGHT - Renault has dialed Major Strasser's office phone number instead of the airport's number.

STRASSER: (into phone) **Eh?**
RENAULT : (into phone) **This is Captain Renault speaking. There'll be two Letters of Transit for the Lisbon plane. There's to be no trouble about them. Good.**
STRASSER: (into phone) **Hello? Hello?**

Strasser hangs up the telephone receiver momentarily, presses a buzzer on his desk to call for an officer, then lifts the receiver again. Heinze enters the office. The door is labeled, German Commission of Armistice.

momentarily 即座に ⊃

label ～にラベル(札)を付ける

Armistice 休戦, 停戦(条約)

STRASSER: **My car, quickly.**
HEINZE : Zu Befehl, Herr Major!

以下の明朝体はドイツ語(本欄は英語訳)
At your command, sir!

Heinze exits. Strasser talks on the telephone.

STRASSER: **This is Major Strasser. Have a squad of police meet me at the airport at once. At once! Do you hear?**

Have a squad of police meet me ⊃

squad 分隊, 班

Do you hear ⊃

Hanging up the receiver, Strasser hurries to the door.

34 *EXT. AIRPORT - NIGHT - The outline of the airplane is barely visible due to heavy fog. A SOLDIER is speaking on the telephone near the hangar door.*

outline 輪郭

barely visible ⊃

due to ～が原因で, ～のせいで ⊃

hangar (飛行機の)格納庫

radio tower 管制塔

SOLDIER : (into phone) **Hello? Hello? Radio Tower! Lisbon plane taking off in ten minutes. East runway. Visibility one and one-half miles, light ground fog. Depth of fog approximately five hundred, ceiling unlimited. Thank you.**

runway 滑走路

visibility 視界 ⊃

fog 霧

depth 深さ

approximately おおよそ, 大体 ⊃

ceiling 上昇限度

unlimited 無限の, 制限のない

He hangs up, and notices a car pulling up. He walks to the large open door to stand guard. Laszlo exits from the rear of the car as Rick comes from the front with his hand still in his pocket, covering Renault. Ilsa and Renault follow Laszlo and Rick out of the car.

cover (銃で人や場所を)狙う, 射程に入れる

屋内—リックのカフェ／シュトラッサーのオフィス—夜—ルノーは空港ではなく、シュトラッサー少佐のオフィスの番号に電話をかけた。

シュトラッサー:（電話に）え？

ルノー　：（電話に）こちらはルノー大尉だ。リスボン行きの飛行機に、通行証を所持したものが２名搭乗する。彼らに関してトラブルがないように。よろしい。

シュトラッサー:（電話に）もしもし？　もしもし？

シュトラッサーは即座に受話器を置くと、机の上のブザーを押し将校を呼び、それから再び受話器を取り上げる。ハインツがオフィスに入ってくる。ドアにはドイツ休戦委員会と表示されている。

シュトラッサー: 私の車を、大至急だ。

ハインツ　：承知しました、少佐殿！

ハインツが退出する。シュトラッサーは電話で話す。

シュトラッサー: こちらはシュトラッサー少佐だ。警官一分隊をただちに飛行場に向け、私と合流させるように。ただちにだ！　わかったかね？

シュトラッサーは受話器を置き、急いでドアへと向かう。

屋外—空港—夜—濃霧で飛行機の輪郭はあまり見えない。兵士が格納庫の扉近くにある電話で話している。

兵士　：（電話に）もしもし。もしもし。管制塔へ！　リスボン行きの飛行機が 10 分後に離陸します。東側滑走路。視界 1.5 マイル。地上には軽度の霧。霧の深度約 500。上昇限度無限。以上。

彼は電話を切ると、１台の車が停止するのに気づく。広い解放扉まで歩いていくと見張りに立つ。ラズロが車の後部から、同時にリックは、いまだポケットに片手を入れたまま、ルノーを射程内に置いて、前部から降りてくる。イルザとルノーがラズロとリックに続いて車から出る。

■ momentarily
= for a very short time; briefly; for a little while; for a moment; for an instant; instantly

■ Have a squad of police meet me
= Order a group of police to meet me; Command that a squad of police meet me
Have him come here at once.（すぐ彼にここへ来させたまえ）のように「have + O + do」の形で「Oに～させる、してもらう」の意。

■ Do you hear?
= Do you hear and understand what I said?
話し手が聞き手に対してしゃべったことが耳に入ったか、また理解したかどうかを確認するために発せられる表現。
ex. I want you to clean up this table this instant! Do you hear?（このテーブルを今すぐ片づけてくれたまえ。わかったかね？）

■ barely visible
実際のカサブランカは、寒流の影響で朝方に霧が出やすい。この場面で飛行機の全貌がはっきり見えない理由は、ここで使われている Lockheed Model 12 Electra Junior が本物ではないから。戦時中だったため、日没後の空港での撮影が許可されず、スタジオでの撮影となったが、スタジオに原寸大の飛行機を持ち込むことは不可能だった。そこでワーナーは、合板や厚紙で縮小サイズの飛行機を作り、さらに低身長のエキストラを整備員役として起用し、目の錯覚を起こさせている。なおこの手法は、1979年の映画『エイリアン』でも使われている。その作品では巨大な異星人の遺体（通称スペース・ジョッキー）を設定通りのサイズで作ると、製作費が膨大になるため、縮小サイズで作り、宇宙服を着せた子供達を主人公に見立たせている。

■ due to
= because of

■ visibility
通常管制塔への報告は視界のほか、wind direction（風向）、wind speed（風速）、air pressure（気圧）などといった情報が含まれる。

■ approximately
= nearly; about; almost; more or less; proximately; relatively; roughly

RICK : Louis, have your man go with Mr. Laszlo and take care of his luggage.

RENAULT : Certainly, Rick. Anything you say. (to the soldier) Find Mr. Laszlo's luggage and put it on the plane.

SOLDIER : Yes, sir. (to Laszlo) This way, please.

The soldier escorts Laszlo to the plane. Rick takes the Letters of Transit out of his pocket and hands them to Renault.

RICK : If you don't mind, you fill in the names. That'll make it even more official.

RENAULT : You think of everything, don't you?

Renault takes the Letters of Transit from Rick and walks toward the car to begin filling them out.

RICK : And the names are Mr. and Mrs. Victor Laszlo.

Both Ilsa and Renault look at Rick with astonishment.

ILSA : But, why my name, Richard?

RICK : Because you're getting on that plane.

ILSA : But I don't understand. What about you?

RICK : I'm staying here with him till the plane gets safely away.

ILSA : No, Richard, no! What has happened to you! Last night we said...

RICK : Last night we said a great many things.

: You said I was to do the thinking for both of us. Well, I've done a lot of it since then and it all adds up to one thing. You're getting on that plane with Victor, where you belong.

ILSA : But, Richard, no, I, I...

your man ⊙

luggage　荷物

Anything you say　かしこまりました，承知しました ⊙

If you don't mind ⊙

Mr. and Mrs.　夫妻

astonishment　驚き，信じられないような驚き

What about　〜はどうですか?

safely　安全に

You said I was to...for both of us ⊙

since then　それ以来

it all adds up to one thing ⊙

add up to　結局〜ということになる

where you belong ⊙

リック　：ルイ、君の部下をラズロ氏と一緒に行かせて、荷物の面倒を見させるんだ。

ルノー　：もちろんですとも、リック。何なりとおおせのとおりに。（兵士に）ラズロ氏の荷物を探し、飛行機に積み込みたまえ。

兵士　：かしこまりました。（ラズロに）こちらへ、どうぞ。

兵士はラズロを飛行機まで案内する。リックはポケットから通行証を取り出して、ルノーに手渡す。

リック　：よかったら、君が名前を書き込んでくれ。そのほうが、もっと正式なものになる。

ルノー　：君はあらゆることに気がつくんだな。

ルノーはリックから通行証を受け取り、書類に記入を始めるために車のほうへ歩いていく。

リック　：それから名前はヴィクター・ラズロ夫妻だ。

イルザとルノーはともに驚いてリックを見る。

イルザ　：でも、なぜ私の名前を、リチャード？

リック　：君はあの飛行機に乗るからだ。

イルザ　：でも、わからないわ。あなたはどうなの？

リック　：飛行機が無事飛び立つまで、俺は彼とここに残る。

イルザ　：だめ、リチャード、いやよ！　いったいどうしたっていうの？　昨夜、私たちは話し…

リック　：昨夜、俺たちはいろんなことを話し合った。
：君は俺に2人のために考えてくれ、と言ったね。それで、それから俺はずいぶん考えぬいたあげく、1つの結論に達したんだ。君は、ヴィクターと一緒にあの飛行機に乗る、それが当然だってことに、ね。

イルザ　：でもリチャード、だめよ、私、私…

■ **your man**
ここでは「あなたの部下、仲間」という意味。「あなたが探している〔求めている〕人」という意味でも使う。また、アイルランドでは俗語的に「名前がわからない〔思い出せない〕あの男」という意味としても使われる。
ex. If you are looking for someone who can fix your PC, I'm your man.（もしPCを直せる人をお探しなら、私にお任せを）、Your man at the bar stepped on my toes and didn't even say sorry.（バーにいるあの男が俺のつま先を踏んだのに謝りさえしなかったんだ*アイルランドでの俗語的用法）

■ **Anything you say.**
= I'll do anything you say.; I agree.; Yes.

■ **If you don't mind**
無礼な行為、態度の人物に対し注意を促して If you don't mind! I was here first.（ちょっと失礼ですが、私が先でしたよ）のように使われる。また相手に依頼、あるいは丁重に命令して Please wait over there, if you don't mind.（よろしければ、あちらでお待ちください）とか、Shall I open the window?（窓を開けてもいいですか？）といった申し出に対する漠然とした Yes の意を表して、If you don't mind.（もし差し支えなければそうしてください）といった具合に使われる。

■ **You said I was to...for both of us**
= You told me to make all our decisions

■ **it all adds up to one thing**
= there is only one conclusion; I can see only one thing to do

■ **where you belong**
ここでは the morally correct place for you is to be with Laszlo といったところ。なお belong とは She belongs to this school.（彼女はこの学校の生徒です）といった具合に「（人、物が人、物、団体などに）所属する」とか、Children belong with their parents.（子供は両親と一緒にいるものだ）、あるいは Small children belong in bed after supper.（小さな子供たちは夕食後はベッドに入るべきです）のように「（人、物がいるべき）ふさわしい場所にいる」などの意味で使われる。→p.235belong参照。

RICK : Now you've got to listen to me. Do you have any idea what you'd have to look forward to if you stayed here? Nine chances out of ten we'd both wind up in a concentration camp. Isn't that true, Louis?

RENAULT : I'm afraid Major Strasser would insist.

ILSA : You're saying this only to make me go.

RICK : I'm saying it because it's true. Inside of us, we both know you belong with Victor. You're part of his work; the thing that keeps him going. If that plane leaves the ground and you're not with him, you'll regret it.

ILSA : No.

RICK : Maybe not today and maybe not tomorrow, but soon, and for the rest of your life.

ILSA : But, what about us?

RICK : We'll always have Paris. We didn't have... we'd... we'd lost it until you came to Casablanca. We got it back last night.

ILSA : And I said I would never leave you.

RICK : And you never will. But I've got a job to do, too. Where I'm going you can't follow. What I've got to do, you can't be any part of. Ilsa, I'm no good at being noble, but it doesn't take much to see that the problems of three little people don't amount to a hill of beans in this crazy world. Someday you'll understand that.

Ilsa drops her head. Tears well up in her eyes.

RICK : Now, now. Here's looking at you, kid.

have got to 〜しなければならない

Nine chances out of ten ➲

out of ➲

wind up （の結果）に終わる ➲

insist 主張する，言いはる

belong 〜に属する，〜に所属する，〜の一員である，〜の所有物である ➲

regret 後悔する

follow ついてくる

be good at 〜が得意である

noble 高尚な，気高い

it doesn't take much to see ➲

don't amount to a hill of beans ➲

someday いつか，いつの日か，そのうち ➲

well up こみ上げる，湧き上がる

リック　：さあ、俺の言うことを聞くんだ。もし君がここに残ったら君はどういうことになるかわかるか？十中八九、俺たち２人とも強制収容所送りということになる。そうじゃないか、ルイ？

ルノー　：残念ながらシュトラッサー少佐がそう主張するだろうな。

イルザ　：あなたは私を行かせようとして、そんなことを言ってるだけだわ。

リック　：本当のことだから言ってるんだ。俺たち２人とも、心の中では、君がヴィクターのものだとわかっている。君は彼の仕事の一部分だし、彼を動かす原動力だ。もしあの飛行機が離陸し、君が彼と一緒にいなかったとしたら、君は後悔することになる。

イルザ　：しないわ。

リック　：今日はしないかもしれないし、明日もしないかもしれない、でもすぐに、しかも一生、後悔し続けることになる。

イルザ　：でも私たちは？

リック　：俺たちにはいつまでもパリの思い出がある。君がカサブランカへ来るまではなかった、そう、失ってしまっていた。それを昨夜、俺たちは取り戻したんだ。

イルザ　：そして私は二度とあなたから離れないと言ったわ。

リック　：そうとも、君は決して離れはしない。けれど、俺にもやるべき仕事がある。俺の行くところへは君はついてこられない。俺がしなければならない仕事の一部分を担うことは、君にはできない。イルザ、俺は高尚な人間ではないが、３人のちっぽけな人間の問題がこの狂った世界では、まったく取るに足らないことでしかないことぐらいすぐにわかる。いつか君にもわかるときが来るだろう。

イルザは首をうなだれる。彼女の目に涙がこみ上げる。

リック　：さあ、さあ。君の瞳に乾杯。

■ **Nine chances out of ten**
= there is a 90% probability that...; almost certainly; probably

■ **out of**
「数字out of 数字」で、「～中～」「～のうち～」という表現になる。数が小さければ「数字in数字」もよく使われる。
ex. It is said that one out of[in] three women gets cancer.（女性の3人に1人はガンにかかると言われている）、Even the best ballplayers usually get a hit only three out of ten times at bat.（最高の野球選手であっても、大抵10回の打席のうち3回しかヒットしません）

■ **wind up**
発音は[wáind ʌ́p]。「風」を意味するwind[wínd]とは異なるので注意。

■ **belong**
日本語を母国語とする者にはわかりづらい英語的な発想を必要とする語だが、イメージとしては「人やものがあるべきところにある〔いる〕」といったもの。We belong together.（僕たちは一緒にいるべきなんだ）、My heart belongs to you.（私の心はあなたのもの）など愛の言葉に用いられることも多い。
ex. Lions belong to the cat family.（ライオンはネコ科に属する）、Could you put these books back to the shelf where they belong?（これらの本を元あった棚〔＝本来あるべき棚〕に戻しておいてくれる？）、We belong to the same generation.（僕たちは同じ世代だ＊「同じ世代に属する」という仲間意識を感じさせる表現）

■ **it doesn't take much to see**
= not much intelligence is necessary to understand; it is obvious; it is clear

■ **don't amount to a hill of beans**
= have little meaning, importance, or significance; are unimportant
amount to は「～に相当する」、hill は「丘」、bean は「豆」の意で、a hill of beans は主として The problem didn't amount to a hill of beans.（その問題はまったく取るに足らないものだった）のように、「つまらないもの、何の価値もないもの」を意味して、否定文で用いられる。

■ **someday**
= eventually; one day

Rick lifts up her chin. They look at each other. Ilsa smiles.

35 *EXT. STREETS - NIGHT - Strasser drives angrily, honking the horn.*

EXT. AIRPORT - NIGHT - Rick takes the Letters from Renault. Laszlo returns to Rick and Ilsa.

LASZLO : **Everything is in order.**

RICK : **All except one thing. There's something you should know before you leave.**

LASZLO : **Monsieur Blaine, I don't ask you to explain anything.**

RICK : **I'm going to anyway, because it may make a difference to you later on. You said you knew about Ilsa and me.**

LASZLO : **Yes.**

RICK : **But you didn't know she was at my place last night when you were. She came there for the Letters of Transit.** (to Ilsa) **Isn't that true, Ilsa?**

ILSA : **Yes.**

RICK : **She tried everything to get them and nothing worked. She did her best to convince me that she was still in love with me. But that was all over long ago. For your sake, she pretended it wasn't, and I let her pretend.**

LASZLO : **I understand.**

RICK : **Here it is.**

Rick hands him the Letters of Transit.

LASZLO : **Thanks, I appreciate it.**

Laszlo puts them in his pocket. He shakes Rick's hand.

honk （クラクションを）鳴らす
horn クラクション ⊙
in order 準備万端整って
make a difference 重大な変化を生む, 影響を与える ⊙
later on 後で
do one's best ⊙
over 終わって, 済んで
for one's sake ～のために, ～に免じて ⊙
sake ⊙
pretend ふりをする
Here it is どうぞ ⊙

リックはイルザの顎を持ち上げる。彼らは見つめ合う。イルザは微笑む。

屋外—通り—夜—シュトラッサーが逆上し、警笛を鳴らしながら車を走らせている。

屋外—空港—夜—リックはルノーから通行証を受け取る。ラズロがリックとイルザのところへ戻ってくる。

ラズロ　：すべて整いました。
リック　：ただ１つのことを除いてね。発つ前に、あなたに知らせておかねばならないことがあるのです。
ラズロ　：ムッシュー・ブレイン、私は何もあなたに説明しろと頼んではいませんが。
リック　：とにかく、俺は話しますよ、後になってあなた方にとって大事なことになるかもしれませんからね。あなたは俺とイルザのことを知っていると言いましたね。
ラズロ　：ええ。
リック　：だが、昨夜、あなたが店に来たときに彼女が俺のところにいたことは知らなかったはず。彼女は通行証を手に入れるために店に来ていたのです。（イルザに）そうだね、イルザ？
イルザ　：ええ。
リック　：彼女はそれを手に入れようとして、あらゆる手を尽くしたが、どれもだめでした。まだ俺を愛していると信じこませようと、必死になっていましたよ。だが、それはとっくの昔にすっかり終わってしまったことです。あなたのために、彼女は終わっていないことのようなふりをしていたので、俺も彼女にそうさせておいたわけです。
ラズロ　：わかりました。
リック　：さあ、これを。

リックは彼に通行証を手渡す。

ラズロ　：ありがとう。感謝します。

ラズロはそれをポケットに入れる。彼はリックの手を取り握手する。

■ **horn**
このような文脈で使われない場合、通常は「角」を意味する。車のパーツ名は、クラクションのようにカタカナであっても和製英語であることが多い。
cf. [steering] wheel（ハンドル）、turn signal/[directional] indicator/blinker（ウインカー）、cargo room（トランク）、rear view mirror（ルームミラー、バックミラー）、license plate（ナンバープレート）、（米）windshield/（英）windscreen（フロントガラス）

■ **make a difference**
Her advice makes a big difference.（彼女の忠告はとても重要だ）のように用いるが、make no difference もしくは doesn't make any difference とすれば、It makes no difference to me whether she comes or not.（彼女が来ようが来まいが私は全然構わない）といった具合に「まったく構わない、どうでもよい」となる。

■ **do one's best**
= do one's level best; do the best one can; try as hard as one can to achieve
ex. I'll do my best to locate her whereabouts.（私は最善を尽くして彼女の行方を捜します）
同意の表現に John did his utmost to finish the work on time.（ジョンはその仕事を時間どおりに終わらせるために全力を注いだ）の do one's utmost がある。

■ **for one's sake**
= for the sake of someone [something]
ex. I did it for my sake, not for your sake.（私は自分のためにしたのであって、あなたのためではない）

■ **sake**
sake[séik]自体に「利益、目的」という意味があるが、単独で用いられることはあまりなく、上記のようにフレーズとして覚えるとよい。なお日本酒もそのまま sake[saki]として英語で使われているので、発音の違いに注意。

■ **Here it is.**
ここでは当然本作の鍵を握る通行証に重きを置いているため、Here it is.が使われているが、心理的に渡すものよりも相手を重視する場合、Here you are.を使う。また、Lettersと複数形で言及されているが、実際には1つの封筒にまとめられているため単数表現になっている。渡すものが複数であればHere they are.となる。

LASZLO : Welcome back to the fight. This time I know our side will win.

The plane's motors begin to roar, the propellers spin. The three exchange significant looks.

significant　重要な，意味のある

LASZLO : Are you ready, Ilsa?
ILSA : Yes, I'm ready.

She turns to Rick.

ILSA : Good-by, Rick. God bless you.
RICK : You better hurry. You'll miss that plane.

good-by　さようなら
God bless you
miss　乗り遅れる

Ilsa and Laszlo walk towards the plane. A tear glistens in Ilsa's eyes.

glisten　きらめく，輝く

36 *Renault, who has been watching the situation, remarks.*

remark　感想・意見・コメントを述べる

RENAULT : Well, I was right. You are a sentimentalist!
RICK : Stay where you are! I don't know what you're talking about.
RENAULT : What you just did for Laszlo, and that fairy tale you invented to send Ilsa away with him. I know a little about women, my friend. She went, but she knew you were lying.
RICK : Anyway, thanks for helping me out.
RENAULT : I suppose you know this isn't going to be very pleasant for either of us, especially for you. I'll have to arrest you, of course.

fairy tale　おとぎ話，作り話
invent　作り上げる
my friend
lie　嘘をつく
help out　手伝う，助ける

RICK : As soon as the plane goes, Louis.

The plane taxies down the field. Strasser arrives and hurries to Renault.

STRASSER: What was the meaning of that phone call?
RENAULT : Victor Laszlo is on that plane.

phone call　電話

Renault nods toward the plane.

ラズロ　：ようこそ戦いに戻ってくれました。今度こそ、我々の側が勝つと私は確信しています。

飛行機のエンジンが轟音を立て始め、プロペラが回る。３人は意味ありげな視線を交わす。

ラズロ　：イルザ、用意はいいかい？
イルザ　：ええ、いいわ。

彼女はリックのほうを向く。

イルザ　：さようなら、リック。神のご加護を。
リック　：急がないと、飛行機に乗り遅れる。

イルザとラズロは飛行機の方向へ歩いていく。イルザの目に涙が光る。

事態を見守っていたルノーが言う。

ルノー　：ほら、私の言ったとおりだ。君は人情家だよ！
リック　：そこを動くな！　何の話をしているのか俺にはわからないね。
ルノー　：君がたった今、ラズロのためにしたこと、それにイルザを彼と一緒に送り出すために君がでっちあげたおとぎ話のことさ。君、僕も女については少しはわかっているつもりさ。彼女は行ったが、君が嘘をついていたことはわかってたよ。
リック　：とにかく、手伝ってくれた礼を言うよ。
ルノー　：わかってはいると思うが、このことは、我々２人にとって、特に君にとっては、愉快なことにはならないぜ。もちろん、僕は君を逮捕しなければならない。
リック　：飛行機が発ったら、すぐにでもいいさ、ルイ。

飛行機が飛行場を滑走していく。シュトラッサーが到着し、ルノーに駆け寄る。

シュトラッサー：さっきの電話はどういう意味だ？
ルノー　：ヴィクター・ラズロがあの飛行機に乗っているのです。

ルノーは飛行機に向かって頷く。

■ **significant**
= meaningful; important; symbolic

■ **good-by**
= goodbye
どちらのスペルも正しいが、最近ではeがつく方が多く使われている。語源はGod be with ye.（神があなたと共にあらんことを）*yeは「あなたたち」を意味する。古英語とされているが、実際にはアイルランドなどでyouの単数形と区別するため日常的に使われている。

■ **God bless you.**
= May God bless you.
今日では一般的に相手の親切などに対する感謝、祝福の言葉として、あるいは親しい間柄の別れの挨拶として使われる。また、かつてくしゃみが不吉の前兆と考えられていたことから、くしゃみをした人に対して「お大事に」の意味でも使われている。なお、Bless your heart. とかBless you! の形で用いられることも多い。

■ **fairy tale**
一般的なおとぎ話はOnce upon a timeや long, long ago（昔むかし）で始まり、...and they lived happily ever after（それからずっと幸せに暮らしましたとさ＝めでたしめでたし）で終わる。

■ **invent**
= make up; imagine; conceive; create something by using imagination; fabricate

■ **my friend**
How about having a cup of coffee, my friend?（コーヒーを飲むってのはどうだい、君？）といった具合に、しばしば呼びかけとして用いられる。

■ **lie**
「嘘をつく」という意味の自動詞lieは不規則動詞で、lie - lied - lied と変化する。「横たわる」という意味の自動詞 lie は lie - lay - lainと変化する。なお、「横たえる」という意味の他動詞 lay は lay - laid - laid と変化する。

STRASSER: Why do you stand here? Why don't you stop him?
RENAULT : Ask Monsieur Rick.

Strasser takes a step to the hangar.

RICK : Get away from that phone!

Strasser stops in his tracks, looks at Rick.

in one's tracks その場で

STRASSER: I would advise you not to interfere.
RICK : I was willing to shoot Captain Renault, and I'm willing to shoot you.

I would advise you
interfere 邪魔をする

Strasser runs toward the telephone and desperately grasps the receiver.

STRASSER: (into phone) **Hello!**
RICK : **Put that phone down!**
STRASSER: (into phone) **Get me the Radio Tower!**
RICK : **Put it down!**

Strasser pulls out a gun and shoots at Rick. Rick shoots at Strasser. Strasser falls to the ground. The police arrive. The airplane is about to take off. The officers salute Renault.

take off (飛行機が)離陸する

以下の明朝体はフランス語(本欄は英語訳)

OFFICER : Mon Capitaine.
RENAULT : **Major Strasser has been shot.**

My Captain.

Rick looks worried.

RENAULT : **Round up the usual suspects.**
OFFICER : Oui, mon Capitaine.

Round up the usual suspects

Yes, my Captain.

Rick smiles. The officers take away Strasser's body.

OFFICER : Prenez cette voiture! Et vous prenez l'autre!

Take this car! And you take the other!

Rick looks appreciatively at Renault. The police vehicles depart. Renault opens a bottle of "Vichy Water."

vehicle 乗り物

Vichy Water

シュトラッサー: なぜここに立っているのだ？　なぜやつを止めないのかね？
ルノー　: ムッシュー・リックに聞いてください。

シュトラッサーは格納庫に向かって歩く。

リック　: その電話から離れろ！

シュトラッサーはその場で立ち止まり、リックを見る。

シュトラッサー: 邪魔をしないほうが身のためだぞ。
リック　: 俺はルノー大尉も撃つ気だったし、あんただって喜んで撃ちますよ。

シュトラッサーは電話に向かって走り、死に物狂いで受話器をつかみ取る。

シュトラッサー: （電話に）もしもし？
リック　: 受話器を置け！
シュトラッサー: （電話に）管制塔につなげ！
リック　: 置くんだ！

シュトラッサーは銃を抜き、リックを撃つ。リックはシュトラッサーを撃つ。シュトラッサーは地面に崩れ落ちる。警察が到着する。飛行機は離陸しようとしている。警官がルノーに敬礼する。

警官　: 大尉殿。
ルノー　: シュトラッサー少佐が撃たれた。

リックは心配そうにしている。

ルノー　: いつもの容疑者を検挙しろ。
警官　: はい。大尉殿。

リックは微笑む。警官はシュトラッサーの遺体を運び去る。

警官　: お前たちはこの車だ！　お前たちはあの車に乗れ！

リックは感謝するようにルノーを見る。警察の車は走り去る。ルノーは「ヴィシー水」の瓶を空ける。

■ **in one's tracks**
ex. He stood up in his tracks.（彼はその場で立ち上がった）、I would like you to stop this conversation in its tracks.（直ちにこの会話をやめてもらいたい）

■ **I would advise you**
ここでの「would + do」の型は If I knew her telephone number, I'd give it to you.（私が彼女の電話番号を知っていたら、君に教えてやるのだが）の構文から発展したもので、条件節を伴わず単独で用いられる控えめで丁寧な表現である。そのためこの構文には、通例、「もし～ならば」という条件が含意されいる。なお、wouldを疑問文として用いると Would you care for some lemonade?（レモネードはいかがですか？）のように、相手の希望を問う丁寧な勧誘表現となる。

■ **take off**
We are taking off shortly.（間もなく離陸いたします）のように飛行機に関して用いた場合は「離陸する」、He took off in a hurry.（彼は急いで立ち去った）のように人について用いた場合は「立ち去る、出発する」の意。

■ **Round up the usual suspects.**
この映画の名セリフの1つ。しかしこの表現は本作が有名にしたというだけで、作品の以前から使われていた表現。the usual suspects とは言い換えれば the people usually suspected, detained or arrested in response to a crime（常日頃から犯罪に関連して疑われ、拘留され、逮捕される人々）。テレビや映画をはじめ様々な作品で引用されるセリフであるだけでなく、映画『パディントン2』（2017）では、THE UN-USUAL SUSPECTSという見出しで、尼や甲冑などを身にまとった「普通ではない」容疑者を報じる新聞記事が小道具として登場するなど、パロディのネタとなることも多い。

■ **vehicle**
地上を走行する乗り物全般を指す語。発音は [víːəkl]。

■ **Vichy Water**
フランス中部の都市で、第二次世界大戦中におけるフランスの臨時政府所在地であったヴィシーの鉱泉発泡水。消化器疾患、痛風などの治療薬としても用いられる。

RENAULT : Well Rick, you're not only a sentimentalist, but you've become a patriot.

RICK : Maybe, but it seemed like a good time to start.

RENAULT : I think perhaps you're right.

patriot 愛国者

Renault pours himself a glass of the water. He looks at the label. He drops the bottle into the garbage container and kicks the container. Rick and Renault watch as the plane takes off. They slowly begin walking onto the wet and fog covered runway.

garbage 生ごみ, 残飯

RENAULT : It might be a good idea for you to disappear from Casablanca for a while. There's a Free French garrison over at Brazzaville. I could be induced to arrange your passage.

RICK : My Letter of Transit? I could use a trip, but it doesn't make any difference about our bet. You'd still owe me ten thousand francs.

RENAULT : And that ten thousand francs should pay our expenses.

RICK : Our expenses?

RENAULT : Um-hmm.

RICK : Louis, I think this is the beginning of a beautiful friendship.

garrison 守備隊, 駐屯地
Brazzaville ブラザヴィル
I could be...your passage
induce 説いて〜させる, 〜する気にさせる
passage 通行, 通過
I could use a trip
expenses 費用
Louis, I think this is the beginning of a beautiful friendship

They walk off into the mist.

ルノー　：さて、リック、君は人情家というだけじゃなく、愛国者にもなったわけだ。

リック　：かもな、だが、スタートするにはいい時機のように思えてね。

ルノー　：たぶん君の言うとおりだろう。

ルノーはコップに水を注ぐ。彼はラベルを見る。彼はその瓶をくずかごに捨て、くずかごを蹴飛ばす。リックとルノーは離陸する飛行機を見送る。２人は湿り、霧に覆われた滑走路に向かってゆっくりと歩き出す。

ルノー　：しばらくカサブランカから姿を消すのも、いい考えかもしれないな。ブラザヴィルに自由フランスの守備隊がある。君がそこまで行けるように頼まれてやってもいいぞ。

リック　：俺の通行証というわけか？　旅はしたいが、俺たちの賭けには何の変更もないからな。君はまだ俺に、1万フランの借りがあるんだぜ。

ルノー　：ではその1万フランは、我々の経費にしよう。

リック　：俺たちの経費だって？

ルノー　：そう。

リック　：ルイ、これは俺たちの美しい友情の始まりのようだな。

彼らは霧の中に去る。

■ **Brazzaville**
コンゴ共和国の首都、コンゴ川に臨む港湾都市。この町を建設したイタリア生まれのフランス人探険家 Pierre Brazza (1852-1905) の名にちなむ。なお本作の成功により続編の製作が検討された際の仮題はBrazzavilleだったとか。

■ **I could be...your passage**
= I could be persuaded by you to make your escape possible

■ **I could use a trip**
A trip would be useful, desired, nice ほどの意。could use は、I could use a new coat.（私は新しいコートが欲しい）のように need または want の意。

■ **expenses**
業務などを執行する上で生じる「費用、必要経費」を意味し、通例、複数形で用いられる。ちなみに「旅費」はtraveling expenses、「学費」はschool expenses、「経常費」はcurrent expenses という。

■ **Louis, I think this is the beginning of a beautiful friendship.**
名セリフとして広く知られるこのセリフだが、よく "This could be the beginning of a beautiful friendship" や "I think this is the start of a beautiful friendship." などと間違って引用されることも。

君の瞳に乾杯！

アメリカ映画協会（American Film Institute=AFI）が2005年に発表した名セリフ100選によれば、本作『カサブランカ』から選ばれた名セリフが最も多く、“Here's looking at you, kid.”（p.118他）が 第5位、“Louis, I think this is the beginning of a beautiful relationship.”（p.242）が20位、そのほか“Play it, Sam. Play ‘As Time Goes By.’”（p.104）、“Round up the usual suspects.”（p.240）、“Of all the gin joints in all the towns… she walks into mine.”（p.116）、“We'll always have Paris.”（p.234）など6つものセリフがランクインしている。本作が人々の心に残る名セリフの宝庫であることは疑う余地がないだろう。

Here's looking at you, kid. が原作で名セリフであり、そしておそらく日本語の字幕を通してこの映画を鑑賞する私たち日本人にとっても名セリフであるのは、このフレーズに「君の瞳に乾杯」という字幕翻訳を案出した字幕翻訳家の高瀬鎮夫氏の功績と言えるように思う。この表現が原文の文字通りに「さあ、君を見つめているよ」のように翻訳されたり、NHKで放映された字幕翻訳の「我が命に」であったとすれば、このフレーズを名セリフと受け止める日本の映画ファンは激減していたに違いないし、はたしてこの映画そのものが不朽の名作として評価を受けていたかも疑わしい。

このセリフは映画の中で4回使われているが、最後の空港での別れのシーンはグラスを交わす乾杯の状況ではなく、それまでにこのセリフが語られた場面を確実に呼び起こし、リックのイルザに対する熱く深い思いを伝えている。この映画のなかでなくてはならないセリフのように思えるが、実はもともとの台本にはなかったという。台本ができあがらずに、書き上がった部分から撮影していくという荒業で本作が製作されたことはよく知られているが、撮影のスタートは最初にこのセリフが出てくるパリの回想場面だった。その段階でキャストが手にしていた台本にあったのはHere's good luck to you. であり、1週間後に配布された台本でHere's looking at you, kid. が現れる。またハンフリー・ボガートがカードゲームの最中にこの表現をよく使っていたことから、このセリフの生みの親はボガート自身ということになっている。

カードゲームの最中のHere's looking at you, kid. は、どんな意味で、そしてどのような状況で使われていたのだろうか。カードゲーム、おそらくはポーカーの賭けが絡んだ真剣勝負の真っ最中、相手の出方をじっと見据えるような場面が考えられるが、そんな状況は言うまでもなく「君の瞳に乾杯」とは無縁の世界である。乾杯の表現であればごく一般的なHere's to you.、ちょっと凝った古風な表現としてはHere's mud in your eye. など、ほかにもたくさんある。それにもかかわらずボガートがアドリブでHere's looking at you, kid. を入れたという偶然がなければ、この作品そのものの仕上がりが違ったものになっていたであろうし、さらに「君の瞳に乾杯」というしゃれた日本語の表現も存在しなかったかもしれない。

高橋　順子（多摩大学）
*所属は執筆当時

この映画から覚えておきたい

p.40	**Of all the nerve!**	意味	何だと、よくもまあ！
英文解析	nerve は「神経」という意味の他に「勇気」「度胸」「気力」という不可算名詞、また口語では「図々しさ」「厚かましさ」という意味がある。of all (the) は「全ての～の中で…」という意味で最上級の文などで使われるが、口語的には「なんという～だ」という意で驚きや、非難、怒りを表すフレーズに用いる。		
使用方法	「なんて厚かましい」「図々しいにもほどがある」「生意気な！」と受け入れ難いほどの相手の態度や発言を非難する時に用いる。同様の表現に What a nerve!、You've got your nerve!、Cheek!、None of your impudence! などがある。		
p.70	**Yeah, you were saying?**	意味	ああ、君が言ってたのは？
英文解析	was [were]+ 現在分詞のシンプルな過去進行形で、「過去のある時点で進行中の動作･出来事」を表している。肯定文の形だが、大抵の場合上昇調で発話し、会話が中断された時に (So,) you were saying? と相手に発言の続きを促す表現。		
使用方法	上記の使い方のほか、この場面のように、相手の発言と矛盾する事が起きた時に皮肉としても使える。ex. A: Corporal punishment is strictly forbidden in this school.（A and B witness a teacher slapping a child's head.）B: You were saying?（A:本校で体罰は固く禁じられています。B: なんておっしゃいました？）		
p.80	**I will take what comes.**	意味	来るものを受け入れるだけです。
英文解析	take は「～を受け取る、～を受け入れる」、what は関係代名詞で、ここでは take の目的語として機能している。多義語の come はここでは「来る、生じる」。訳文にある通り、ニュアンスとしては「来るもの拒まず」といったところ。		
使用方法	特に自分の希望や主張はなく、いかようにも対応するという意図を表す時に使える。ex. A: What would you do if you are relocated to that department? B: I will just take what comes.（A: あの部署に配置換えになったらどうする？ B: 受け入れるだけだよ）		
p.84	**Three times he slipped through our fingers.**	意味	３度も我々の手の間からすり抜けた。
英文解析	slip は「滑る」、through は「～を通り抜けて」。つまり slip through one's fingers は、「指の間からすり抜ける」という日本語と同様の比喩表現である。ここでは現在までに～回という「経験」を表す three times と回数が入っているので、現在完了を使っても良い。		
使用方法	ここでのように「（人）から逃れる」という意味の他に「チャンスを逃す」という意味でも使う。ex. You shouldn't let a man like him slip through your fingers!（彼のような男性を逃しちゃだめよ）、Don't let the chance to work there slip through your fingers.（あそこで働く機会を逃すなよ）		
p.122	**You said it.**	意味	まったくそのとおりだ。
英文解析	シンプルな過去形だが、相手の言ったことに対して、全面的な同意を表す慣用表現。ただし、文字通り「あなたがそう言ったんでしょ」という意味で使うこともあるので、その二つの見極めは文脈や口調による。		
使用方法	フォーマルな場面では用いられない。「自分が言いたいことや言いにくいことを（よくぞ）言ってくれた」というニュアンス。言い換え表現としては、You can say that again./ I agree very much with what you've said./ That's true./ That's right./ I agree. などがある。		

この２ページは、この映画で当社編集部がぜひ覚えていただきたいセリフの解説です。

セリフ ベスト10

p.140	**You have all the time in the world.**	意味	君には時間はたっぷりあるのですから。
英文解析	in the world は This is the most difficult question in the world.(こいつはこの上なく難しい質問ですね)のように、最上級、everything、all などを強めて使われる誇張表現であって、文字どおりの意味ではない。		
使用方法	plenty of time、lots of time、a great amount of time などと言い換え可能。What' s the rush?/What' s the hurry?/ Where' s the fire?(何を急いでいるの?)などの表現と一緒に用いて、急ぐ相手を落ち着かせたりする時に使う。		
p.142	**Are you quite finished with us?**	意味	私たちの用件は済みましたか?
英文解析	finish with は「(仕事などを)片付ける、済ませる、終える」という意味。「~を終えている、済ませている、完了している」という状態を表すために、have finished と完了形にすることもできるが、be finished with の形の方が使用頻度は高い。ここの quite は「すっかり、全く」という意味の副詞。		
使用方法	レストランでウエイターが空になった食器を下げるときに Are you finished with this?(〔お食事は〕お済みですか?=お下げしてもよろしいですか?)などとして使う。Are you done with this? のように be done with も使える。		
p.146	**I'll put my cards on the table.**	意味	正直に言おう。
英文解析	カードゲームの最中に自分の持ち札を相手に見えるようにテーブルの上にさらけ出すといった様子から生まれた慣用表現で、「手の内を見せる」「全ての真実を率直に話す」という意味。put all one' s cards と all をつけることもある。また put の代わりに lay(置く、並べる)を使うことも。		
使用方法	I will be absolutely truthful. や I will be completely straightforward and open. などと言い換えが可能。ex. If they are willing to put their cards on the table and negotiate, I will bring my client with me.(もし彼らが、全てを率直に話し、交渉する意思があるなら、依頼人を連れて行こう)		
p.224	**This place will never be the same without you.**	意味	君がいなくなると、この場所も今までと同じではなくなってしまうんだろうな。
英文解析	never「決して~ない」という完全打ち消しの言葉を使うことで、not を使った否定文よりも強調している。be the same は「同様である」という意味。without someone は「~なしで」。		
使用方法	This school will never be the same without the headmaster.(校長先生なしでは、この学校も今までと同じではなくなってしまう)のように、this place をより具体的な場所で表すこともできる。		
p.226	**I don't know how to thank you.**	意味	君には何とお礼を言ったらいいか。
英文解析	[how to 動詞]で「~する方法」を意味する。直訳すると「あなたに感謝する方法がわからない」。日本語でも「感謝の言葉もありません」などあえて反対とも思われる言い方をし、自分の気持ちの深さや度合いを伝えようとすることがあるが、この表現も発想は同じである。		
使用方法	how や否定形を使った感謝の表現は他にも I can' t express how grateful I am. や I can' t thank you enough. などがある。thank you の代わりに I don' t know how to apologize. と言えば「どうお詫びしたらいいのか」と謝罪の表現にすることができる。		

表示のページを開いて、セリフが登場する場面の前後関係とともに、その使用法を完全にマスターしてください。

出版物のご案内 ― 最新情報はホームページをご覧ください

アバウト・タイム iPen対応

父から譲り受けたタイムトラベルの能力を使ってティムが試行錯誤ののちにたどり着いた人生の楽しみ方とは。

中級

1,600円(本体価格)
四六判変形208ページ
【978-4-89407-562-7】

雨に唄えば iPen対応

サイレント映画からトーキー映画の移行期を描いたミュージカル映画の傑作！

初級

1,400円(本体価格)
四六判変形168ページ
【978-4-89407-548-1】

英国王のスピーチ iPen対応

幼い頃から吃音(きつおん)という発音障害に悩まされている英国王と一般人スピーチセラピストとの友情を描いた感動作。

中級

1,600円(本体価格)
四六判変形168ページ
【978-4-89407-473-6】

オズの魔法使 iPen対応

ドロシーと愛犬トトはカンザスで竜巻に巻き込まれ、オズの国マンチキンに迷い込んでしまう。

初級

1,400円(本体価格)
四六判変形168ページ
【978-4-89407-469-9】

グレース・オブ・モナコ iPen対応

世紀の結婚から6年、グレース・ケリーと夫、モナコ公国大公は、外交面と夫婦関係で問題を抱えていた。

中級

1,600円(本体価格)
四六判変形176ページ
【978-4-89407-541-2】

幸せになるための27のドレス iPen対応

花嫁付き添い人として奔走するジェーン。新聞記者のケビンは、取材先で出会った彼女をネタに記事を書こうと画策する。

中級

1,600円(本体価格)
四六判変形200ページ
【978-4-89407-471-2】

市民ケーン iPen対応

かつての新聞王ケーンが死に際に残した謎の言葉「バラのつぼみ」をめぐって物語は進んでいく…。

中級

1,400円(本体価格)
四六判変形200ページ
【978-4-89407-492-7】

シャーロック 忌まわしき花嫁 iPen対応

B・カンバーバッチ、M・フリーマン主演、大人気海外ドラマ『SHERLOCK』初のスピンオフ映画。

上級

1,600円(本体価格)
四六判変形184ページ
【978-4-89407-584-9】

シャレード iPen対応

パリを舞台に、夫の遺産を巡って繰り広げられるロマンチックなサスペンス。

中級

1,400円(本体価格)
四六判変形232ページ
【978-4-89407-546-7】

ショーシャンクの空に iPen対応

妻殺害容疑で終身刑に服すアンディー。無罪を主張するも絶望的な状況下、ただ一人「希望」への路を削りゆく。

上級

1,600円(本体価格)
四六判変形184ページ
【978-4-89407-555-9】

紳士協定 iPen対応

反ユダヤ主義に関する記事の執筆を依頼されたフィルは、ユダヤ人と偽って調査するが、予想以上の差別や偏見を受ける。

上級

1,400円(本体価格)
四六判変形208ページ
【978-4-89407-522-1】

紳士は金髪がお好き iPen対応

ダイヤモンドのティアラを巡って起こる大騒動。マリリン・モンローのチャーミングな魅力が満載のミュージカルコメディ。

中級

1,400円(本体価格)
四六判変形192ページ
【978-4-89407-538-2】

スタンド・バイ・ミー iPen対応

不良グループの話しを盗み聞きし、目当ての死体を探しに旅に出る4人の少年達。最初に見つけてヒーローになろうとするが…。

中級

1,600円(本体価格)
四六判変形152ページ
【978-4-89407-504-7】

素晴らしき哉、人生！ iPen対応

クリスマス前日、資金繰りに窮し自殺を考えるジョージに、二級天使クラレンスは彼を助けようと…。

中級

1,400円(本体価格)
四六判変形224ページ
【978-4-89407-497-2】

ダークナイト iPen対応

新生バットマン・シリーズ第2作。最凶の犯罪者ジョーカーとバットマンの終わりなき戦いが今始まる…。

中級

1,600円(本体価格)
四六判変形208ページ
【978-4-89407-468-2】

食べて、祈って、恋をして iPen 対応

忙しい日々を送り、人生の意味を考え始めたリズが、夫と離婚して、自分探しの3カ国旅に出ることに。

上級

1,600 円（本体価格）
四六判変形 192 ページ
【978-4-89407-527-6】

ニュースの真相 iPen 対応

二大オスカー俳優が、自らの信念を貫くジャーナリストを演じ、「報道の在り方」を観る者に問いかける骨太な名作。

上級

1,600 円（本体価格）
四六判変形 240 ページ
【978-4-89407-594-8】

ノッティングヒルの恋人 iPen 対応

ハリウッドの人気女優アナが恋におちたのは、ロンドンで書店を営むウィリアム。住む世界が全く違う二人の恋は前途多難で…。

中級

1,600 円（本体価格）
四六判変形 192 ページ
【978-4-89407-570-2】

バック・トゥ・ザ・フューチャー 

高校生のマーティは30年前にタイム・スリップし、若き日の両親のキューピットに。人気SFストーリー。

初級

1,600 円（本体価格）
四六判変形 168 ページ
【978-4-89407-499-6】

パパが遺した物語 iPen 対応

ニューヨークを舞台に孤独なヒロインの苦悩と作家の父との絆を描いたヒューマンドラマ。

中級

1,600 円（本体価格）
四六判変形 152 ページ
【978-4-89407-553-5】

陽のあたる場所 iPen 対応

叔父の工場で働く青年は、禁止されている社内恋愛を始めるが、上流階級の令嬢ともつきあうことに。果たして、彼が選ぶのは…。

中級

1,400 円（本体価格）
四六判変形 152 ページ
【978-4-89407-530-6】

ヒューゴの不思議な発明 iPen 対応

駅の時計台に一人で住むヒューゴ。父の遺品である機械人形に導かれ、映画監督の過去を隠す老人の人生を蘇らせる。

中級

1,600 円（本体価格）
四六判変形 160 ページ
【978-4-89407-535-1】

プラダを着た悪魔 再改訂版 iPen 対応

ジャーナリスト志望のアンディが、一流ファッション誌の編集長ミランダのアシスタントとなった…。

中級

1,600 円（本体価格）
四六判変形 200 ページ
【978-4-89407-587-0】

フリーダム・ライターズ iPen 対応

ロサンゼルスの人種間の対立が激しい高校で、新任教師が生徒に生きる希望を与えるようと奮闘する、感動の実話。

上級

1,600 円（本体価格）
四六判変形 184 ページ
【978-4-89407-474-3】

ラブ・アクチュアリー 改訂版 iPen 対応

人恋しくなるクリスマスの季節。様々な関係の9組の人々から浮かびあがるそれぞれの「愛」のかたち。

中級

1,600 円（本体価格）
四六判変形 200 ページ
【978-4-89407-602-0】

ローマの休日 

王女アンは、過密スケジュールに嫌気がさし、ローマ市街に抜け出す。A・ヘプバーン主演の名作。

中級

1,400 円（本体価格）
四六判変形 200 ページ
【978-4-89407-467-5】

Business English in Movies iPen 対応

映画史に残る名シーンから、ビジネス用語をテーマ別、場面別に幅広く学べます。

鶴岡　公幸／
Matthew Wilson／
早川　知子　共著
B5 判 160 ページ
1,600 円（本体価格）
【978-4-89407-518-4】

THE LIVES AND TIMES OF MOVIE STARS iPen 対応

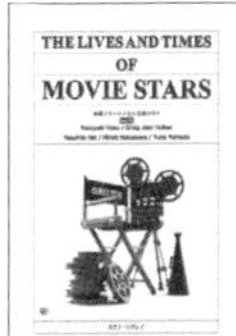

『映画スター』を30名取り上げた、映画英語教育の新しい教材。高校・大学用テキストブックです。

寶壺　貴之　他1名　編著／
井土　康仁　他2名　共著
A5 判 136 ページ
1,600 円（本体価格）
【978-4-89407-600-6】

嵐が丘 DVD 付

荒涼とした館「嵐が丘」を舞台にしたヒースクリフとキャシーの愛憎の物語。

1,500 円（本体価格）
四六判変形 168 ページ
【978-4-89407-455-2】

或る夜の出来事 DVD 付

ニューヨーク行きの夜行バスで出会った大富豪の娘としがない新聞記者の恋の結末は…。

中級

1,500 円（本体価格）
四六判変形 204 ページ
【978-4-89407-457-6】

※ 2020 年 3 月現在

イヴの総て
DVD付

大女優マーゴを献身的に世話するイヴ。その裏には恐ろしい本性が隠されていた。

中級

1,500円(本体価格)
四六判変形 248ページ
【978-4-89407-436-1】

失われた週末
DVD付

重度のアルコール依存症のドンは、何とか依存症を克服しようとするが…。

中級

1,500円(本体価格)
四六判変形 168ページ
【978-4-89407-463-7】

サンセット大通り
DVD付

サンセット大通りのある邸宅で死体が発見された…。その死体が語る事件の全容とは？

中級

1,500円(本体価格)
四六判変形 192ページ
【978-4-89407-461-3】

ナイアガラ
DVD付

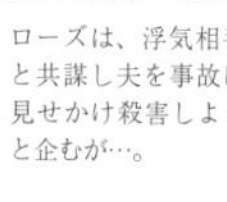

ローズは、浮気相手と共謀し夫を事故に見せかけ殺害しようと企むが…。

中級

1,500円(本体価格)
四六判変形 136ページ
【978-4-89407-433-0】

欲望という名の電車
DVD付

50年代初頭のニューオリンズを舞台に「性と暴力」、「精神的な病」をテーマとした作品。

上級

1,500円(本体価格)
四六判変形 228ページ
【978-4-89407-459-0】

レベッカ
DVD付

後妻となった「私」は、次第にレベッカの見えない影に追い詰められていく…。

中級

1,500円(本体価格)
四六判変形 216ページ
【978-4-89407-464-4】

アイ・アム・サム

7歳程度の知能しか持たないサムは、娘のルーシーと幸せに暮らしていたが、ある日愛娘を児童福祉局に奪われてしまう。

中級

A5判 199ページ
【978-4-89407-300-5】

赤毛のアン

赤毛のおしゃべりな女の子、アンの日常はいつも騒動で溢れている。世界中で読み継がれる永遠の名作。

最上級

A5判 132ページ
【978-4-89407-143-8】

麗しのサブリナ

ララビー家の運転手の娘サブリナ、その御曹司でプレイボーイのデヴィッドと仕事仲間の兄ライナスが繰り広げるロマンス。

初級

A5判 120ページ
【978-4-89407-135-3】

風と共に去りぬ

南北戦争前後の動乱期を不屈の精神で生き抜いた女性、スカーレット・オハラの半生を描く。

上級

1,800円(本体価格)
A5判 272ページ
【978-4-89407-422-4】

クリスティーナの好きなコト

クリスティーナは仕事も遊びもいつだって全力。クラブで出会ったピーターに一目惚れするが…。女同士のはしゃぎまくりラブコメ。

上級

A5判 157ページ
【978-4-89407-325-8】

交渉人

映画『交渉人』を題材に、松本道弘氏が英語での交渉術を徹底解説。和英対訳完全セリフ集付き。

上級

1,800円(本体価格)
A5判 336ページ
【978-4-89407-302-9】

サンキュー・スモーキング

タバコ研究アカデミー広報部長のニックは巧みな話術とスマイルで業界のために戦うが、人生最大のピンチが彼を襲う！

上級

四六判変形 168ページ
【978-4-89407-437-8】

シンデレラマン

貧困の中、家族の幸せを願い、命を懸けて戦い抜いた男の半生を描く。実在のボクサー、ジム・ブラドックの奇跡の実話。

中級

A5判 208ページ
【978-4-89407-381-4】

スーパーサイズ・ミー

1日3食、1カ月間ファーストフードを食べ続けるとどうなる？ 最高で最悪な人体実験に挑むドキュメンタリー映画。

上級

A5判 192ページ
【978-4-89407-377-7】

価格表示のないものは 1,200 円 (本体価格)

スラムドッグ$ミリオネア

インドのスラム出身のジャマールは「クイズ$ミリオネア」に出場し最終問題まで進む。オスカー作品賞に輝く感動作。

上級

A5 判 168 ページ
【978-4-89407-428-6】

フィールド・オブ・ドリームス

アイオワ州で農業を営むレイは、ある日、天の声を聞く。以来、彼は、えも言われぬ不思議な力に導かれていくのであった。

中級

A5 判 96 ページ
【978-4-89407-082-0】

ミルク

アメリカで初めてゲイと公表し、公職についた男性ハーヴィー・ミルク。だが、その翌年最大の悲劇が彼を襲う…。

四六判変形 192 ページ
【978-4-89407-435-4】

メイド・イン・マンハッタン

マンハッタンのホテルで客室係として働くマリサ。ある日次期大統領候補のクリスが宿泊に来たことでラブストーリーが始まる。

中級

A5 判 168 ページ
【978-4-89407-338-8】

モナリザ・スマイル

名門大学に赴任したキャサリンは、教科書通り完璧に振る舞う生徒達に、新しい時代の女性の生き方を問いかける。

中級

A5 判 200 ページ
【978-4-89407-362-3】

ロミオ&ジュリエット

互いの家族が対立し合うロミオとジュリエットは、許されぬ恋に落ちていく。ディカプリオが古典のリメイクに挑む野心作。

最上級

A5 判 171 ページ
【978-4-89407-213-8】

ワーキング・ガール

証券会社で働くテスは、学歴は無いが、人一倍旺盛な努力家。ある日、上司に企画提案を横取りされてしまい…。

中級

A5 判 104 ページ
【978-4-89407-081-3】

アメリカ映画の名セリフベスト 100

AFI がアメリカ映画 100 周年を記念して選んだ名セリフ！最多ランクインは名画『カサブランカ』から！

曽根田憲三・寶壺貴之　監修
A5 判 272 ページ
1,600 円（本体価格）
【978-4-89407-550-4】

おもてなしの英語表現集

来日観光客を安心して迎えるための即戦力！多様な場面で役立つ 5,000 以上の会話表現を収録した総合表現集です。

曽根田憲三監修
四六判 480 ページ
1,800 円 (本体価格)
【978-4-89407-596-2】

オードリー at Home　改訂版

息子が語る女優オードリー・ヘップバーンが愛したものすべて。家族ならではの思い出が詰まったレシピや写真も必見！
オードリー・ヘップバーンのファンにとって、また食べ物を愛する者にとっても、ぜひ手に取ってほしい愛情たっぷりの"おいしい"一冊をどうぞお召し上がりください。

ルカ・ドッティ　著
B5変形判264ページ
3,600円（本体価格）
【978-4-89407-590-0】

サウンド・オブ・ミュージック・ストーリー

映画公開50周年を記念して発売され、瞬く間に全米で話題となったベストセラーがついに日本上陸！『サウンド・オブ・ミュージック』にまつわるすべてが分かる究極のファンブック！感動の名シーンや撮影の合間のオフショット、５０年後の出演者たちの再会シーンなどお宝写真も必見！

トム・サントピエトロ著
B5変形版360ページ
2,900円（本体価格）
【978-4-89407-567-2】

ゴースト ～天国からのささやき　スピリチュアルガイド

全米を感動の渦に巻き込んでいるスピリチュアルドラマの公式ガイドブック。シーズン１からシーズン３までのエピソード内容を完全収録し、キャストやモデルとなった霊能力者へのインタビュー、製作の舞台裏、超常現象解説などを掲載したファン必読の一冊。

B5 判変形 178 ページ
2,800 円（本体価格）
【978-4-89407-444-6】

グラディエーター

第 73 回アカデミー作品賞受賞作『グラディエーター』のメイキング写真集。200 点以上の写真や絵コンテ、ラフ・スケッチ、コスチューム・スケッチ、セットの設計図、デジタル画像などのビジュアル素材に加え、製作陣への膨大なインタビューを掲載。

A4 判変形 160 ページ
2,800 円（本体価格）
【978-4-89407-254-1】

※ 2020 年 3 月現在

iPen の案内

iPen とは？

・**i**（わたしの）**Pen**（ペン）は内蔵音声データを再生する機器です。
・先端に赤外線読み取り装置が組み込まれており、ドットコードを読み取ります。
・上部にスピーカーとマイクロフォンが付いています。

読んでる時が聞きたい瞬間

・特殊加工（ドットコード）印刷された英文にペン先を当てると、
・スキャナーがドット番号を読み取り内部のシステムを介して…
・MicroSD 内データを呼び出し、音声を再生します。

早送りも巻き戻しも必要なし

・聞きたいセリフ箇所にペン先を当てるだけで直ちに聞こえます。
・DVD・ブルーレイ・USB など映画ソフト、プレイヤー・パソコンなどハードは必要なし。
・面倒なチャプター探し、早送り、巻き戻しも一切不要です。

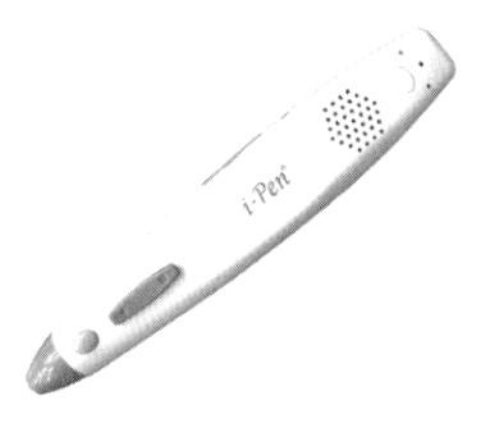

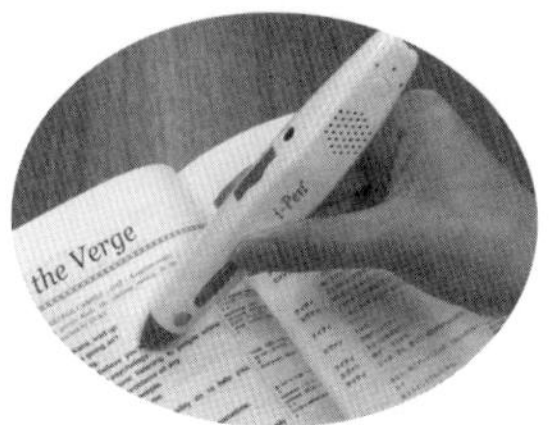

その他の機能紹介

用途	音声録音	USB 対応	ヘッドホンと MicroSD 対応
内容	本体内部にはデジタルメモリーが内蔵されており、本体上部のマイクにより外部（あなたの）音声を一時的に録音させることができます。また、録音音声をドットコードとリンクさせ、再生させることもできます。	付属の USB ケーブルを使用してパソコンと接続することができ、パソコンで音声データ編集が可能です。単語毎、文章毎、画像の音声化などあなたの用途に応じてさまざまな音声編集をすることができます。	本体には一般ヘッドホンが接続できます。使い慣れたヘッドホンで周囲の環境を気にすることなく本体をご使用いただけます。また、音声データは基本的に MicroSD カード（別売り）に保存してご利用いただけます。
実用例	シャドーイング学習・発音確認	音声カードやフラッシュカード作り	通勤通学学習

iPen の使い方 ①

音声を再生する

電源ボタンで *iPen* を ON にします。

❶ **セリフ毎の音声再生**
スクリーンプレイの英語文字周辺にペン先をあわせると、印刷行の区切りまで音声を再生することができます。同一人物のセリフでも、長いセリフは途中で分割されています。
繰り返し聞きたいときは、再度、ペン先をあわせます。

❷ **チャプター毎の音声再生**
チャプター毎にまとめて、連続してセリフを聞きたい時は、スクリーンプレイの目次や各ページに印刷されている 1（DVD）チャプター番号にペン先をあわせます。

❸ **スクリーンプレイの目次**
スクリーンプレイの目次は今後とも原則「10」で編集しますが、日本発売の標準的 DVD チャプターの区切りに準じます。

音声データのコピー（移動）

iPen では任意の MicroSD で PC と双方向に音声データのコピーができます。だから、MicroSD は一枚でも結構です。各映画の音声データは PC のフォルダーに保存しておきましょう。

❶ **音声データをダウンロードします**
必要な音声データを PC 内フォルダーにダウンロードします。

❷ ***iPen* と PC を接続します**
iPen 電源オフで付属 USB ケーブルを PC に接続します。

❸ **音声データをコピーします**
PC 内の音声データを *iPen* の所定フォルダーにコピーします。

❹ **「所定フォルダー」や切断方法など**
iPen の所定フォルダーや PC との切断方法など、詳しい内容は *iPen* 付属の取扱説明書をご覧ください。

スクリーンプレイから「音」が出る新時代

iPen の構造

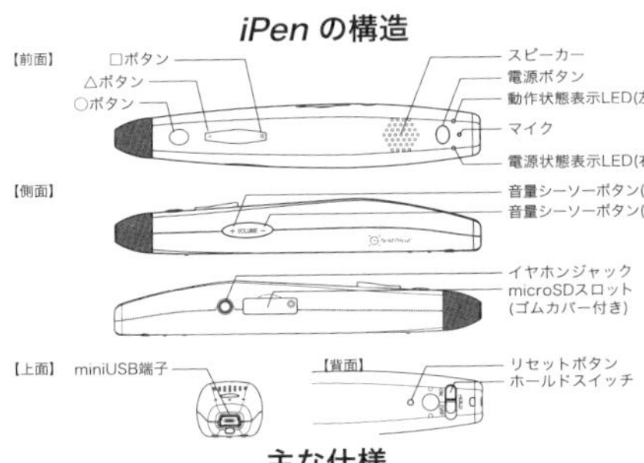

主な仕様

製品名	スクリーンプレイ iPen	製造元	Gridmark Inc.型番GT-16010J
サイズ	145×25×21mm	保証期間	購入日より6ヶ月製造元にて
重　量	約40グラム	配給元	株式会社 FICP
マイク	モノラル	商　標	iPenはFICPの登録商標
音声出力	モノラル100mW/8Ω	媒　体	MicroSDカード
使用電池	リチウムイオン電池3.7v（400mAh）	音　声	専用音声データ（別売り）
充電時間	約5時間（フル充電で約2時間作動）	印刷物	ドットコード付き書籍（別売り）
外部電源	5V/0.8A	動作温度	0～40℃

（詳しくは本体説明書をご覧ください）

Screenplay「リスニング CD」は？

・「リスニング CD」は、お客様のご要望により当社 iPen をご利用されていない学習者の方々のために販売を継続しています。

・「リスニング CD」の有無は、下記のホームページでご確認ください。（本作のようなパブリックドメイン作品を除きます。）

詳しくはホームページをご覧ください。
https://www.screenplay.jp

入手方法

2020 年 3 月現在、書籍と iPen（2GB 以上、MicroSD カード装着済み）は書店でご注文いただけますが、音声データは当社への直接注文に限ります。
下記までご連絡ください。

郵便、電話、FAX、メール、ホームページ

株式会社フォーイン　スクリーンプレイ事業部
〒 464 – 0025　　名古屋市千種区桜が丘 292
TEL : (052)789-1255　　　FAX : (052)789-1254
メール : info@screenplay.jp

ネットで注文

https://www.screenplay.jp/ をご覧ください。
（以下の価格表示は 2020 年 3 月現在のものです）

iPen の価格

スクリーンプレイ iPen　一台　8,800 円（本体価格）
（MicroSD カード「2GB」以上、一枚、装着済み）
（当社発売ドット出版物すべてに共通使用できます）

専用書籍

iPen を使用するには、専用の別売り ドットコード印刷物と音声データが必要です。

ドット付き　新作　スクリーンプレイ　1,600 円（本体価格）
ドット付き　クラシック　スクリーンプレイ　1,400 円（本体価格）
ドット付き　その他の出版物　表示をご覧ください。

MicroSD カード

iPen 装着以外の MicroSD カードは電気店・カメラ店などでご購入ください。推奨容量は「4GB」以上です。

音声データ（ダウンロード）

音声データ（1 タイトル DL）　標準　1,200 円（本体価格）
（音声はクラシック・スクリーンプレイシリーズは映画の声、それ以外はネイティブ・スピーカーの録音音声です）

送　料

音声データのダウンロード以外は送料が必要です。
ホームページをご覧いただくか、当社営業部までお問い合わせください。

iPen の使い方 ②

音声を録音する

❶ 録音モードに切り替える
待機状態で「○ボタン」を 2 秒以上長押ししてください。LED（左）が赤く点灯し【録音モード】になります。

❷ 録音する
【録音モード】になったら「○ボタン」を離してください。すぐに録音が開始されます。

❸ 録音の一時中止
録音中に「○ボタン」を押すと録音を一時停止します。もう一度「○ボタン」を押すと録音を再開します。

❹ 録音を終了する
「□ボタン」を押すと録音を終了します。

❺ 録音を消去する
【一部消去】、【全消去】とともに説明書をご覧ください。

音声をリンクする

リンクとは録音音声をスクリーンプレイ左ページ最下段に印刷された (iPen) マーク（空き番号）にリンクすることです。(iPen) マークにペン先をあわせると録音音声が聞こえるようになります。

❶【リンクモード】に切り替える
リンクしたい音声を選択し、その音声の再生中／録音中／一時停止中に「△ボタン」を 2 秒以上長押ししてください。LED（左）が橙に点灯し【リンクモード】になります。

❷リンクを実行する
【リンクモード】になったら、「△ボタン」を放してください。リンクの確認メッセージが流れます。その後、(iPen) マークにタッチするとリンク音が鳴り、リンクが完了します。

❸リンクを解除する
【一部解除】、【全解除】、その他、説明書をご覧ください。

スクリーンプレイリスニング・シートのご案内

●リスニングシートは以下の『目的』『方法』『シートについて』『注意』をよく読みご利用ください。
●該当の映画メディア（DVD、ブルーレイ、3D等）を購入するか、レンタルするか、準備が必要です。
●映画音声で聞き取りにくい方は、まず『音声データ』（別売）または『リスニングCD』（別売）で練習してください。

目的

リスニングシートは、ドット印刷書籍スクリーンプレイ・シリーズとして発行されている名作映画を対象に、メディア（DVD や ブルーレイ、3D 等）と併用して、リスニング学習を応援するためのものです。

リスニングシートは、あなたが『字幕なしで映画を楽しめるようになる』ことを目指して、何度も映画スターのセリフを聞き取りながら「完全英語字幕」を作成、リスニング学習の楽しさと喜びを感得し、英語音声の特徴と口語英語のリズムを習熟、リスニング能力向上の実現を目的にしています。

方法

映画　リスニングシートは、書籍スクリーンプレイ・シリーズの中で「ドット印刷」として発行されているタイトルだけです。タイトルは順次、追加します。

種類　シートは４コース（初級 A コース、中級 B コース、上級 C コース、最上級D コース）あります。

選択　ご希望のコースを選んでください。通常は『初級 A コース』から順にご利用ください。

印刷　シートは印刷（プリント）できます。標準B4サイズで印刷してください。

記入　メディアを鑑賞しながら、リスニングシートのアンダーライン部分にセリフ文字を記入します。

禁止　メディアには英語字幕がある場合がありますので、これを表示しないでリスニング学習します。

解答　解答、日本語訳、語句解説などはご購入された書籍スクリーンプレイをご覧ください。

リスニングシートについて

・初級 A コースのアンダーラインは、JACET レベル１までの中学学習単語の中から設定しました。

・中級 B コースのアンダーラインは、JACET レベル３までの高校学習単語の中から設定しました。

・上級 C コースのアンダーラインは、JACET レベル６までの大学学習単語の中から設定しました。

・最上級 D コースのアンダーラインは、JACET レベル８までの8000単語すべてです。

・JACETとは大学英語教育学会のことで、JACET 8000の詳しい内容は以下をご覧ください。

http://www.j-varg.sakura.ne.jp/about/log/#2

初級Aコース（見本）

登場人物	セリフをよく聞き、アンダーラインに文字を入れなさい

MA : Pa, what, what is it?
What? What is it, Pa?
PA : It _____ ____ an airplane...
without wings.
SHERMAN : That ain't no airplane.
____.

MARTY : Listen... whoa!

: Hello?
Uh, excuse me...
_____ about your barn.
SHERMAN : It's already mutated
into human form. Shoot it!
PA : Take that,
you mutated, ___ of a bitch!
: Hold it.
DAUGHTER : Shoot him, Pa!
PA : My pine!
: Why you...
you _____ bastard!
You killed my pine!

MARTY : Fine, fine.
Okay, McFly, get a grip on yourself!
It's all a _____.
Just a... very... intense dream.

MARTY : Whoa. Listen,
you gotta help me.
WOMAN : Don't stop, Wilbur, don't!
MARTY : It can't __.
: ____ __ nuts!
: ____ __.
: Perfect.

CAMPAIGNER : Fellow citizens,
the future is in your hands.
If you _______ in progress,
re-elect mayor Red Thomas.
Progress is his ______ name.
Mayor Red Thomas'
progress platform means more ____,
______ education,
bigger civic improvements,
and lower taxes.
On election ___,
cast your vote for a proven leader.
Re-elect Mayor...

MARTY : This has gotta be a _____.
LOU : Hey, kid!
What'd you do, ____ ship?
MARTY : What?
LOU : Well,
what's with the ____ preserver?

MARTY : I just wanna use the _____.
LOU : Yeah, it's in the back.

MARTY : Brown, Brown, Brown.
_____. You're alive.
: Ah, come on.
: Do you know _____
1640 riverside...
LOU : You gonna _____ somethin', kid?
MARTY : Uh, yeah.
Gimme, gimme a Tab.
LOU : Tab? I can't ____ you a tab
unless you order somethin'.
MARTY : Right.
Gimme a Pepsi ____.
LOU : You want a Pepsi, pal,
you gotta ___ for it!
MARTY : Well,
just give me somethin'
without any _____ in it, okay?
LOU : Somethin' without sugar.

氏名＿＿＿＿＿＿＿＿＿＿　正解　／ 28

(ドット印刷)スクリーンプレイ購入者に 無料特典

リスニングシートはスクリーンプレイのホームページにあります！

https://www.screenplay.jp/

『ユーザー名』に半角「screenplay」、『パスワード』に本書のISBNコード下４桁を半角「ハイホン」付きで入力ください。

・複数形、進行形、過去（完了）形、比較（最上）級、否定形、結合単語等もすべて含まれます。

・レベルを超えた単語はすべて記入済みです。

・人名や固有名詞は初めて登場する時は記入済み、2回目からはアンダーラインの場合があります。

・セリフをよく聞き取って、正確に英語字幕を記入してください。「I am」と発声していたら「I am」、「I'm」と発声していたら「I'm」です。

・「 wanna 」は「 wanna 」で、「 want to 」は不正解です。その他、同様です。

・辞書を使用することは可能です。英語字幕を表示・参照することは禁止です。

・リスニングシートは転載・引用・コピー・第三者への貸与・販売等一切禁止です。

注意

基本　①発声されたセリフを良く聞き取って、正確に文字化し、完全な英語字幕を作成します。

②動物の鳴き声や自然物等の擬声語、擬音語は原則的に文字化する対象になりません。

③大文字と小文字の区別、コンマ、ピリオド、ハイフォンなども必要です。

④文字は半角文字で記入です。数字は算用数字の場合と文字の場合があります。

⑤正しい英文法や標準的な表記法に準拠した文章表示が大切です。

⑥実際のセリフが文法的に間違っている場合は、発声に従います。

⑦英語以外の言語が登場する場合は、あらかじめ表示されています。

ライン　①一つのアンダーラインに一つの単語が入ります。

②一つのアンダーラインに２単語以上記入があると「不正解」です。

③ただし、中には「-」や「'」で結合された複合単語などがあります。

④アンダーラインの長さは、半角英数で、正解単語の長さとほぼ一致します。

⑤「.」「,」「!」「?」などは、基本的に初めから表示されています。

最上級Dコース（見本）

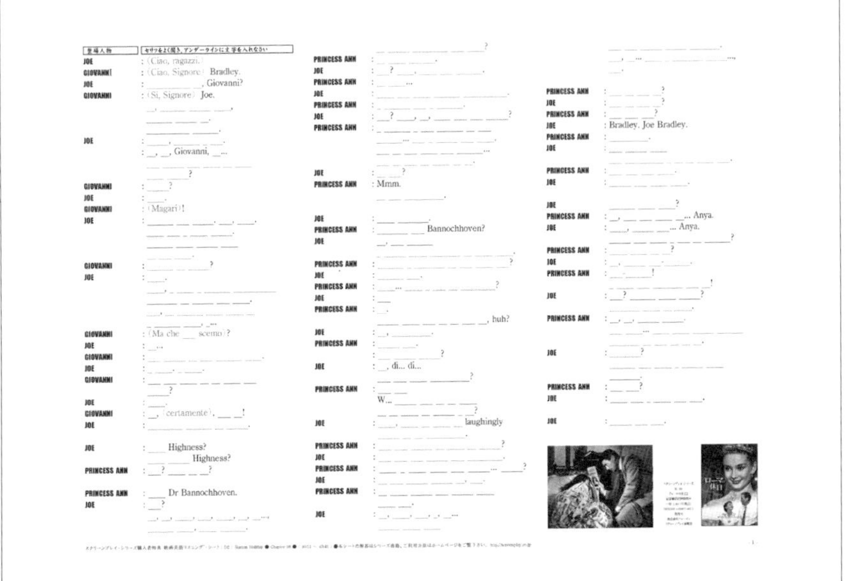

クラシック・スクリーンプレイ（CLASSIC SCREENPLAY）について

クラシック・スクリーンプレイは著作権法による著作権保有者の保護期間が経過して、いわゆるパブリック・ドメイン（社会全体の公共財産の状態）になった映画の中から、名作映画を選んでスクリーンプレイ・シリーズの一部として採用したものです。

名作映画完全セリフ集
スクリーンプレイ・シリーズ 186
カサブランカ　改訂版

2020年4月9日 初版第1刷

監　　修：曽根田純子
翻　　訳：曽根田純子／高橋　順子／羽井佐昭彦／宮本　節子
解説・コラム：曽根田純子／高橋　順子／羽井佐昭彦／宮本　節子／小寺　巴
英文担当：スクリーンプレイ事業部
編 集 者：豊泉　暁子／小寺　巴／菰田　麻里／鯰江　佳子
発 行 者：鈴木　雅夫
発 売 元：株式会社フォーイン　スクリーンプレイ事業部
〒464-0025　名古屋市千種区桜が丘 292
TEL：(052) 789-1255　FAX：(052) 789-1254
振替：00860-3-99759
印刷・製本：株式会社チューエツ
特　　許：吉田健治／グリッドマーク株式会社（ドット印刷）

Printed in Japan
ISBN978-4-89407-604-4